KB070103

조선고고학 75년

朝鮮考古学七十五年

아리미츠 교이치(有光 敎一) 지음

주홍규 옮김

조선고고학 75년
朝鮮考古学七十五年

지은이 아리미츠 교이치(有光 敎一)
옮긴이 주홍규
펴낸날 2022년 10월 17일 발행
펴낸이 최병식
펴낸곳 주류성출판사 www.juluesung.co.kr
　　　　서울시 서초구 강남대로 435
　　　　전화 02-3481-1024 팩스 02-3482-0656

책값 20,000원
ISBN 978-89-6246-488-7 93910

조선고고학 75년

朝鮮考古学七十五年

아리미츠 교이치(有光 敎一) 지음

주홍규 옮김

주류성

역자(譯者)의 서(序)

대부분의 한국 고고학자들과 마찬가지로 역자(譯者) 또한 아리미츠 교이치(有光 敎一)라는 선학(先學)에 대해 접하게 된 것은 보고서와 논문을 통해서였다. 일제강점기의 한국고고학을 이끈 3세대라고 할 수 있는 아리미츠(有光) 선생님은 다수의 보고서 및 논문을 통해 고고학전공자들에게는 이미 널리 알려져 있는 인물이다. 이런 아리미츠(有光) 선생님과 역자(譯者)가 직접적으로 인연을 맺게 된 것은 후지이 가즈오(藤井 和夫) 선생님의 권유에 의해서였다. 이제 막 석사과정을 마치고 박사과정으로 진학한 풋내기 초보 고고학도에게, 당시 미보고인 채로 아리미츠(有光) 선생님에게 남아 있던 「경성고고담화회 제6회 예회 새롭게 발견된 고구려 벽화고분에 대한 좌담회(京城考古談話会第六回例会 新出高句麗壁画古墳についての座談会)」(『高麗美術館研究紀要 第6号』2008년 11월 간행)라는 자료를 공표하는데 참여하라는 고마운 말씀이셨다. 이 좌담회의 기록은 일제강점기에 행해진 여러 고구려의 유적에 관한 발굴조사 중에서도, 진파리 고분군에 대한 내용이어서 고구려 고고학을 전공하는 역자(譯者)에 대한 아리미츠(有光) 선생님과 후지이(藤井) 선생님의 배려였던 것이다.

이렇게 고구려 관련의 신 자료를 보고하는 것으로 인연을 맺게 된 역자(譯者)는 2008년에 아리미츠(有光) 선생님을 처음으로 찾아뵙고 인사를 드렸다. 당시에 선생님은 비록 거동이 불편하셨지만, 점심식사 시간이 되자 오늘은 뭘 먹는지 기대된다고 하시며 아이처럼 해맑게 웃으셨던 것을 지금도 기억하고 있다. 그 다음 해인 2009년 가을에도 아리미츠(有

光) 선생님을 찾아뵈었는데, 여전히 휠체어에 몸을 의지하시고는 계셨지만 역자(譯者)가 드린 명함과 얼굴을 기억하려고 애쓰시듯이 안경너머로 번갈아 가며 쳐다보시던 모습이 아련하다. 아리미츠(有光) 선생님에게는 이제 겨우 고고학에 발을 담근 역자(譯者)와 같은 한국 유학생과의 인연조차도 소중하셨던 듯하다. 이처럼 한국고고학과의 인연을 소중히 생각하신 아리미츠(有光) 선생님이 일본에서 간행하신 『朝鮮考古学七十五年』(2007年, 昭和堂)은 당신의 회고록이자 마지막 저서가 되고 말았다. 역자(譯者)는 이 책을 한국에서 출판하는 것이 아리미츠(有光) 선생님과 맺어진 인연을 영원히 기억할 수 있는 방법이라고 생각해 번역하게 되었다.

전술한 바와 같이 본 역서(譯書)는 아리미츠(有光) 선생님의 회고록에 가까운 것으로, 형식적으로 제1부와 제2부로 나뉘어 있지만, 내용면에서 보면 3부분으로 이루어져 있다.

우선 **제1부 나의 고고학**에서는, 고고학을 전공하게 되면서 한국으로 넘어와 해방을 맞이하는 긴박한 순간까지도 박물관을 위해 헌신적인 노력을 기울인 청·장년의 아리미츠(有光)가 느낀 고뇌와 당시의 감정들이 여과 없이 담겨 있다. 여기에는 1930·40년대 전후(前後)의 양상이 주된 내용으로 구성되어 있는데, 1984-87년에 『季刊 三千里』에 연재된 「나의 조선고고학(私の朝鮮考古学)」과 1981-84년에 『青陵』에 연재된 「회상록(回想録)」이 기반으로 되어 있다. 그러나 이미 30년 이상이나 지나버린 당신 자신의 기억에 대한 불안감을 소지하고 있던 일지(日誌)를 참고하면서 객관성을 담보하려고 애쓰고 있는 점이 인상적이다. 또한 총독부박물관의 마지막 책임자로서 유물의 안전한 소개(疏開)를 위한 노력과, 해방이후의 긴박했던 당시의 시대적 정황을 사실적으로 묘사하고 있다는 점에서, 비단 고고학이나 박물관학 이외에도 한국 근대사의 한 부분으로 다루기에 전혀 부족함이 없다.

제2부 은사의 추억에서는 아리미츠(有光) 선생님의 은사(恩師)였던 인물들에 대한 부분과, 해방 이전에 한국고고학과 관련된 인물들에 대한 내용으로 구성되어 있다. 여기서는 아리미츠(有光) 선생님을 직접적으로 지도해 고고학자로 성장할 수 있도록 한 세 명의 고고학자들인 하마다 고사쿠(濱田 耕作), 후지타 료사쿠(藤田 亮策), 우메하라 스에지(梅原 末治)에 대한 내용을 중심으로, 당시의 시대상황과 고고학의 근황들이 기술되어 있다. 본문에서 확인할 수 있는 바와 같이 아리미츠(有光) 선생님은 교토제국대학(京都帝國大學) 문학부 고고학연구실 출신이기 때문에, 은사인 하마다 고사쿠(濱田 耕作) 교수나 우메하라 스에지(梅原 末治) 교수의 지도법과 배려로 인해 고고학자로 성장한 당신의 경외심과 그리움, 그리고 고마움에 대한 내용들로 가득하다. 교토대학(京都帝國大學) 고고학연구실의 학풍과 학문적인 스승들에 대해 아리미츠(有光) 선생님이 상세히 기술한 것은 오히려 너무나도 당연한 것일 것이다. 여기에 그치지 않고 1931년에 한국으로 건너간 젊은 아리미츠(有光)에게 강한 영향력을 끼친 도쿄제국대학(東京帝國大學) 출신의 후지타 료사쿠(藤田 亮策)에 대해서는, 그의 업적과 학풍을 중심으로 학문적 경외심을 드러냄과 동시에 당시의 한국고고학에 관한 제반사정까지도 상세히 이야기 해 주고 있다.

제2부의 마지막에는 고적조사사업 및 한국고고학과 관련된 17인의 주요 인물들에 대해 기술하고 있다. 아리미츠(有光) 선생님의 기억 속에 남아있던 이 인물들은 모두 총독부박물관이나 조선고적연구회(朝鮮古蹟研究會), 동아고고학회(東亞考古學會) 등과 관련되어 있는데, 일제강점기에 행해진 고적의 발굴, 조사, 보존 등을 논함에 있어서 빠지지 않고 등장한다. 이들에 대한 약력과 한국고고학에 관련된 주요한 사실들이 간단명료하게 기술되어 있어서, 해방 이전의 한국고고학사 및 제국주의 일본의 식민지 문화정책 등을 연구하고 이해하는데 큰 도움이 된다.

역자(譯者)는 2019년 12월에 아리미츠(有光) 선생님이 발굴조사를 실시한 경주의 충효동고분군에 대한 논문을 발표했다(주홍규, 2019, 「경주 충효동고분군의 조영시기와 계통」, 『고문화』94, 한국대학박물관협회). 1932년에 발굴조사가 실시된 이후로 지금까지 재발굴이 이루어지지 못해, 아리미츠 교이치(有光 敎一)가 작성한 보고서(朝鮮總督府, 1937, 『昭和七年度古蹟調査報告 第二冊』, 朝鮮總督府)가 충효동고분군을 이야기해 주는 유일한 단서가 되고 있다. 여기에는 당시 혈혈단신으로 한국에 건너온 젊은 고고학자인 아리미츠 교이치(有光 敎一)가 현장을 담당하면서 느낀 고뇌와 부담감이 고스란히 잘 남아있다. 역자(譯者)는 2019년에 발표한 이 논문에서 지금도 학자들 사이에서 다양하게 논의되고 있는 충효동고분군의 조영시기를 6C 중엽-6C 말로 판단했다. 충효동 고분군의 연대판단에 대한 힌트는 1931년에 충효동고분군을 발굴 조사한 젊은 고고학자인 아리미츠(有光)가 알려주었다. 보고서에는 향후 중국에서 출토된 유물과 충효동9호분에서 출토된 청동제 호(壺)와의 비교를 통해서, 충효동 고분군의 조영시기를 추정할 수 있다는 단서가 명기되어 있었던 것이다. 비록 젊은 아리미츠(有光)가 연대판단의 가능성만을 열어 둔 채 갈무리한 충효동고분군의 조영시기를, 역자(譯者)가 논문을 통해 밝혀낼 수 있었던 것은 혹시 아리미츠(有光) 선생님과의 깊은 인연 때문이 아닌지 모르겠다. 하지만 역자(譯者)의 나태함으로 인해 아리미츠(有光) 선생님이 타계하시고 난 후인 2019년에야 충효동고분군에 대한 논문을 발표하게 되어 직접 전해드리지 못한 것이 못내 아쉽기만 하다. 아리미츠(有光) 선생님의 생전에 이 논문을 보여드렸더라면 얼마나 기뻐하셨을지 눈에 선하다.

역자(譯者)의 태만으로 인해 『朝鮮考古学七十五年』(2007年, 昭和堂)의 번역서가 완성되는데 약 1년이라는 긴 시간이 소요되고 말았다. 비록 늦었지만 이 책을 지금이라도 번역서로 간행할 수 있게 되어 다행스럽게 생각한다. 아무쪼록 이 책이 한국의 고고학·박물관학·한국 현대사 전공자 및 고고학과 역사에 관심이 많은 일반인들에게 도움이 될 수 있을 것으로 기대하면서 글을 갈음하고자 한다.

본 번역서가 무사히 한국에서 출판될 수 있도록 허락해 주신 아리미츠(有光) 선생님의 유가족들, 번거로움을 무릅쓰고 아리미츠(有光) 선생님의 유가족들과 일본의 출판사와 조율을 맡아 주신 후지이 가즈오(藤井和夫) 선생님, 조건 없이 한국에서 이 번역서가 출판될 수 있도록 도와주신 일본 쇼와당(昭和堂) 출판사, 한국에서 흔쾌히 출판을 허락해 주신 최병식 주류성출판사 사장님 및 관계자 여러분, 본 역서(譯書)가 출판될 수 있도록 아낌없는 응원과 지원을 해 주신 오타케 히로유키(大竹 弘之) 선생님과 함순섭 국립경주박물관장님께 깊은 감사의 말씀을 글로서 대신 전합니다.

주홍규(朱洪奎)

한국어판 출판에 즈음하여

아리미츠 교이치(有光 敎一) 선생님은 2011년 5월 11일에 향년 103세로 돌아가셨다. 이번에 간행되는 한국어판의 원본인 『조선고고학 75년 (朝鮮考古學七十五年)』이 교토(京都)에 소재하는 출판사인 쇼와도(昭和堂)에서 출판된 것은 만으로 백세가 되려는 2007년이었다. 이 "조선 고고학 75년"이라는 서명(書名)은 우메하라 스에지(梅原 末治) 선생님의 『고고학 60년(考古學六十年)』(平凡社, 1973년)을 의식해 붙여진 것이다.

아리미츠(有光) 선생님은 교토제국대학(京都帝国大学:현 교토대학(京都大学)) 문학부 사학과에서 하마다 고사쿠(濱田 耕作)에 사사해 고고학을 공부한 뒤 1931년에 졸업, 같은 해에 발족한 조선고적연구회(朝鮮古蹟研究會) 최초의 조수로 채용되어 경주에 부임함과 동시에, 조선총독부에 의해 '고적조사 사무를 촉탁한다'라는 사령(辭令)도 받아 조선고고연구에 첫걸음을 내딛은 이후, 조선 고고학의 연구에 진지하게 종사해 온 고고학자이다.

아리미츠(有光) 선생님은 경주 황남리 제82호분, 동(同) 제83호분의 발굴조사를 시작으로, 경주 임해전지, 경주 충효리고분군, 경주 황오리 제16호분, 공주 송산리 제29호분, 대동 남정리 제53호분, 고령 지산동 제39호분, 중화 진파리 제1호분, 동(同) 제4호분, 평양 석암리 제218호분, 평양 정백리 제24호분 등, 1945년 8월의 일본패전까지 많은 유적의 발굴조사를 실시하셨다.

일본패전 후 조선총독부의 일본인 직원들이 모두 해임되었고, 조선에 살던 일본인의 대부분이 일본으로 돌아가는 와중에, 선생님은 조선 주둔미군정청의 문교부 고문으로 잔류의 명을 받아 조선에 잔류한 단 한사람의 일본인 고고학자로서, 한국 최초의 국립박물관(현 국립중앙박물관)의 개관, 한국인들에 의한 최초로 발굴된 경주 호우총, 은령총의 고적 발굴조사 등에 협력하셨고, 조사가 끝난 후 1946년 6월에 하카타(博多)항으로 돌아오셨다.

많은 유적의 발굴조사를 실시하면서 조선총독부 학무국의 촉탁(囑託)에서 기수(技手)로, 나아가 기수(技手)와 속(屬)을 겸무하게 되었고 고적조사사무의 업무량도 증가하여, 발굴조사의 정리 작업 및 보고서 작성이 지체되었다. 그래서 일본 귀국까지 보고서를 간행할 수 없는 조사가 여러 개 남게 된 것이다.

귀국할 때 짐의 양이 극단적으로 제한된 귀환자임에도 불구하고, 미미하나마 황오리 제16호분의 자료를 가지고 돌아오셨다. 또한 개보(槪報)밖에 간행되지 않았던 황오리 제54호분의 보고서를 제작하고 극히 미미하나마 자료를 가지고 돌아오셨다. 기타 미보고 발굴조사에 관한 자료도 일부 가져가셨는데, 이들 자료는 귀환선의 선상의사에게 부탁해 가져갈 수 있었던 것이다.

그렇게 무리해서라도 조사관계의 자료를 가지고 돌아오신 것은, 아리미츠(有光) 선생님이 무엇보다도 염려하고 있었던 것이 조선에서 발굴조사에 임했음에도 불구하고 미보고로 남아 있던 유적의 보고서 간행이었기 때문이다. 고고학자로서 "발굴해 보고서를 내지 않는 것은 도굴과 같다. 발굴보고서를 내지 않는 것은 부끄러운 일이다. 보고서를 간행하지 않고는 죽어도 죽은게 아니다.", "어떻게 하든지 대한민국과 조선민주주의인민공화국의 연구자들이 활용할 수 있도록 해야겠다."라고 하는 생각을 계속 가지고 계셨다.

일본으로 귀환 후 GHQ 규슈(九州)군정사령부 고문, 교토대학(京都大學) 강사, 캘리포니아대학 로스엔젤레스교 강사, 교토대학(京都大學) 교수, 나라현립 가시하라고고학연구소(奈良縣立橿原考古學研究所) 소장, 고려미술관연구소(高麗美術館研究所) 소장 등을 역임하셨고, 그동안에도 일관되게 조선고고학에 열정을 기울이셨지만, 미보고인 고분 보고서의 작성은 지지부진했다.

고령이심에도 불구하고 아리미츠(有光) 선생님이 미보고 고분에 대한 보고서 작성을 하시려는 것을 필자 등이 알게 된 것은 1998년의 일이다. 이후 필자 등도 도와서 유네스코 동아시아문화연구센터에서 『조선고적연구회유고(朝鮮古蹟研究會遺稿) Ⅰ』, 『조선고적연구회유고 Ⅱ』, 『조선고적연구회유고 Ⅲ』이 차례로 간행된 것은 2000년~2003년의 일이다.

그리고 미보고 고분의 보고서 작성이 완료된 후 마지막 저작으로 아리미츠(有光) 선생님이 추진한 것이 이 책 『조선고고학 75년』의 집필 및 편집 작업이었다. 일찍이 발표된 것들을 집성한 것이기는 하지만, 단지 모아둔 것만이 아니라 내용을 체크하고 보정을 가했다. 연세가 많으심에도 불구하고 세세한 부분까지 다시 자료를 보고 점검해 보정하는 모습에서, 연구자로서의 긍지를 항상 잊지 말고 일하라고 전해주시 것 같아 지금도 그 모습이 인상 깊고 기억에 남는다.

이 책은 이상과 같은 아리미츠(有光) 선생님의 고고학자로서의 활동 회고록이지만, 일제의 패전 후에도 경성에 남게 된 몇 안 되는 일본인이 보고 들은 당시의 긴박한 상황이 기록되어 있어서, 고고학사와 박물관사 뿐만 아니라 한국 현대사의 자료로서도 귀중한 내용들을 포함하고 있다. 그리고 후학 연구자들에게 고고학자로서의 바람직한 모습을 시사해주는 서적이 될 것이다.

아쉽게도 귀환자로서 지참할 수 있는 짐을 제한 받았기 때문에 개인적으로 제작한 많은 자료들은 대부분 손호연(孫戶姸, 2000년에 화관문화훈장을 받은 저명한 가인) 씨에게 맡기고 아리미츠(有光) 선생님께서 가져오지 못한 자료들이 있다. 유감스럽게도 그 자료들은 한국전쟁 때의 혼란 속에서 약탈당해버려 다시는 아리미츠(有光) 선생님의 손으로 돌아가는 일이 없었다(「조선고적연구회의 신라고분 발굴조사-아리미쓰 교이치(有光教一)의 발굴조사 자료를 중심으로-」, 『경주 대릉원 일원 고분 자료집성 및 분포조사 종합보고서』제4-2권-자료집성V-, 2018년, 경주시·(재)신라문화유산연구원, p.5 및 p.15.). 그것들이 있었다면 더 충실해졌을 텐데 아쉽다. 언젠가 잃어버린 자료가 발견되기를 바란다.

마지막으로 한국어판을 출판함에 있어서 아리미츠(有光) 선생님의 유가족 여러분께서는 "부디 한국에서도 번역해서 소개해 주세요. 아버님도 기뻐하실 겁니다."라고 흔쾌히 승낙해 주었고, 일본에서의 출판을 맡아 주신 쇼와도(昭和堂)에서도 한국어판의 출판을 이론 없이 양해받았다. 관계 각위에 감사를 표하고 각필하기로 한다.

※ 2006년에 아리미츠 교이치(有光 教一) 선생님으로부터 경복궁 내에 있었던 조선총독부 박물관 시설에 관한 청취조사를 한 적이 있다. 그 정보를 바탕으로 필자가 작성한 「경복궁 조선총독부 박물관 관계시설 사용상황도」 및 「총독부 박물관 자경전 사무실 배치도」를 다음 페이지에 게재한다. 이 책을 읽는 독자들이 내용을 이해하는데 다소나마 도움이 되었으면 한다.

후지이 가즈오(藤井 和夫)

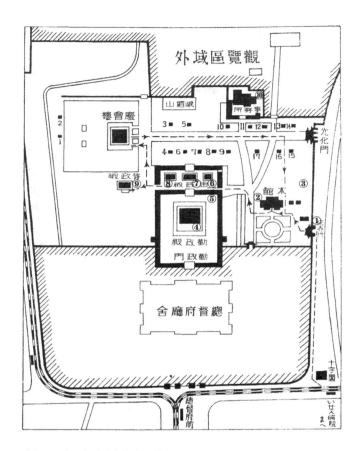

경복궁 조선총독부 박물관 관계시설 사용 상황도

(『박물관약안내』(조선총독부, 1936년) 소재 「관람안내도」를 바탕으로 후지이 가즈오 작성) ⓒ2022 FUJII KAZUO 藤井 和夫)

① 건춘문이 내관자의 출입구. 그 서북쪽에 조선식의 작은 건물이 있어 활자를 수장하고 있었다. 직원은 「활자고」라 부르고 있었다. / ② 총독부박물관의 진열관은 이층 건물. 중앙은 후키누케(吹拔け : 건축 용어로 2층이상에 마루를 만들지 않고 하층에서 상층까지 볼 수 있도록 개방한 공간. 영어로는 atrium.)였다. 남벽, 정면에 경주 남산 석불을 두었고 둘레의 벽에 경주 석굴암 측벽상을 석고로 복제하여 돌렸다. 1층 동실(삼국시대)과 1층 서실(고려·이씨조선)에 귀중한 관장품을 보관하는 창고가 있었다. / ③ ②의 동북쪽에 접하여 발굴품을 정리하는 콘크리트 건물의 창고가 있었다. 직원은 「신창고」라고 불렀다. 우메하라 스에지(梅原 末治)와 고이즈미 아키오(小泉 顯夫)가 경주금관총을 비롯해 서봉총, 금령총, 식리총 등을 여기서 정리했다(小泉顯夫,1986,『朝鮮古代遺跡の遍歷―發掘調査三十年の回想』, 19~20쪽). / ④ 근정전 / ⑤ 근정전 회랑의 일부에 야츠이 세이이치(谷井 済一) 등이 1916~17년에 창녕 고분군 등을 발굴조사했을 때 나온 출토품이 쌓여져 있고(梅原 末治『考古学六十年』 1973, 41쪽). 「촉수엄금」이라는 패가 붙어져 있다. / ⑥ 만춘전에는 이씨조선시대의 병기가 수장되어 있었다. 직원은 「무기고」라 불렀다. / ⑦ 사정전에는 1929년 발굴된 웅기 송평동 패총 출토품을 격납하고 있었다. 송평동 패총 1930년, 1931년도 발굴분은 1946년에 경성제대 법문학부 고고실에서 사정전으로 회수했다. / ⑧ 천추전에는 도리이 류조(鳥居 龍藏)가 수집한 석기 및 토기가 수장되어 있었다. 1946년에 요코야마 쇼자부로(横山 將三郎)의 암사리 발굴품 등을 여기로 반입했다. / ⑨ 수정전은 오타니 고즈이(大谷 光瑞)의 서역 수집품 전시장이었다. 벽화는 흑막으로 덮고 고창국 등 고분 출토품은 유리 진열란에 진열되어 있었다. / ⑩ 자경전은 총독부박물관의 사무소, 제3도와 같이 발굴 담당인 직원은 개인방에서 출토품을 정리하고 사진을 촬영했다. 서북쪽의 안방에는 관장품이 놓여 있었다.

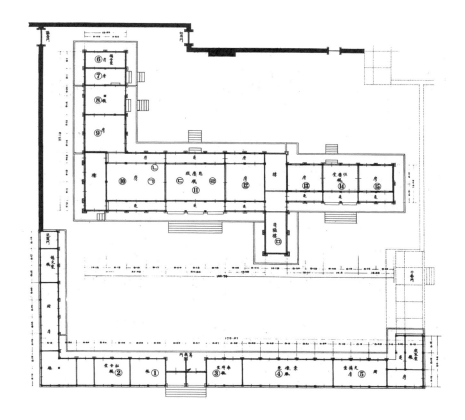

자경전 조선총독부 박물관 사무실 배치도

(『조선고적도보』 제10책 제4679도 「경복궁 자경전 일곽평면도」를 바탕으로 후지이 가즈오 작성)
©2022 FUJII KAZUO 藤井 和夫

① 접수처 / ② 숙직실 *바둑판이 놓여 있고 오가와 게이키치(小川 敬吉), 노모리 겐(野守 健) 등이 바둑을 두고 있었다. /
③·④·⑤ 곳간 / ⑥·⑦ '그라'라고 부르던 방.정리 중인 유물의 일시 보관처 / ⑧ 출판물 창고 / ⑨ 응접실 / ⑩ 처무실 / ⑪
연구실 / ⑫·⑬·⑭·⑮ 아리미츠 교이치(有光 教一) 개인실, 사이토 다다시(斎藤 忠) 개인실, 정리실, 촬영실이 있던 방. *⑫
가 정리실, ⑭가 촬영실인가? / ㉠ 주임 책상 / ㉡ 도면캐비넷 / ㉢ 오가와 게이키치(小川 敬吉) 책상 / ㉣ 노모리 겐(野守 健)
책상 / ㉤ 탁구대 *점심 때의 휴식 시간 등에 아리미츠 교이치(有光 教一) , 사이토 다다시(斎藤 忠), 가야모토 가메지로(榧
本 亀次郎) 등이 탁구를 쳤다.

아리미츠 교이치(有光 敎一) 선생님을 생각하며

2011년 5월 11일 연합뉴스는 「'마지막 총독부 박물관장' 日 고고학자 별세」라는 기사를 올렸다. 우리 언론이 일본 학자의 부고를 사망 당일에 상세히 알린 사례는 매우 드물다. 기사 제목처럼 '총독부 박물관장'이란 직위 탓이거나, 한국고고학계의 관심사를 콕 집어내는 연합뉴스 문화부의 혜안 탓이겠다. '아리미츠 교이치(有光 敎一)', 그는 제국주의 일본의 조선총독부박물관 주임으로서 식민지 문화유산 관리업무의 책임자였고, 태평양전쟁에서 일본이 패하자 맡은 업무를 한반도 남녘에 진주한 미군정에 인계하였다.

그는 패전국의 관료였으나 즉시 귀국하지 못하고 업무 인계를 위한 잔류자로 분류되어 조국에게서 버려졌다는 자괴감에 빠지기도 했었다. 그러나 무책임하게 밀항하거나 개인 자료를 지키려 집착한 몇몇 박물관원 혹은 교수와는 달랐다. 미군정의 문교부 촉탁으로서 개인의 양심에 따라 광복 100여일 만에 신생 독립국의 국립박물관이 개관할 수 있게 힘을 쏟았다. 또한 고고학 전문가가 절대 부족한 상황에서 단기간이지만 발굴기술을 전수하였다. 우리가 해방 전후의 혼란기에 문화유산을 별다른 사고 없이 보존하고, 미약한 능력이지만 자력으로 관리하게 된 시작점에는 그가 있었다. 잘 알려진 것처럼 대한민국 정부출범 이후에도 당시 인계인수의 당사자였던 아리미츠(有光)와 김재원(국립박물관 초대 관장)의 인연은 오래 이어졌다. 그에 대한 호의적 평가는 우리 연구자들이 회갑연을 열어준 첫 번째 일본 관학자 출신의 연구자라는 점에서 미루어 짐작할 수 있겠다.

　과거사의 아픔과 현실적 국경을 넘어서서 고고학자로서 아리미츠 교이치(有光 教一) 선생님은 책임감 있는 연구자이다. 제국주의 일본의 관학자들이 1945년 이후 펴낸 숱한 자서전이나 자전수필에는 알게 모르게 자기 합리화의 논리가 스며있다. 조사의 당위성과 성과를 자랑하면서도 조사 이후 연구자의 책무는 여러 핑계만 댈 뿐이다. 이런 사례를 단숨에 넘어선 이가 아리미츠(有光) 선생님이다. 식민지 조선에서의 첫 직장이었던 조선고적연구회에서 본인이 발굴 혹은 발견하고도 미보고 상태로 남은 자료를 정리하여 구순의 나이인 2000년부터 2003년까지『朝鮮古蹟研究會遺稿』Ⅰ~Ⅲ을 펴냈다. 신라고고학 전공의 후이지 가즈오(藤井和夫)가 작업을 도운 이 보고서는 한국에서 출간하였고, 오늘날의 상황을 반영하여 한일 양국의 언어로 작성하였다. 결코 선학으로서 권위를 내세우지 않고 오히려 늦은 것을 부끄러워하는 겸양의 덕을 엿볼 수 있었다.

　나는 개인적으로 아리미츠(有光) 선생님과 두 번의 인연이 있었다. 첫 번째는 국립중앙박물관 고고부에서 펴낸『청당동Ⅱ』고적조사보고(1995년) 때문이다. 앞서 어느 심포지엄의 뒤풀이 자리에서 모 대학교수는 요즘 국립기관의 발굴보고서가 부실하다며 일갈하였다. 이 말에 괜히 화가 나서 나와 김재홍은 천안 청당동유적 Ⅰ단계 조사를 정리하며 역대급으로 긴 고찰을 썼다. 이 발굴보고서를 받아 본 아리미츠(有光) 선생님은 1996년 1월 17일자로 과분한 칭찬을 가득 담은 편지를 보내왔다. 한영희 고고부장은 이 편지를 내게 주며 잘 간직하라며 대신 격려해 주었다. 두 번째는 직접 뵙고 싶다는 일념 때문에 일본 교토로 날아간 일이다. 1990년대 중반부터 시작하였으나 답보 상태였던 나의 일제강점기 고고학사 연구는 일본 교토(京都)의 모쿠요 구라부(木曜クラブ : 목요클럽)가

펴낸『考古學史研究』라는 잡지를 통해 새로운 돌파구를 찾을 수 있었다. 그중에서도 2003년 10월판『考古學史研究』제10호는 1997년부터 2001년까지 회원들이 4회에 걸쳐 아리미츠 선생님을 인터뷰한 기록을 실었다. 이 인터뷰 기록은 1980년대 선생님의 자전수필(이 자서전 전반부에 실린)에서 다룬 당시 고적조사 현황보다 훨씬 더 자세하고, 총독부박물관의 유리건판 정리 방식 등 그간 알려지지 않은 내용을 담고 있었다. 이 때문에 나는 그간 국립중앙박물관에 남은 막연한 자료들을 다시 볼 수 있었고, 이를 해석할 방법을 찾은 듯했다. 그래서 일본에 가서 아리미츠(有光) 선생님과 교토(京都)의 모쿠요 구라부(木曜クラブ : 목요클럽) 회원을 직접 만나고 싶었다. 면담으로 실제 얻을 건 적을지라도 그냥 그들을 보는 것만으로 채워질 것이 많을 듯했다. 당시 일본연수 중이던 국립중앙박물관의 김인덕 선생과 교토대학(京都大學)의 요시이 히데오(吉井 秀夫) 교수에게 부탁하여 2004년 1월말 교토(京都)에서의 만남은 이루어졌다.

아리미츠 교이치(有光 敎一) 선생님은 내게 일제강점기 고적조사를 다시 되돌아보게 했다. 특히 구순에 열정으로 펴내신『朝鮮古蹟硏究會遺稿』는 한국의 고고학 연구자인 내가 무엇으로 답해야 할지 많은 생각을 하게 만들었다. 비로소 일제강점기 고고학은 일본고고학의 전기(前期) 성과가 아닌 한국고고학의 전사(前史)로서 오늘날 우리의 시각으로 다시 해석해야 하는 대상이 되었다. 2000년부터 국립중앙박물관이 시작하여 간헐적으로 발간하던 일제강점기 자료조사보고는 2013년부터 본격 사업으로 한 단계 승격시켜 이제 전국의 모든 국립박물관이 참여한다. 본격 사업으로의 승격은 국립경주박물관에서 경주 보문리합장분 재보고를 주도했었던 윤상덕이 앞장을 섰다. 이 사업이 자리 잡는 데 생각을 보태고 또한 참여자가 될 수 있었음에 나는 기쁘다.

아리미츠 교이치(有光 敎一), 그는 대한민국의 국립박물관과 고고학이

첫발을 내딛는 데 실질적인 산파였다. 비록 우리또래와는 너무나 긴 세대차이 때문에 여간해서는 속내를 보여주시지 않았지만, 우리의 1세대와 1.5세대 박물관원 및 연구자와의 신뢰는 무척이나 깊었다. 1990년대 국립박물관에서 겪거나 들은 아리미츠(有光) 선생님의 일화는 너무 많다. 이제 그의 자서전이 번역되었으니, 훨씬 더 많은 사람들이 그를 이해할 수 있겠다. 번역자 주홍규 선생의 노고에 감사드린다.

아리미츠 교이치 선생님이 1931년 9월말 식민지 조선에서 고고학을 시작한 옛 경주박물관 뒤뜰에는 세상의 변화를 600여년 묵묵히 지킨 은행나무가 있다. 그 은행나무 아래에서 한국고고학의 오늘을 생각하며 이 자서전이 번역된 감회를 담았다.

2022년 9월
옛 경주박물관 곁 수하당(樹下堂)에서
함 순 섭(국립경주박물관장)

■ 들어가며

2006년 5월 하순, 서울의 국립중앙박물관(이하 중박으로 약칭)에서 『호우총 은령총 발굴 60주년 기념 심포지움』이라는 책 한 권이 항공편으로 집에 도착했다. B5판 109페이지인 책의 서지정보에는 2006년 5월 23일에 발행된 것으로 되어 있었다. 두 고분의 발굴조사에 관여한 나에게 한 시라도 빨리 도착할 수 있도록 해준 중앙박물관의 열의에 나는 감동했다. 그 이유는 60년 전으로 거슬러 올라간다.

1945년 9월 21일, GHQ조선진주군사령부(역주 : 재조선 미육군사령부 군정청)의 발표로 인해 총독부의 일본인 직원들은 파면되었으나, 총독부박물관의 책임자였던 나는 시설과 관장품의 보전을 확인받기 위해 잔류명령을 받았다. 이 문제는 같은 해 12월 3일(月)에 조선인(역주 : 한국인으로 번역할 수 있지만, 대한민국 정부수립 이전에는 보편적으로 조선인이라 칭하였기 때문에 본 번역서에서는 원문 그대로의 표현을 사용하기로 한다) 관원으로만 경영하는 국립박물관이 발족해, 건물도 진열품도 조선총독부박물관 그대로 인계의 책임을 다할 수 있었다.

조선총독부시대의 내 경험을 평가했기 때문인지, 군사령부는 나에게 중박이 기획한 경주 읍남고분군의 발굴조사에 협력할 것을 명령했던 것이다. 나중에 호우총 및 은령총으로 불리게 된 2기가 바로 그것이다.

중박에서는 김재원 관장을 책임자로 하고, 임천(林泉)관원(실측·제도), 이건중(李健中)관원(사진), 서갑록(徐甲祿)관원(기록)이 참가했다.

1946년 5월 2일부터 5월 16일까지 호우총을, 5월26일까지 은령총의 발굴조사를 끝냈다. 나로서는 조사보고서의 원고작성에까지 참가해야 했지만, 군사령부는 붙잡아 둘 이유가 없다고 해, 5월 28일에 나를 부산항발 귀환선에 데려다주었다. 그로부터 60년, 중앙박물관에서 『호우총 은령총 발굴 60주년 기념 심포지움』을 보내 주셔서 나는 감동했던 것이다.

그러나 60년 전을 그리워하며 회상만 하고 있을 수만은 없었다. 이 책의 내용은 과학적으로, 특히 유물관리부 보존과학실의 이용희씨에 의한 「호우총 출토 도깨비얼굴화살통[漆器鬼面矢箙] 복원」은 충격적이기까지 했다.

김재원 관장의 『호우총과 은령총』(국립박물관고적조사보고 제1책)의 발행은 1948년 4월 10일이었다. 거기서는 목심칠면(木心漆面)을 방상씨면(方相氏面)으로 간주했다. 중박의 보존실은 전시를 위해 1999년 8월부터 X선 촬영과 현미경 조사를 시도했다. 또한 출토 직후의 사진과 실측도를 바탕으로 컴퓨터 그래픽으로 복원도를 만들었다. 여기에 더해 고구려벽화고분의 화살통 그림 등을 참고로 복원을 완성한 것이다.

이러한 고 문화재의 과학적 연구가 구미(歐美)에서는 1930년 이전으로 거슬러 올라간다. 하지만 제2차 세계대전이 발발하고 태평양전쟁(1941년)이 일어나면서 특히 조선에서는 알 길이 없었다.

나는 올해(2006년) 만 99세다. 조선고고학에 발을 디디게 된 것은 1931년의 가을부터였기 때문에 이 책을 『조선고고학 75년』이라고 했다. 내용은 『季刊 三千里』의 1984년부터 1987년까지 연재한 「나의 조선고고학(私の朝鮮考古学)」에 의하지만, 은사인 하마다 고사쿠(濱田 耕作), 후지타 료사쿠(藤田 亮策), 우메하라 스에지(梅原 末治)의 세 분 이외에도, 20세기에 활약한 조선고고학 관계자들에 관해서도 가필했다.

2006년 12월

아리미츠 교이치(有光 敎一)

제1부	나의 조선고고학

제2부 은사의 추억

하마다(濱田) 선생의 추억

저작목록(著作目錄) · 약연보(略年譜) ………………… 237

아리미츠가 발굴중이던 경주 황남리 83호분을 지도차 방문한 하마다 고사쿠 일행과 경주 유지
(1931년 10월) : 본문 p.167과 관련된 사진으로, 오사카 긴타로가 패전 후 일본으로 가며 경주의 지
인에게 맡긴 사진을 국립경주박물관에서 정리한 것임.
大坂金太郎(前慶州普通學校長), 柴田團九郎(柴田旅館主), 曾田篤一郎(郡守), 梅原末治(助敎授), 諸鹿
央雄(博物館主任), 濱田耕作(博士), 小貫賴次(視學), 有光敎一(朝鮮古蹟硏究會硏究員)

1946년 5월 11일 호우총 발굴현장의 모습.
왼쪽부터 李健中, 林泉, 李庸民?, 徐甲祿, 金載元, Mills軍曹, 有光敎一, 李弘植, 崔順鳳

「아리미츠 교이치(有光教一) 선생 연구
70년을 축하하는 모임(有光教一先生硏
究70年を祝う会)」에서 참가자에게 배포
하는 『조선고적연구회유고(朝鮮古蹟硏
究會遺稿)』Ⅰ을 체크하는 아리미츠 선
생. 2001년 4월 24일 촬영.

「아리미츠 교이치(有光教一) 선생 연구 70년을 축하하는 모임(有光教一先生硏究70年を祝う会)」에서의
아리미츠 선생. 왼쪽부터 후지이 가즈오(藤井和夫), 아리미츠, 오이 다케시(大井剛), 나가시마 기미
치카(永島暉臣愼). 2001년 5월 19일 촬영.

「아리미츠 교이치(有光教一) 선생 연구 70년을 축하하는 모임(有光教一先生研究70年を祝う会)」에서 『조선고적연구회유고(朝鮮古蹟研究會遺稿)』Ⅰ 작성에 협조해 준 한국인 유학생들과 아리미츠 선생. 왼쪽부터 이준호, 정인성, 아리미츠 선생님, 남유미, 김정배. 2001년 5월 19일 촬영.

만 97세 생일 케이크와 함께. 뒷벽에 걸린 액자 도면은 「경주 황오리 제16호분 유고 배치도」. 2004년 11월 11일 촬영.

아리미츠 선생 백수 축하회. 중앙에 아리미츠 선생, 오른 쪽 옆에 이난영, 왼쪽 옆에 우에다 마사아
키(上田 正昭), 그 옆에 김리나. 2006년 11월 5일 촬영.

「경성고고담화회 제6회 예회 새롭게 발견된 고구려 벽화고분에 대한 좌담회(京城考古談話会第六回
例会 新出高句麗壁画古墳についての座談会)」 원고를 체크하는 아리미츠 선생. 오른쪽은 후지이 가즈
오(藤井 和夫). 2008년 7월 30일 촬영.

2008년 여름의 아리미츠 선생.

2008년 여름의 아리미츠 선생.

호우총·은령총, 황오리제54호분의
실측도 도면과 함께 아리미츠 선생.
2009년 9월 2일 촬영.

2009년 가을. 역자(譯者)와 아리미츠 선생.

함순섭 관장으로부터 교시 의뢰가 있었던 일제강점기 사진자료를 검토하는 아리미츠 선생. 왼쪽은 후지이 가즈오(藤井 和夫). 2009년 11월 23일 촬영.

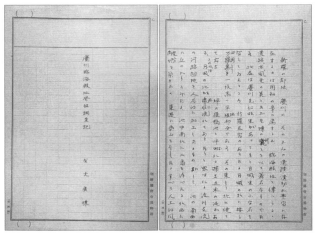

아리미츠 선생이 발굴조사를 실시했으나 미보고로 남은 유일한 유적인 경주 임해전지관계 자료. 사진, 도면 등과 함께 국립중앙박물관에 보관되어 있다.

1996 1 17

韓國國立中央博物館 考古部 貴下

御恵送の『清堂洞Ⅱ』(國立博物館古墳調査報告 第27輯)ありがたく拝受しました。1990年代最も重要な発掘調査の一つであるこの遺蹟調査の成果を精確に御報告下さった貴考古部の先生方各位の御努力に敬服申上げます。また更に適正な考察と概歴として文化の位置づけをお示し下さったことは本書の学術的価値を一層高めるもの長く学界の指針となりましょう。
私自身大いに啓発されました。厚く洋礼申上げます。今後とも洋指導よろしく願い上げます。

有光 教一 敬白

아리미츠 선생의 자필 편지. 함순섭 관장님 제공.

제1부

나의 조선고고학

1

나의 조선고고학

1. 조선고고학에의 경도(傾倒)

나는 1931년 9월부터 일본 패퇴의 다음해(1946년) 5월 말까지 조선에 머물러 살았다. 그 사이 조선총독부의 고적조사와 조선총독부박물관의 경영에 임했고, 일본이 패퇴한 이후부터 10개월간은 한국 국립박물관의 개설과 동(同) 관(館)의 신라고분(경주 호우총과 은령총) 발굴조사에 협력했다. 24살부터 39세까지의 소위 한창 때였던 15년간, 나는 조선을 필드로 고고학 연구를 계속한 셈이 된다.

내가 조선에 경도(傾倒)되었던 과정을 회상해 보면, 재학하고 있던 1928-31년경의 교토제국대학(京都帝國大學) 문학부 사학과 고고학연구실의 분위기와 관계가 있었다고 생각한다. 지도교수인 하마다 고사쿠(濱田 耕作) 선생은 국제적인 시야를 가진 과학적 고고학의 추진자로 알려져 있었는데, 당시는 일본과 중국의 학자가 공동으로 행한 고고학 발굴조사의 일본 측 기관인 동아고고학회(東亞考古學會) 대표의 1인으로서 활약 중이었다. 내가 재학 중일 때 연구실에서는 이 학회의 〈동방학총간(東方學叢刊)〉제1책인 『비자와(貔子窩)』(1929년), 제3책인 『남산리(南山裡)』(1932년), 제4책인 『영성자(營城子)』(1934년) 등의 대형 보고서 작성이 행해지고 있어서 항상 활기가 넘쳤다.

조선과의 관계에 한해 이야기하자면, 하마다(濱田) 선생은 1918년에 조선총독부의 고적위원이 되었고, 거의 매년처럼 같은 연구실의 우메하라 스에지(梅原 末治) 선생을 동반해 조선으로 출장을 갔다. 두 선생 공저의 『경상북도 경상남도 고적조사보고서(慶尙北道慶尙南道古蹟調査報告書)』

(다이쇼7년도 조선총독부 고적조사보고(大正七年度朝鮮総督府古蹟調査報告)),『김해 패총 발굴조사보고(金海貝塚發掘調査報告)』(大正九年度 同上 第一冊),『경주 금 관총과 그 유보(慶州金冠塚と其遺宝)』(朝鮮総督府古蹟調査特別報告 第三冊) 등은 오랫동안 학사에 남을 성과이다.

하마다(濱田) 선생은 강의 중의 삽화나 연구실에서의 잡담을 통해 자 주 조선에서의 경험을 이야기 해 주었다. 선생이 조선의 풍토와 인정에 매혹되어 있었던 것은 선생의 기행문이나 수필에서도 엿볼 수 있다. 선생 의 훈도를 받은 내가 조선에 친숙함을 가지게 된 것은 당연했던 것이다.

또한 조선에서 하마다(濱田) 선생의 조사에 그림자처럼 따라다니며 협력한 우메하라(梅原) 선생은 내가 고고학을 전공으로 정한 1929년 4월 에 구미(歐美)유학에서 귀국한 후 문학부 강사로 취임해 고고학 특수강 의와 고고학 실습을 담당했다. 조선의 고고학 사정에 정통한 선생에게 서 받은 영향도 나의 진로 결정에 크게 작용했다.

내가 처음으로 조선 땅을 밟은 것은 1930년의 가을이었다. 교토제국 대학(京都帝國大學) 문학부 사학과의 학생과 유지(有志) 20여 명이 국사학 의 니시다 나오지로(西田 直二郎) 교수 인솔로, 당시의 평톈(奉天)(지금의 센 양(瀋陽))에서부터 평양·경성·경주·부산 코스로 연수여행을 간 것에 참 가했다. 행선지에서의 사적답사나 박물관 견학이 나에게 깊은 인상을 심어주었던 것은 말할 필요도 없다.

그런데 나는 경성 부근에서 감기에 걸려 경주에서는 결국 여관에서 병으로 드러누워 한발자국도 외출할 수 없었다. 2-3일 후 소강상태가 되어 울산행 경편철도(輕便鐵道)에 몸을 싣고 경주를 떠났다. 무엇보다 신라의 고도에 들어갔지만 아무것도 못 보고 돌아온 것이 아쉬워 차창 으로 다가오는 대 고분군이나 멀어져가는 주위의 산줄기를 바라보며 발 을 동동 구르며 안타깝게 여겼다. 이 때는 설마 다음 해에 이곳으로 부임해 발굴조사로 하루하루를 보내게 될 줄은 꿈에도 생각하지 못했다.

2. 조선고적연구회(朝鮮古蹟研究會)

하마다(濱田) 선생이 조선 부임의 이야기를 한 것은 내가 대학원에 진학한지 얼마 지나지 않은 1931년 초여름 경이었다. 조만간 〈조선고적연구회〉라고 하는 조직이 생기므로 경주에 주재(駐在)하면서 고적조사를 담당할 사람을 찾고 있는데, 혹시 갈 의향이 있다면 추천하겠다는 이야기였다.

앞서 서술한 바와 같이 연구실의 학풍은 대륙지향형으로, 나 자신도 「동아고고학(東亜考古學)」을 연구제목으로 하고 있었기 때문에 일본 땅에만 머물러 있어서는 전진을 기대할 수 없다고 생각했다. 더욱이 전년도 가을의 연수여행으로 조선에 대한 나의 관심은 높아져 있었다. 게다가 당시의 일본에서는 지금과 달리 고고학을 전공으로 하는 직장이 거의 없었다는 사정도 있어서, 나는 주저하지 않고 추천서를 하마다(濱田) 선생께 부탁했다.

그런데 이 때 하마다(濱田) 선생은 나에게 대학원의 학생인 채로 가고 1년 후에 돌아오라고 했다. 〈조선고적연구회〉의 운영은 민간 유지의 기부금에 기댈 수밖에 없었기 때문에 적어도 당초에는 기반이 불안정했다. 이를 염려했던 것으로 생각된다.

조선총독부의 고적조사사업은 1924년의 행정정리와 이어지는 재정긴축으로 매년 쇠퇴했고, 1930년대가 되면서 적극적인 발굴조사는 물론 도굴이나 파괴의 뒤처리조차도 생각처럼 되지 않는 상태에 빠져 있었다. 이를 두고 볼 수 없었던 고적조사위원인 도쿄제국대학(東京帝國大學) 교수 구로이타 가츠미(黒板 勝美)가 중심이 되어, 외곽단체를 만들어 조사부분만이라도 원조를 받으려고 획책하게 되었다. 〈조선고적연구회〉는 이 계획에 근거해 민간유지들에게서 받은 기부금으로 1931년 8월에 「평양 및 경주를 중심으로 하는 고적을 연구해 조선 문화의 발양(發揚)을 기도할 목적」(조선고적연구회 규칙 제2조)으로 발족되었다. 우선 당장 1931년은 이와자키 고야타(岩崎小弥太) 남작의 기부금 6,000엔으로, 평양과 경주에 연구소를 설치하고 연구원을 두어 고분의 발굴조사부터 시작했다. 나는 하마다(濱田) 선생의 추천으로 경주연구소의 조수로 채용되었다.

9월이 되어 나는 경성에 가서 경성역에서 후지타 료사쿠(藤田 亮策) 선생의 마중을 받았다. 그 당시의 후지타(藤田) 선생은 경성제국대학의 법문학부 조교수로, 조선사학과 고고학을 강의하고 있었다. 동시에 조선총독부박물관의 주임도 겸임해 총독부의 고적조사사업을 장악하고 있었는데, 새로 설립된 〈조선고적연구회〉의 간사로서 실제 운영을 맡고 있었다. 나는 후지타(藤田) 선생 댁에 수일간 머무르면서 옛 경복궁의 자경전(慈慶殿)에 있던 총독부박물관사무실에 다니며 오리엔테이션을 받았다.

9월17일, 조선고적연구회 평양연구소의 첫 일을 시찰하러 가는 후지타(藤田) 선생을 따라 야간열차로 북상했다. 다음 날인 18일 아침에 평양에 도착해 낙랑고분의 발굴현장으로 갔는데, 택시운전수에게서 류탸오후사건(柳条湖事件) 발발의 이야기를 듣고는 육군보충병이었던 나는 긴장해 불안을 느꼈던 것을 잊을 수가 없다.

평양연구소의 최초 발굴에는 나중에 「채협총(彩篋塚)」이라는 이름으로 알려진 남정리 제116호분 이외에도 2기가 선정되었다. 발굴담당자로는 경성의 총독부박물관에서 베테랑인 사와 슌이치(澤 俊一)·고이즈미 아키오(小泉 顯夫) 두 사람이 출장을 와 있었다. 평양연구소라고 불렸지만 특별히 건물이 있는 것도 아니고 전임의 연구원이 주재(駐在)하지도 않았다.

〈조선고적연구회〉는 실제의 발굴조사에 필요한 경비만을 지급하고, 전임의 연구원을 두지 않고 수시로 총독부박물관이나 제실박물관의 관원, 혹은 도쿄제대(東京帝大)·교토제대(京都帝大)·경성제대(京城帝大)의 교관에게 여비를 주고 연구원으로 위촉했다. 이 방침은 마지막까지도 변하지 않았다. 따라서 애초부터 고적연구회에서 월급을 받는 것은 전임의 경주연구소 조수인 나뿐이었다. 덧붙여 내 월급은 80엔(円)이었던 것으로 기억한다.

나는 평양에서 경성으로 돌아와서는 조선총독부로부터 고적조사사무를 촉탁한다는 9월22일부의 사령(辭令)을 수령했다. 여기에는 수당을 지급하지 않는다는 단서가 있었지만, 이로서 나는 정식으로 조선총독부의 고적조사를 담당할 수 있는 신분이 되었다. 그리고 9월25일 경에 후지타(藤田) 선생을 따라 임지인 경주로 향했다.

3. 최초의 경주고분 발굴

경주에 착임(着任)해 보니 평양의 경우와 마찬가지로 연구소라는 이름은 있지만 사실 아무것도 없다는 것을 알게 되었다. 조선총독부박물관 경주분관 사무실의 한 귀퉁이에 책상을 둔 것뿐이었다. 연구실 직원은 조수인 나 이외에 아무도 없었고 향후 어떻게 될지도 불안했는데, 교토(京都)에서 하마다(濱田) 선생에게 들은 1년 임기설이 당연한 듯 생각되었다. 하지만 사무적인 일은 분관 주임인 모로가 히데오(諸鹿 央雄) 씨와 고용인인 최순봉(崔順鳳) 씨가 모두 도맡아 처리해 주었기 때문에 나는 발굴조사에 전념하기만 하면 되었다.

경주에서 내가 최초로 발굴조사 한 것은 최근 천마총이나 황남대총(98호분)의 발굴로 유명해진 〈경주 읍남고분군〉 중의 82호분·83호분이었다. 이 고분군은 내가 경주 부임 전부터 이미 지하의 쇼소인(正倉院) 등으로 선전되어 학계 뿐 만이 아니라 세간의 일반에게도 주목받고 있었다. 이는 1921년부터 1926년까지의 5년간 금관총·금령총·식리총·서봉총 등 훌륭한 고분의 발굴조사가 계속되었기 때문이다. 이 고분들이 분구의 대부분을 잃어버렸음에도 불구하고 도굴자들의 마수로부터 호화찬란한 유보(遺宝)를 얻을 수 있었던 것은, 주체부가 다음에서 요약하는 바와 같은 구조였기 때문이다.

즉 지면을 파 낸 수혈(竪穴) 안에 목재로 곽실(槨室)을 구축한 후 화려하게 장식한 유해(遺骸)를 넣은 목관(木棺)을 두고, 곽실(槨室) 안의 공간에 가득 부장품을 채웠다. 사람머리 크기의 강돌을 곽실(槨室) 주위에 채우고 뚜껑 위까지 쌓아 올려 적석총 모양으로 퇴적을 만들었으며, 점토로 위를 덮고는 다시 흙을 쌓아 높고 거대한 분구를 조성한다. 결국 목질부(木質部)는 썩어 주체인 곽실(槨室)이 무너지게 된다. 곽실(槨室)을 싸고 있던 적석(積石)과 성토(盛土)는 그 빈 곳으로 함락되고, 관(棺)과 곽실(槨室)의 내부에 남아있던 장신구와 부장품들을 납작하게 눌러버리게 된다. 묘실(墓室)의 공간이 없어져 남아있던 부장품들이 토석(土石) 사이에 매몰되므로 도굴자들의 발굴로는 목적을 달성하기에 매우 어려운 일이었다.

도굴에서 부장품을 지키기에는 좋은 조건인 구조였지만, 석실분(石室墳)과 비교해 볼 때 이러한 종류의 고분을 학술적으로 조사하기 위해서는 무척이나 많은 일수가 요구되고 많은 조사비가 든다. 주체부가 분구의 거의 중심부에 위치하고 지표 아래에 묻혀 있기 때문에, 분구의 거의 전부를 제거하지 않으면 가장 중요한 바닥면에 도착할 수 없기 때문이다.

따라서 학술적인 발굴조사의 대상으로 높고 거대한 분구를 선택한다면 우선 대량의 토사와 돌덩어리를 버릴 장소를 찾는데 애를 먹을 수밖에 없다. 이는 간단한 일이 아닌데 인부 삯이 많이 들고 소요일수는 늘어날 수밖에 없다. 조선총독부의 긴축재정 하에서는 천마총(155호분)이나 표형(瓢形)의 황남대총(98호분)과 같이 완벽하게 존재하는 높고 거대한 분구에 조사의 삽날을 넣는 것은 생각할 수조차 없었다.

금관총은 원래 직경이 45m에 높이 12m 정도인 원분이었던 것으로 추측되는데, 분구의 태반이 사라진 상태였지만 그처럼 뛰어나고 걸출한 부장품이 지표면에서 겨우 50cm 정도인 곳에서 계속해서 나왔다고 한다. 1924년에 발굴 조사된 금령총과 식리총도 봉토가 얼마 남지 않았던 것이 선택된 유력한 이유였다. 또한 1926년에 조사된 서봉총도 반쯤 파괴된 상태였던 것이, 우연히 철도공사와 관련되어 분구의 토석을 무개화차(無蓋貨車)로 옮겨 낼 계획이 서 있었기 때문에 착수할 수 있었다고 한다.

이상과 같이 다이쇼(大正) 말기(1921-1926년)에 총독부가 실시한 이 고분군의 조사는 호화로운 출토품으로 주목받았지만 각각의 분구는 잔해에 지나지 않았다.

그러나 내부구조가 일반에게도 알려지게 된 때부터는, 이 고분군 지대에서 가옥을 지을 때 우선 고분을 성토한 토사(土砂)와 적석(積石)의 돌덩어리로 흙담을 쌓고, 그 둘러싼 안에서 은밀하게 중심부를 도굴하는 사례가 증가하고 있었다. 내가 최초로 조사한 황남동의 82호분과 83호분은 모두 분구가 저경 20m에 높이 2-3.5m인 낮은 소형분으로 언제 삭평되어버릴지 예단할 수 없어, 가까운 시기에 집이 세워지기 전에 조사할 필요가 있다고 여겨지던 것들이었다.

나는 교토제국대학(京都帝國大學) 문학부에서 고고학을 전공했지만, 졸업 후 반년도 채 되지 않아 경주에 부임했기 때문에 본격적인 발굴조사의 경험은 전무하다시피 했다. 후지타(藤田) 선생은 이 점을 예측해 나를 데리고 경주까지 왔고, 그대로 당분간 머물면서 나에게 발굴의 기초를 가르쳐주었다. 나는 이 때 처음으로 트랜싯(transit)을 이용한 측량을 배웠고, 앨리데이드(alidade)를 이용한 평판측량의 사용법을 익혔다.

후지타(藤田) 선생은 경성을 출발하기 전에 발굴에 필요한 도구들, 예를 들어 측량기구, 캐비넷형 사진기와 건판, 삽과 곡괭이, 톱과 쇠망치 등의 대략 필요한 것들을 준비했다. 여기까지는 나도 이해할 수 있었지만 선생은 더욱이 반합·냄비·약통·주전자·밥공기·접시 등의 식기류와 콘비프와 같은 통조림류, 여기에 자명종 시계까지 구입하는 것에는 놀랐다. 학생 때의 고고학 실습에서는 생각지도 못한 물품구입이었다. 이 것들은 당시 경주에서는 조달하기 곤란한 것들이었다.

발굴현장에 도착했더니 두 동의 텐트가 쳐져 있었다. 한 동에는 책상을 두고 측량기구나 발굴용구를 넣어 조사원용으로 삼고, 다른 텐트에는 나무상자를 나열하고 거적을 깔아 작업원의 휴게소와 야간경비의 대기소로 삼았다. 경성에서 지참한 취사용구와 식료품은 차를 끓이고 점심식사를 짓는데 도움이 되었고, 자명종시계는 작업원들에게 휴게시간을 알리거나 야간경비원들에게 시간을 고지(告知)하는데 유용했다. 이처럼 발굴의 절차부터 모범을 보였던 후지타(藤田) 선생은 그야말로 나에게 있어서는 필드 고고학의 은사였다.

이 때의 발굴은 제83호분이 9월 27일부터 약 3주간, 제82호분이 11월 말까지 약 5주간 소요되었다. 그 당시 교토제대(京都帝大)의 고고학 실습에서는 고분을 조사할 경우, 당일치기이거나 기껏해야 일주일정도의 일정이었기 때문에 스케일의 차이에 나는 놀랐다. 차분히 앉아 천천히 발굴조사를 행하는 방침에 감탄했다. 그러나 나는 드디어 실측도의 작성과 사진의 촬영, 여기에 작업원의 지휘감독을 혼자하게 되었다.

실지지도를 해 준 후지타(藤田) 선생은 본직인 경성제대(京城帝大)와 총독부박물관이 바빠서 언제까지나 내 현장에 붙어있을 수 없어, 외형 실측이 끝나고 봉토를 파 내려가 적석(積石) 부분이 드러나기 시작한 무렵에 경성으로 돌아갔다. 나는 혼자서 수십 명의 작업원을 써 중심부의 발굴에 착수할 수밖에 없었다. 온지 얼마 되지 않아 한국어를 전혀 이해하지 못하는 나를 위해 이우성(李雨盛) 군이라고 하는 보통학교(일본의 소학교)를 막 졸업한 소년이 감독 겸 통역으로 고용되어 나의 의도가 작업원들에게 통할 수 있도록 애써 주었다.

여기서 경험이 일천한 나에게 마음 든든했던 것은 작업원들 중에는 과거 십년간 행해졌던 금령총·식리총·서봉총·옥포총 등의 발굴현장에서 일했던 경험자가 두세 명 있었던 점이다. 그들은 이곳의 고분 구조를 알고 발굴의 수순도 알고 있었다.

예를 들어 봉토를 제거하고 목곽을 싸고 있는 적석부분이 나오면, 지금처럼 벨트 컨베이어가 있을 리 만무하므로 작업원들이 일렬로 나란히 옆으로 서서 돌덩이를 하나씩 손으로 옮겨 반출해 나갔다. 드디어 적석(積石) 사이에서 부식된 목곽 자재의 흔적이 점점 드러났다. 그 때마다 쭈뼛쭈뼛하며 긴장해 있던 내가 스톱을 외치고 점검하면 그들은 「아직 중심부가 아니오…」라고 투덜댔다. 드디어 곽(槨)의 바닥에 가까워지면 「선생 차례요」라고 말하듯이 몸을 빼고 내 차례를 기다렸다. 나는 그들의 언동을 통해 선배들의 경험을 배웠고, 봉토 밑에 묻혀 있던 특수한 적석총의 구조를 인식할 수 있었다.

적석(積石)을 운반해 내는 중에 부식된 목재 부스러기로 인해 곽실(槨室)의 윤곽을 확인할 수 있었고, 유물의 출토상황에서 주실(主室)과 부실(副室)도 명료하게 되었다. 주실(主室)에서는 한 쌍의 금제이식(金製耳飾)이나 주옥(珠玉)의 목걸이 등과 같은 장신구가 착장된 원 위치를 보여주면서 드러나, 피장자를 화려하게 장식하고 앙와신전(仰臥伸展)의 자세로 목관(木棺) 안에 안치되어 있었던 것을 알 수 있었다. 부실(副室)에는 토기를 주로 하는 부장품으로 가득했는데, 전술한 것처럼 토석(土石)이 위에서 떨어져 내렸기 때문에 호나 옹 등의 대형용기는 모조리 크게 파손되어 출토상태의 도면작성에 힘이 들었다.

이 가을의 발굴 결과는 『쇼와6년도 고적조사보고 제1책(昭和六年度古蹟調査報告 第一冊)』(朝鮮総督府 昭和十年三月)에 기록했는데 요약하면 다음과 같다.

제 82호분은 한 분구 아래에 동서(東西)로 2세트의 묘곽(墓槨)이 있었다. 더구나 양자는 한 수혈(竪穴) 속에 고저(高低) 차를 두고 조영된 특이한 구조였다. 한 단이 낮은 동쪽 묘곽(墓槨)의 주실(主室)에는 유해가 소실되어 있었으나, 금제세환식(金製細鐶式)의 이식(耳飾), 경식(頸飾), 은제대금구(銀製帶金具) 등의 장신구가 착장된 위치를 나타내며 드러난 이외에도, 마구(馬具)와 토기가 출토되었다. 부실(副室)에는 토기가 빼곡하게 들어 있었다.

제 83호분은 한 분구 아래에 하나의 묘곽(墓槨)인 정형식(定型式)의 구조였는데 주실(主室)에서 환두대도 1점과 유리옥이 붙어 있는 경식(頸飾)이 출토된 것에 지나지 않았다. 또한 부장품을 넣은 부실(副室)에서는 토기와 철제이기(鐵製利器)가 눈에 띄게 많았다.

4. 김인문묘비의 발견

양(兩) 고분의 발굴을 11월 말에 끝내고 발굴품들을 총독부박물관 경주분관에 반입했다. 이우성(李雨盛) 군의 조력을 얻어 이것들의 정리에 착수했지만, 신라토기를 주로 하는 토기류의 복원에 시간이 걸려 다음해 봄까지 계속해야 했다. 나 자신은, 당연한 일이지만 그 이외에도 출토품의 실측도 작성이나 사진촬영이 있었고, 발굴현장에서의 실측도나 사진의 정리 등 보고서 작성의 준비로 바빴다.

다만 대학의 연구실과 달리 이야기를 나눌 학우가 없고 참고해야할 서적도 없어서 이 고독한 생활에는 참기 어려운 바가 있었다. 이 무료함을 달래기 위해 나는 따뜻한 날에는 가까운 유적을 답사하기로 했다. 조선의 겨울은 경주도 험했는데 예의 삼한사온으로 한랭한 날과 온난한 날이 교대로 찾아왔다. 내가 김인문의 묘비를 우연히 만나게 된 것은 그와 같은 당일여행에서의 추억에 남을 한 장면이었다.

12월 11일, 점심식사 후 경주박물관을 나와 서악방면으로 향했다. 발굴 때부터 계속 내 정리 작업을 도와주는 이우성(李雨盛) 군의 안내로 영경사지의 석탑(역자 주 : 보물 제65호 경주서악동삼층석탑)을 찾아가려던 것이었다. 무열왕릉의 당집(祠)이 시야에 들어오는 곳까지 왔을 때, 오른쪽으로 순간 눈에 띄는 서악서원의 기와지붕이 보였다. 뒤이어 그 입구 부근에서 흰 옷을 입은 사람들 6, 7명이 모여 뭔가 큰 소리로 서로 이야기하는 모습이 보였다. 가까이 가서 보았더니 거기는 누문(樓門)의 아래에서 벽에 비스듬히 기대둔 납작한 돌이 화제가 되고 있는 것을 알 수 있었다. 얼마 후 치수를 재어 보았더니 이 판석은 대략 세로로 60cm, 가로로 100m, 두께 18cm의 크기였다.

사람들은 붙어있던 흙을 털어내면서 표면에 새겨진 글자를, 이것도 아니고 저것도 아니라고 하면서 찾아 읽고 있는 중이었다. 이것은 중대한 일이라고 순간 생각한 나는 이우성(李雨盛) 군을 가운데 두고 그들에게 출처를 물었더니, 현재 개축중의 누문(樓門)의 기초공사를 하던 중 문 서쪽에서 북쪽으로 치우친 곳에서 발견한 것을 알게 되었다. 또한 지표에서 15-16cm 아래 지점에서 문자가 새겨진 면이 아래로 향하도록 편평하게 놓여 있던 것을 곡괭이로 일으켜 세운 것으로, 발견한 후로 십수 일이 경과한 것도 알 수 있었다.

자세히 보니 화강암에 가까운 돌이 앞 뒤 2장으로 갈라져 있었는데,

표면의 아래 부근에 3cm 정도로 패인 부분이 만들어져 있어서 비신의 하단 같다고 생각했다. 후일, 이것은 원래 폭 150cm에 높이 180cm 이상의 거비(巨碑)였으나 윗부분과 좌우 양쪽이 상실된 것으로 추정되었다.

안타깝게도 가장자리는 고의로 부셔져 있었고, 모든 면이 풍화로 인해 마멸되어 있어서 금석문에 익숙하지 않은 나는 어떤 비문인지를 그 자리에서 바로 판단할 수 없었다. 다만 「조문흥대왕(祖文興大王)」이나 「대종대왕(大宗大王)」 등의 글자를 찾아 읽고는, 중요한 석비인 것 같다고 느껴 혹시 〈태종무열대왕지비(太宗武烈大王之碑)〉의 비신(碑身)일지 모른다고도 생각했다.

모여 있던 마을 사람들의 이야기를 듣고 있던 이우성(李雨盛) 군에 의하면, 이런 판석은 온돌을 만드는데 적합하므로 가져가버릴 염려가 있다고 했다. 그러나 겨울 해가 이미 저물고 있었기 때문에 돌아가기로 하고, 그들에게는 그대로 엄중히 보관하도록 요청했다. 경주박물관으로 돌아와 바로 주임인 모로가 히데오(諸鹿 央雄) 씨와 경주고적보존회의 오사카 긴타로(大坂 金太郎) 씨 등에게 이 석비(石碑)의 일을 보고하고 선처를 의뢰했다.

석비(石碑)는 일주일 후 박물관으로 반입되었기 때문에 천천히 탁본을 만들 수 있었다. 반듯한 모눈 속에 하나씩 새긴 글자는, 각 행에 8자 전후의 것들이 26행이나 있어서 4백자 이상을 헤아릴 수 있으나 마멸과 훼손이 심해 읽기 어려웠다. 탁본을 내 하숙방의 벽에 붙여 수시로 읽기로 했다. 크로스워드 퍼즐을 풀어가는 듯 한 재미도 있었으나, 아무리 쳐다봐도 알 수 없는 글자가 많아 내용을 이해하지 못해 자기혐오에 빠졌던 기억이 있다.

탁본을 경성의 후지타(藤田) 선생과 교토(京都)의 우메하라 스에지(梅原 末治) 선생에게 보내 내 나름의 해독을 첨부해 가르침을 청했더니, 후지타(藤田) 선생에게서 김인문의 묘비로 보는 것이 지당하다는 교시를 받았다. 『삼국사기』의 기사와 대조해 김인문과 관련된 내용이 많은 점과, 특히 김인문의 공적을 열거하고 있는 것을 판단의 이유로 들고 계셨다. 그리고 신라 금석문의 중요한 자료를 발견했다는 평가를 받았다(『靑丘學叢』第七號). 그러나 그 후로 내가 금석문에 몰두했던 것은 이 때 뿐으로 다시 발굴품의 정리에 돌아갈 수밖에 없었다.

1932년에는 5월 27일부터 6월 10일까지와 7월 초부터 8월 초까지의 2회에 걸쳐, 경주 서쪽 근교의 충효리 구릉에 분포하는 고분군 중 10기를 발굴조사 했다. 이는 경주읍에서 상수도 여과지를 여기에 조성하게 되어서 사전조사를 요청해 왔기 때문이다.

10기의 횡혈식석실로 모두 도굴되었는데, 그 구조와 잔존유물로 보아 신라통일시대의 고분으로 판정되었다. 상세한 것은 『쇼와7년도고적조사보고 제2책(昭和七年度古蹟調査報告 第二册)』(朝鮮総督府 昭和十二年 三月)에 기술했으므로, 이 책에 미루기로 한다. 금관총(金冠塚) 이래로 학계의 주목을 모은 경주 읍남고분군과는 다른 의미로, 묘제의 연구에 귀중한 자료를 제공했다고 믿는다.

충효리 석실고분의 발굴 작업은 호우로 인해 자주 중단할 수밖에 없었다. 8월 5일에 발굴 작업을 끝냈으나 9호분의 석실에 찬 빗물이 마지막까지 빠지지 않아 바닥의 촬영도 뜻대로 되지 않았다.

5. 경주 남산 불적의 조사

8월에 들어서서 비가 그치자 세워진 계획에 따라 나는 당시의 경성제대(京城帝大) 법문학부 사진실의 이마제키 미츠오(今関 光夫) 씨와 팀을 꾸려 경주 남산의 불적을 답사하게 되었다.

남산은 경주 분지를 나란히 둘러싼 산들 중에서 특히 독특한 모습이다. 동쪽의 명활산, 북쪽의 금강산, 서쪽의 선도산은 송백(松柏 : 역자 주-잣나무가 없기 때문에 송백이 아닌 소나무로 번역해야 하지만, 원문을 존중해 송백으로 적는다)으로 듬성듬성한 숲이나 잡초에 덮여 완만하지만, 남산만은 돌출된 화강암의 바위 면을 드러냈다. 붉은 갈색의 산 표면이, 아침저녁의 태양빛이나 뜬구름의 흐름에 맞춰 어떤 날은 빨갛고 어떤 날은 검게 변화한다. 고분 발굴의 현장에서 바라본 남산에서는 일종의 신령한 기운마저 느껴졌다.

남산은 신라 수도의 진산(鎭山)으로 신라 불교의 으뜸으로 영험한 곳이었다. 지도로 재어 보면 남북으로 길이가 약 8km, 중앙부의 동서 폭은 3km가 넘는다. 남산의 여러 봉우리 중에서 가장 높은 금오산은 해발 468m로, 경주에서 보이는 형상을 따 해목령(蟹目嶺)으로도 불린다. 봉우리들의 높이는 300m 전후이다. 남산의 남쪽 한계는 용장계(茸長溪)로 보는데 이 계곡을 끼고 494m의 높은 산들이 대치한다(역자 주 : 오늘날 경주 남산의 범위는 금오봉 남쪽 용장계 너머의 494m인 고위봉 일대를 포함한다. 또 하나, 해목령을 금오봉의 북쪽에 있는 능선을 지칭하다).

경주 남산에는 크고 작은 30여 곳의 굴곡진 계곡들이 뻗어있는데, 그 대부분에 사지(寺址)가 있고 한 계곡에서 볼만한 곳이 몇 곳이나 있어

그림 1. 경주 황오리 제16호분 발굴현장에서 남산을 조망

서 모두 55곳의 사지(寺址)를 셀 수 있었다. 이러한 사지(寺址)에 남아 있는 석불이나 암벽에 새겨진 마애불 등을 모두 합치면 약 70체의 불상조각이 있고, 여기에 더해 크고 작은 석탑도 40기 가까이 있다. 남산의 모든 산에서 이러한 불교 흔적을 찾아볼 수 있어서 신라 불교예술의 일대 전당이라고 말할 수 있다.

경주 남산의 불적이 식자(識者)들의 주의를 끌게 된 것은 1920년 경부터이다. 1920년대가 되면 총독부에 의해 학술적 조사와 파괴 불상이나 석탑의 수리, 재건공사가 같이 행해졌는데, 단발적(單發的)이고 탐방의 범위를 벗어나지 못해 조직적인 조사의 실시를 바라는 목소리가 높았다.

우리들의 1932년 8월의 조사는 총독부가 계획한 경주 남산 불적의 종합적 조사의 최초 케이스이다. 우리들의 임무는 가능한 한 많은 사지(寺址)를 찾아 석불이나 석탑의 소재를 확인하고, 한건 한건에 대한 사진 촬영과 실측을 수행하고 필요하다면 발굴하는 것이었다.

그러나 여기에 필요한 기재·도구를 갖추면 상당한 중량이 되고 부피도 커진다. 이것들을 휴대해 매일 경주에서 남산에 다니는 것은 시간낭비이고 체력의 소모도 크다. 이에 우리들은 텐트를 지참해 산중에 머물 곳을 설치하고 적당히 이동해 능률을 높일 수 있도록 했다.

경주박물관의 최순봉(崔順鳳) 씨도 안내역할로 참가케 하고, 기재의 운반과 현장에서의 일을 위해 수 명의 작업원들을 고용했다. 사진기는 지금과 달리 캐비넷형으로, 여기에 건판(乾板) 십 수 타스가 준비되었고, 평판(平板)·폴(Pole) 등의 측량도구, 삽·곡갱이 등의 발굴용구도 갖추었다. 여기에 두 동의 텐트와 식료품을 준비해 트럭으로 출발했다. 살아있는 상태의 암탉 몇 마리를 짐 싣는 곳 위에 올린 것은 걸작이었다. 매일 신선한 달걀을 낳아 주었고 마지막에는 우리들의 귀중한 단백질원이 되어 주었다.

우리들의 남산에서의 텐트생활은 10일간에 이르는데, 남산성에서부터 가장 남쪽의 백운계 마애불까지 텐트를 이동시켜가면서 조사를 계속했다.

그러한 와중에 가장 인상에 남은 유적 중 하나로 탑곡의 불암(佛岩)이 있다. 탑곡은 남산의 동쪽(역자 주 : 북쪽의 오기로 보임), 경주에 치우친 계곡으로 입구에서부터 100m 정도에 사지(寺址)가 있다. 불암(佛岩)은 사지(寺址)의 길에 면해 깎아지른 듯이 우뚝 선 굉장히 큰 거암(巨岩)이다. 그 크기는 북면에서 높이가 9m, 폭이 6m 정도로, 사면에 마애의 여래·보살·승려·속인 등 합계 23체 분의 조각상 이외에도, 층탑·초목·돌사자 등의 다종다양한 조각으로 둘러싸여 있었다.

북면을 예를 들어보면 중앙의 상위는 천개(天蓋)와 석가여래좌상을 얕은 부조(浮彫)로 표현했고, 그 좌우에 9층의 동탑과 7층의 서탑을 새겼다. 그 아래쪽에는 서로 마주보는 한 쌍의 사자들이 앞발을 들고 꼬리가 넓게 퍼진 포즈를 하고 있다. 다른 삼면(三面)의 각종 형상들도 거의 대동소이한 표현을 하고 있는데, 이것들을 일군(一群)으로 한 거암(巨岩)에 새긴 장관을 바라볼 수 있는 것은 아마도 다른 유례를 찾아볼 수 없을 것이다.

그러나 이것을 촬영하기까지의 절차는 쉽지 않았다. 우리들은 우선 불암(佛岩)의 주변에 뿌리내리고 살고 있는 잡초를 제거하고, 가시나무나 담쟁이넝쿨을 쳐 내 묻힌 부분을 파내야만 했다. 또한 기슭에서 물을 옮겨와 이끼나 돌때를 씻어 낼 필요도 있었다. 이러한 작업을 반복해 나가는 중에 조각상이 차츰 명확해지는 것은 즐겁기도 하고 감격적이기도 했다. 그러나 불암(佛岩)의 사면(四面)을 촬영가능하기 위해서는 아침부터 시작해 저녁까지 걸렸다.

그림 2. 용장사지(茸長寺址) 삼층석탑

촬영은 이틀간에 걸쳐 행해졌다. 전문인 이마제키(今関) 씨는 나무사이로 새어 나오는 빛을 싫어해 여러 가지로 고심하고 있었다.

이마제키(今関) 씨에 대해 잊을 수 없는 것은 용장사 동북방의 바위정상에 선 삼층석탑을 촬영할 때의 한 장면이다. 이곳은 금오산에 가깝고 동쪽으로 아득히 토함산이 전망되는 가장 경관이 뛰어난 지점이다. 이마제키(今関) 씨는 삼층석탑으로 렌즈를 향하고 사진기를 조준했으나 쉽게 셔터를 누르지 않았다. 산 정상에서 불어오는 바람 때문에 삼각대가 흔들리는 것을 염려하고 있다고 생각해 가까이 가서 물었더니, 석탑의 배경으로 구름이 흘러가는 것을 넣고 싶어서 기다리고 있다고 대답했다. 맑게 갠 하늘을 바라보며 나는 그의 프로근성에 경의를 표했다.

1923년 이래로 다년간에 걸쳐 경주 남산 불적의 실지연구를 계속했던 고(故) 오바 츠네키치(小場 恒吉) 선생은 1940년에 총독부간행의 『경주 남산의 불적(慶州南山の仏蹟)』(朝鮮宝物古蹟圖錄 第二)에 성과를 정리했으나, 이 책의 도판 사진 대다수는 이마제키(今関) 씨가 고심한 작품이다. 우리들의 1932년 8월의 조사는 훌륭하게 결실을 맺었다고 말할 수 있다.

6. 다곽식(多槨式) 고분의 발굴

1932년 9월 하순에는 다시 경주 읍남고분군으로 돌아와, 전년도의 2기와 가까운 황오리 제16호분을 발굴조사했다. 제16호분의 분구는 낮아 밭이었다. 동서 약 35m, 남북 약 30m의 타원형 형태로, 동서로 약간 융기되어 있어서 표형분의 남은 흔적처럼 보였다.

우선 서반부부터 발굴을 시작해 단독의 적석목곽을 드러냈다. 이것을 제 1묘실로 가칭하고 중심부의 조사를 끝냈으나, 그 바깥 주변에는 돌담 모양의 호석렬이 돌아가고 있었다. 이 호석의 윤곽은 동쪽과 북쪽에서 별도의 호석렬 위에 올라타고 있었기 때문에, 적어도 이 부분에서는 제 1묘실이 가장 마지막에 만들어진 것이라고 판단할 수 있었다.

이에 분구의 동쪽 부분으로 옮겨 발굴을 했더니, 각각 주부곽식(主副槨式)의 매장 주체부 2기가 있었는데 저마다의 호석렬로 둘러싸인 상태를 나타내고 있었다. 더욱이 본 분구의 남동부로 발굴을 넓혀 5개의 목곽으로 된 삼장분(三葬分)의 매장 주체부를 조사했다. 여기까지 발굴을 진행하고는 12월 23일에 작업을 중지했다. 9월 23일에 발굴을 시작한 이후로 3개월, 나도 피곤했지만 연말이 되면 경주도 추운 날에는 땅이

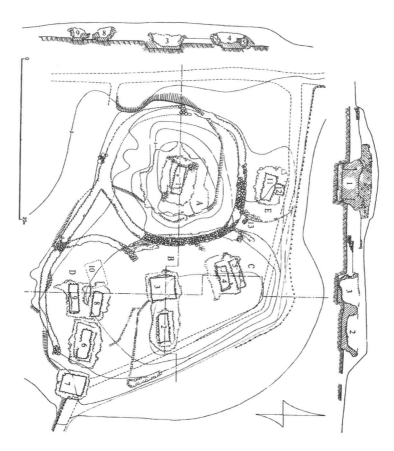

그림 3. 경주 황오리 제16호분 유구 배치도

얼어붙는 경우가 있다.

제16호분의 발굴은 다음해인 1933년 8월 23일부터 재개했는데, 앞서 기술한 제1묘실의 북쪽에 있던 주부곽식(主副槨式)의 7번째 묘실을 조사했고, 그 호석과 제1묘실의 호석이 교차하는 부근에 있던 한 쌍의 와관(瓦棺)을 조사하고는 10월말 부로 종료했다.

발굴의 결과를 요약해 보면 제16호분은 한 분구 아래에 적석식목곽

(積石式木槨) 12개와 와관(瓦棺) 하나를 포함하고 있었는데, 그 중에는 주곽과 부곽을 만든 것이 있으므로 결국 8조의 매장유구가 있었다고 말할 수 있다. 더구나 이것들을 둘러싼 호석의 원이 복잡하게 교차하는 특이한 구조였다. 초심자였던 나는 예상외의 전개에 언제 종결지을 수 있을까 라며 진절머리를 냈다.

1933년 가을에 행한 제16호분의 발굴은 근접한 황오리 제54호분과 함께 할 수밖에 없었다. 제54호분에 관해서는 『고적조사개보 경주고적 쇼화8년도(古蹟調査槪報 慶州古蹟 昭和八年度)』(朝鮮總督府)에 기록했다. 분구는 동서 약 90m, 남북 약 60m의 대지(臺地) 형태였다. 발굴을 진행해 중앙의 융기(甲塚) 주위로 12기 이상의 고분이 각각 호석을 서로 가까이 붙이거나 교차하면서 돌아가는 상황을 명확히 할 수 있었다. 예산과 일정에 가로막혀 내부에 관해서는 갑총(甲塚)과 그 북쪽의 을총(乙塚)을 조사하는데 그칠 수밖에 없었다(역자 주 : 국립경주문화재연구소에서 2015-2016년에 실시한 신라고분 분포현황조사에서 황오리 제16호분과 황오리 제54호분이 재조사되었다).

이상의 제16호분과 제54호분은 한 분구 안에 다수의 소형분이 각각 호석렬을 근접하면서 집합 배열하는 점에서 공통되는 점이 있었다. 둘 다 출토품은 금관총 급의 고분과는 비교할 수 없이 간소한 것이었지만, 그래도 대부분의 주실(主室)에서는 1쌍의 금제이식(金製耳飾)이 있었고, 수식(首飾)이나 은제대금구(銀製帶金具) 등의 장신구가 공반되는 예도 있었다.

여하튼 1932·1933년의 발굴로 인해 황남리·황오리에 분포하는 고분 중에서는, 1분구 1곽의 정형적인 것 이외에도 1분구 다곽식(多槨式)의 구조를 가지는 것이 존재하는 것이 명확해졌다.

1933년에 새로 〈조선보물고적명승천연기념물보존령(朝鮮宝物古蹟名勝天然記念物保存令)〉이 발포되어, 이와 함께 사무를 분담하기 위해 나는 새해 벽두에 경성의 총독부박물관으로 전근을 명받았다. 같은 해 10월 말까지의 2개월 정도에 내가 제16호분의 나머지와 제54호분을 조사한 것은 경성에서의 출장이었다. 더 이상 장기간에 걸친 경주 체재는 허락되지 않았다. 이 특이한 구조의 제16호분 조사보고가 간행되지 못한 채였던 이유의 일정부분은, 출토품을 경주박물관에 그대로 둔 채 담당이었던 내가 전출되었기 때문이다. 더욱이 전시(戰時) 중의 곤란과 패전 후의 혼란도 보고서 작성을 가로막았다. 나는 노력의 부족을 반성해 그 책임을 통감하고 있어서, 가능한 한 되는대로 모은 이 고분 관련의 사진과 도면의 공개를 준비해 유네스코동아시아 문화연구센터에서 2000년 3월에 발행한『조선고적연구회유고(朝鮮古蹟硏究會遺稿)』I 로 발표할 수 있었다.

7. 보존위원회의 일

1933년에 발포된〈조선보물고적명승천연기념물보존령(朝鮮宝物古蹟 名勝天然記念物保存令)〉에 관한 사무라고 하는 것은 동(銅) 보존위원회에 자문하는 의안(議案)의 원고작성이었다. 이를 위해서는 우선 지정하고자 하는 대상의 실지조사부터 시작해야 했다. 필자인 나의 분담은 보물과 고적 부분이었다.

자문안(諮問案)에는 대상별로 후보의 지정이유와 현상의 설명을 써야 했는데, 보물에 관해서는 대상의 소재와 소유자를, 고적에 관해서는 지정지역의 지번·지목·면적·토지소유자의 주소와 성명을 각각 표시해야 했다. 그 이외에도 대상별로 현상의 실측도와 사진을 참고자료로 준비해야 했다.

따라서 자문안(諮問案)의 원고작성은 실지답사부터 시작했다. 지정후보를 대상별로 현상을 확인해 실측도를 만들고 사진을 찍는 것뿐만 아니라, 고분에 대해서는 토지대장을 열람해 지적도를 투사하는 등 혼자서 일을 처리하기에는 무척 손이 많이 가는 작업이 뒤따랐다. 그러나 이 기회에 많은 중요한 유적유물을 현지에서 실견할 수 있었던 것은 행운이었다.

보존령에 의한 보존회의 위원은 정무총감(政務總監)을 위원장으로 하고 국장급의 관리들이 멤버로 구성되었다. 전문가로는 도쿄제대(東京帝大)·교토제대(京都帝大)·경성제대(京城帝大)의 교수급 학자들과 현지의 학식 경험자가 임명되었다. 그 중에서 보물과 고적부의 위원으로는 도쿄제대(東京帝大)의 세키노 다다시(關野 貞 : 역주 에도시대에 붙여진 이름으로 타다스일 가능성도 있으나 정확하게 확인하기 어렵다. 현재 한국에서는 다다시, 타다시로 기술되는 경우가 많다)·구로이타 가츠미(黒板 勝美)·하라다 요시토(原田 淑人)·이케우치 히로시(池內 宏)·후지시마 가이지로(藤島 亥治郎), 교토제대(京都帝大)의 하마다 고사쿠(濱田 耕作)·우메하라 스에지(梅原 末治)·아마누마 슌이치(天沼 俊一), 경성제대(京城帝大)의 오다 쇼고(小田 省吾)·후지타 료사쿠(藤田 亮策)·다나카 토요죠(田中 豊藏), 도쿄미술학교(東京美術學校)의 오바츠네키치(小場 恒吉), 현지의 아유가이 후사노신(鮎貝 房之進)·최남선(崔南善)·김용진(金容鎭)·유정수(柳正秀) 등이 선발되어 있었다.

보존회의 위원회 총회는 1934년에 제1회가, 1935년에 제2회가 개최되었다. 매회의 실무를 담당하는 것은 총독부의 박물관원들이었으나 그 수가 10명이 채 되지 않았다. 그 10명도 채 되지 않는 관원들이 진열품의 수집·전시·보존 등의 박물관 본래의 업무 이외에도, 고 건축물의 수리·보존 혹은 고고학적 발굴조사를 분담하고 있었다. 여기에 더해 새로운 법령에 따라 위원회의 사무가 가중되게 된 것이다. 하지만 우리들은 박물관주임을 겸무하고 있던 경성제대(京城帝大)의 후지타 료사쿠(藤田 亮策) 교수의 지휘 하에 묵묵히 위원회 준비의 배후역할을 맡았다. 후지타

그림 4. 봉산 휴류산성(鳳山 鵂鶹山城) 동북쪽에서 성지의 북쪽을 조망

(藤田)교수는 1922년부터 총독부의 고적조사에 계속 종사해 왔고, 경성 대학(京城大學)으로 전근한 후에도 총독부박물관의 주임으로 의촉(依囑) 되어 있었다. 보물·고적 부의 보존회 위원 중에서는 가장 조선의 사정 에 밝은 학자 중 한명이었다고 생각한다.

후지타(藤田)교수는 위원회에 제출할 자문안을 작성에서, 기획의 단 계부터 관원들을 지휘해 많은 의안의 원고를 스스로 작성했을 뿐만 아 니라 위원회 총회의 보물·고적 부에서는 심심찮게 해설 역을 맡아 주 었다.

전쟁도 말기에 치달아 군(軍)의 일과 연결되는 중공업의 증산이 절 실하게 요구되던 때의 보존위원회 총회에서, 〈봉산 휴류산성(鳳山 鵂鶹 山城)〉의 지정해제가 의제로 된 적이 있었다. 휴류산성은 전형적인 고구 려식산성이라는 이유로, 1934년의 제1회 총회에서 「고적 제3호(古蹟第三 號)」로 지정되었다. 그처럼 중요시되던 산성이었으나 휴류산은 전체가 양질의 석회암으로 되어 있었고, 성벽도 이 석회암을 가공한 석재로 지 어졌으며, 더욱이 경성-신의주 간 철도(경의선(京義線))의 마동역(馬洞驛)에 가까워 교통 상으로 매우 편리한 곳으로, 시멘트 공업에 있어서는 절호의 자원으로 간주되고 있었다.

당연히 학식경험자 위원측은 반대의견을 개진했고, 관료 위원측은 시국을 이유로 해제를 주장했다. 이 석상(席上)에서 위원인 후지타(藤田) 교수가 관리들과 업자의 유착을 의심한데 반해, 식산국장(殖産局長)인 호즈미 신로쿠로(穗積 真六郎)가 벌컥 화를 내며「당국을 마치 탐관오리인 것처럼 말하는 것은 용서할 수 없다」고 책상을 치며 위협했던 것을 필자는 지금도 또렷이 기억하고 있다.

이 문제는 성벽 이외의 부분을 해제할지 말지를 두고 논쟁이 있어서 다음 총회까지 보류되었지만, 결국 일본의 패전으로 결착되어 고적 제3호인 〈봉산 휴류산성(鳳山 鵂鶹山城)〉은 완전히 보존되었다. 이 결말은 지정 준비의 당초부터 수차례에 걸쳐 현지조사를 반복한 나로서는 감개무량한 것이었다.

8. 총독부박물관 주임

조선총독부박물관은 1915년에 경복궁 내에서 개최된 총독부시정5주년기념물산공진회(總督府始政五周年記念物産共進會)가 종료한 후, 그 미술관을 〈본관(本館)〉으로 삼고 12월 1일에 개관되었다. 서양풍의 2층으로 되어 있었는데, 상하 3실씩의 좁은 바닥면적은 애초부터 관장품(館藏品)들을 수용할 수 없었다. 그래서 〈본관(本館)〉에는 주요 진열품들을 전시하는데 그치고, 〈사무실〉은 자경전(慈慶殿)이라고 경복궁 이래로 남아있던 조선식 거주용 궁전을 이용했다.

경복궁의 정전(正殿)이었던 근정전(勤政殿)의 배후(북)에 늘어선 사정전(思政殿)·만춘전(萬春殿)·천추전(千秋殿)과 회랑은 창고로 전용되었고, 수정전(修政殿)은 오타니 고우즈이(大谷 光瑞) 등의 서역탐험대 수집품의 전시장으로 되어 있었다. 또한 중층(重層)인 경회루(慶會樓)에도 조선 각

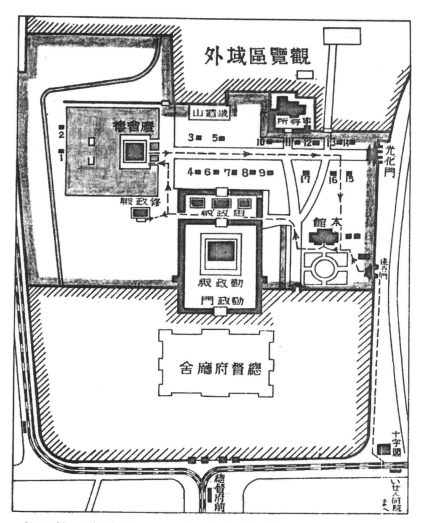

外域區覽観

慶會樓

修政殿

勤政殿
勤政門

本館

事務所

山覽峴

光化門

遠方門

總督府廳舍

十字園

總督府前

いせん府院
まへ

그림 5. 조선총독부박물관 관람구역도(위쪽 굵은 선 내, 1936년 당시)

그림 6. 구(舊) 조선총독부박물관 본관

지에서 반입된 석조의 탑(塔)·비(碑)·등(灯)을 나열했는데, 전당(殿堂)터도 관람구역 안에 포함되어 있어서, 그 넓이는 대략 동서로 500m, 남북으로 390m 정도였다. 박물관의 부지는 대단히 광대했다. 그러나 강당이나 회의실과 같은 시설이 전혀 없었기 때문에, 앞서 기술한 보존위원회의 총회는 매회 총독부 청사의 대회의실에서 개최되었다.

총독부 청사는 근정전(勤政殿)의 바로 전면(前面)(남)에 건축되었는데, 우리 박물관의 〈사무실〉까지 거리가 약 400m에 지나지 않았고, 〈본관〉은 그 중간에 있어 관람구역은 총독부 청사의 후원(後苑)인 느낌마저 들었다. 이 거리관계가 2차 세계대전 말기에 우리 박물관을 궁지에 몰아넣었다.

나는 1941년 6월에 박물관의 주임이 되었다. 그때까지의 후지타 료사쿠(藤田 亮策) 교수가 본직인 경성제국대학(京城帝國大學)에서 법문학부장으로 취임해 바빴기 때문이라고는 하지만, 선생은 마지막까지 총독부 박물관에 관심을 기울여 주었고 적절한 조언을 아끼지 않았다.

당시의 조선총독부박물관은 (1)박물관의 경영, (2)조선 각지에서 발견되는 매장문화재의 처리, (3)고적 및 고건축물의 수리 보존, (4)조선보물고적명승천연기념물보존령(朝鮮宝物古蹟名勝天然記念物保存令)에 의한 지정 등의 업무를 함께 하고 있었다. 이처럼 많은 일을 약 10명의 관원들이 처리하고 있었으나, 수리보존 담당의 기수(技手) 2명과 이제 막 기수 겸속(技手兼屬)이 된 나 이외에는 촉탁이었다. 속(屬)이나 기수(技手)는 관리로는 가장 하급이었다.

총독부박물관이라고는 하지만 관장직을 두지 않았고, 행정기구상으로는 학무국 사회교육과의 일개 계(係)에 지나지 않았다. 더구나 전술한 바와 같은 일의 내용이었으므로, 나는 박물관주임과 고적계주임을 겸하게 되었다. 그 반년 후인 12월 8일에 일본은 태평양전쟁에 돌입해 총독부박물관에 위기가 찾아왔고, 나에게는 가장 곤란한 시기가 시작되었다.

9. 진열품의 소개(疎開)

일본 본토의 도시들이 차례차례 공습을 당했고 조선의 하늘도 불안해졌다. 우리는 다수의 진열품을 폭격에서 지켜낼 방법에 대해 상담하기 시작했다.

우리들이 〈본관〉이라고 부르고 있던 진열관과 〈신 창고〉로 칭한 발굴품의 수장고는, 외관은 서양풍이었으나 목조의 뼈대구조로 내화건축(耐火建築)은 아니었다. 다른 진열소와 창고, 거기에 사무소는 전술한 바와 같이 구(舊) 경복궁의 조선식 목조건축의 궁전(宮殿)과 회랑(回廊)이었다. 궁전(宮殿)은 높고 넓다. 회랑(回廊)은 좁고 길다. 소이탄(燒夷彈)이라도 한번 떨어지게 된다면 잠시도 버티지 못할 것은 자명했다.

우리들은 진열품을 안전하게 보관할 수 있는 대형의 방공호를 급히 만들도록 당국에 건의하고, 완성될 때까지 〈본관〉 주위로 모래부대를 쌓아 줄 것을 요청했다.

그러나 진작부터 박물관의 경영이나 고적조사사업에 냉담했던 총독부의 관료들은, 불리한 전세(戰勢)에 놓인 지금 무슨 헛소리냐고 우리의 요망을 무시했을 뿐만 아니라, 오히려 박물관을 폐쇄하고 건물을 전쟁 수행과 직접 관련 있는 부국(部局)을 위해 전용해야 한다는 말을 꺼냈다. 이렇게 되자 총독부의 조직 안에 있던 우리들이었지만 총독부를 신용할 수 없게 되어, 순시원과(巡視員) 용무원(用務員)을 포함하더라도 20명이 채 되지 않는 우리 박물관원만으로 진열품을 전화(戰火)로부터 지켜낼 것을 결의해 실행했다.

우선 중요한 진열품을 안전한 지방으로 소개(疎開)하기로 했다. 총독부박물관에는 두 곳의 분관이 있었다. 한 곳은 경주분관이고, 나머지는 부여분관이었다. 당시의 경주(경상북도)나 부여(충청남도)는 시골마을에 지나지 않았고, 모두 항만에서는 거리가 있어서 군사시설이나 중공업지대와는 연이 없는 곳이었다. 따라서 정치·군사의 중심지인 경성보다는 훨씬 안전하다고 생각해 두 분관을 소개지(疎開地)로 정하게 된 것이다. 특히 경주분관에는 금관총 출토품을 일괄로 진열한 철근콘크리트의 창고식 건물인 〈금관고(金冠庫)〉가 있어서, 그 지하실이 소개품(疎開品)을 격납하는데 최적의 장소로 간주되었다.

당시 경성에서 경주 혹은 부여로 가기 위해서는 철도가 거의 유일한 교통기관이었으므로, 진열품의 소개(疎開)에 기차를 이용하는 것 이외에는 생각할 수가 없었다. 이에 소개(疎開) 진열품을 우리들 하나하나가 휴대해 갈 수 있는 크기의 것으로 한정하기로 하고, 관원 4명이 한 반이 되어 옮기는 것을 원칙으로 했다. 이는 마주보는 각 2인용 좌석을 4명이

차지하면, 선반 위나 좌석 아래에 포장한 진열품을 두고 교대로 감시하기에 안성맞춤이라고 생각했기 때문이다.

우리는 계획한대로 실행했는데, 대부분의 관원이 교대로 반을 짜 출장을 반복해 결국 1,000점에 가까운 진열품을 두 분관으로 소개(疎開)했다. 그 수는 관장품 전체에서 보면 2%에 지나지 않지만, 우리가 안전하게 몸에 지니고 옮길 수 있는 것들로서 학술상 특히 중요시되고 있던 진열품의 대부분을 소개(疎開)할 수 있었다고 생각한다.

지금도 생각나는 것이 미술사 학계에서 저명한 높이 80cm의 금

그림 7. 금동미륵반가상

동미륵반가상을 경주로 옮길 때의 일이다. 이것은 중량도 상당한 것이었으나, 보관(宝冠)이나 영락(瓔珞)의 끝부분이 돌출되어 있어서 취급하는데 고심했다. 결국 신중하게 솜이나 포를 칭칭 감고 젊고 힘이 쎈 경비나 용무원(用務員)이 교대로 등에 지고 옮겼는데, 그 모습이 일반 승객에게는 필시 이상하게 비쳤을 것이다.

또한 서봉총과 금령총에서 출토된 황금의 보관(宝冠)·과대(銙帶)·요패(腰佩)를 비롯한 금은주옥(金銀珠玉)의 장신구, 혹은 한 벌이 갖추어진 고려청자나 조선 도자기의 경우에는 짐을 쌀 때부터 소개지(疎開地)에 반

입될 때 까지 긴장의 연속이었다.

그러나 전쟁도 말기에 이르러 부여도 경주도 안전권이라고 할 수 없게 되었다. 1945년 7월의 내 일지(日誌)에서 그 내용을 뽑아보면 다음과 같은 상황이었다. 부여와 경주에로의 마지막 소개(疎開) 행이었던 것으로 기억한다.

7월 1일. 밤, 마을 내 애국반상회(愛國班常會)에 출석. 부여로 출장가기 위해 경성역으로 서두름. 22시 발 열차에 간신히 시간을 맞춤. 동행인 최영희(崔泳喜)씨 등 3명의 관원들은 이미 소개(疎開) 진열품의 보따리를 껴안고 좌석에 앉았고, 선반 위에도 포장된 상자가 나란했다. 우리 네 명은 교대로 눈을 뜨고 경계한다. 차 안은 전등을 암막(暗幕)으로 감싸 어두침침하고 무덥다. 어딘가에서 열차사고가 나 조치원역에서 장시간 정차함을 감수할 수밖에 없었다.

7월 2일. 어제 밤의 사고 때문에 2시간 늦은 오전 10시에 논산역에 도착했다. 역전에서 찐 감자 3개(1円)과 오이 1개(1円)를 사 조식으로 삼았다. 11시, 역전 출발의 버스에 올라 정오를 지나 부여에 도착했다. 가지고 간 소개(疎開) 진열품은 포장한 채로 분관의 창고에 넣었다.

7월 3일. 앞으로 더 경성에서 반입 예정의 소개품(疎開品)을 어디에 격납하고 어떻게 관리할지에 대해 분관 주임인 스기 사부로(杉 三郎)씨와 상담. 오후에는 후지사와 가즈오(藤沢 一夫) 씨 댁에서 후지사와(藤沢) 씨의 발굴품을 견학. 그 중에서 금성산사지(천왕사지) 출토의 활석제 관음보살상과 경찰서 부지 안에서 출토된 시유도기편(施釉陶器片)은 특필할 물건.

7월 4일. 오전 중에 총독부 지방과의 마츠모토(松本) 기수 등의 안내로 정림사지를 시찰. 이 사지는 부여신궁의 조영에 따른 박물관 부여분관의 이전지인 점에서, 유구의 보전에 대해 규명. 오후, 후지사와 가즈오(藤沢 一夫) 씨의 안내로 그가 발굴조사 중인 천왕사지를 방문. 도중에 동남쪽 상공 멀리의 비행기 두 대를 바라봄. 얼마 후 경계경보의 사이렌이 울림. 후지사와(藤沢) 씨 댁으로 돌아와 전날에 이어 발굴품을 검토, 이 때 비행기 두 대가 부소산 방면에서 평백제탑 위를 스치듯 날아가 버림. 분명히 미군기인 것을 알았다. 얼마 후 멀리서 폭음을 들었다. 17시, 최영희(崔泳喜) 씨와 함께 논산행의 버스를 타고 귀임 길에 올랐다. 논산역에서 조금 전의 미군기 내습(來襲)으로 인해 열차불통임이 알려졌다. 역전의 여인숙에 들어가 개통을 기다림. 23시가 지나 겨우 대전행 열차에 올라 탐.

7월 5일. 한밤중인 0시를 지나 대전역에 도착. 승객들은 전부 하차당해 역 구내나 역전광장에서 삼삼오오 모여 있었다. 최영희(崔泳喜) 씨와 역전광장의 방공호 성토 위에서 신문지를 깔고 엎드려 누웠다. 밀려드는 잠기운을 느꼈으나 역원(驛員)이 4시에는 경성행이 출발한다고 고지했으므로 잠을 이룰 수 없었다. 북행(北行)의 열차는 6시 가까이 되어서야 움직이기 시작했으나 역마다의 정차시간이 길어서 경성역에 도착한 것은 정오가 지나고 있었다.

(생략)

7월 9일. 진열품 소개(疎開)를 위해 17시 경성역 발 열차로 경주에 출장. 사와 슌이치(澤 俊一) 씨 이외에 두 명의 관원이 동행. 짐이 무거워 경성역의 플렛폼이 몹시 멀게 느껴졌다.

7월 10일. 이른 아침, 대구역에서의 환승은 분주하고 힘든 일이었으나, 8시 전에 경주 도착. 이날 경주-포항 간에 광궤(廣軌) 개통(그 전까지는 협궤(狹軌)의 경편철도(輕便鐵道)). 그 축하식 때문인지 경주 역사(驛舍)의 안팎이 장식되어 있었고 인파로 성황이었다. 우리는 경주분관으로 직행. 소개(疎開) 진열품을 〈금관고(金冠庫)〉의 지하실에 격납. 오후, 분관의 여러 사람들과 방위대책을 서로 이야기 함.

7월 11일. 전날 오후에 이어 경주분관원, 군청직원, 경찰서원과 돌아가며 박물관 분관의 보안에 대해 협의.

7월 12일. 아침 8시 50분 경주발 열차로 귀임. 22시 30분 경성역 도착.

(생략)

7월 17일-21일. 휴류산성 보존대책을 위해 황해도 봉산군 마동(馬洞)으로 출장.

(생략)

7월 24일. 소개(疎開) 진열품을 휴대하고 세 명의 관원을 동반해 17시 경성역 발의 열차로 경주로 향함.

7월 25일. 여명의 새벽 4시 경, 열차 안에서 공습경보 발령을 들음. 정각보다 늦게 8시 20분 경주역에 도착. 지참한 소개품(疎開品)을 격납한 후 경주분관의 오사카 긴타로(大坂 金太郎) 주임, 경주군수 오누키 요리츠구(大貫 賴次) 씨 등과 박물관의 방위와 진열품의 보전에 대해 협의. 그 결과 정황 절박의 위험성이 있음으로 인해 진열품의 재소개(再疎開)에 대해 검토할 필요가 있다는 결론에 도달.

7월 26일. 어제의 결론에 따라 오사카(大坂) 씨의 안내로 충효리의 김상권(金尙權) 씨와 황남리의 김상익(金相益) 씨를 방문해 각각의 부지 안에 창고를 설치할 것을 간청해 거의 양해를 얻었다. 이는 순전히 오사카(大坂) 씨의 인덕의 덕택으로 감사. 이날 밤 공습경보가 빈번.

7월 27일. 아침 8시 50분 경주역 출발, 귀임의 길에 오름. 대구 도착이 두 시간 이상 늦었기 때문에 경성행과 연락이 안 되어 심야 0시 15분발 급행까지 기다림.

7월 28일. 아침 9시 경성역에 도착해 곧바로 박물관으로 출근.

10. 총독부박물관의 폐쇄

총독부의 기구는 전쟁 시국이 험해짐에 따라 군사와 중공업에 관련된 부국(部局)의 인원이 급증해 기존의 실(室) 만으로는 더 이상 수용할 수 없게 되었다. 총독부의 본 청사에서 200m도 채 되지 않는 박물관 본관을 이와 같은 부국(部局)들은 자주 노렸다. 본 청사에서 먼 용산에 있었던 철도국이 가장 집착했는데, 변경준비라고 칭하면서 기관(技官)들을 거듭 보내왔다. 박물관 무용론의 목소리를 내거나, 박물관의 존속은 전쟁수행의 장해라고까지 공공연히 말하는 것을 서슴지 않는 직원도 있었다.

우리는 앞서 서술한 소개(疎開)와 병행해 경성의 〈본관〉을 폐쇄하고, 남아있던 중요 소장품의 창고로 삼았다. 이는 전용(轉用)을 압박하는 부국(部局)의 요구를 물리치는데 효과가 있었다. 그러나 폐쇄되어 있으므로 촉탁·고용인의 인건비를 포함해 일절의 박물관비를 정지시키겠다고 사계과(司計課)에서 통지해 온 것에는 나도 당황했다. 난처한 나머지 소개(疎開)가 완료되면 재 오픈 하겠다고 발뺌을 해 이 고비를 넘겼다.

그러나 벽화 이외의 진열품을 〈본관〉으로 옮긴 후의 수정전(修政殿)에는 인원이 늘어난 부국(部局)이 전용(轉用)하기 위해 목수가 들어와 변경을 시작했다. 우리의 사무소인 〈자경전(慈慶殿)〉도 총독부 고위관료의 숙사(宿舍)로 징발되게 되어 목수가 와 개장(改裝)에 착수했다. 이렇게 되자 우리는 주요 진열품의 창고가 된 〈본관〉으로 옮겨, 이것을 지키는 것 이외에 몸둘 바를 모를 사태가 되었다.

여기에 한술 더 떠서 불필요한 관청은 경성에서 지방으로 분산하라는 명령이 떨어졌다. 총독부박물관의 직원은 모조리 경주분관과 부여분관으로 근무교체의 사령(辭令)이 나오기만 하면 되는, 그야말로 최후의 궁지에까지 몰려 있었던 것이다.

이러한 때에 8월 15일을 맞았다.

나에게 있어서 패전의 충격은 컸지만, 솔직히 질식상태에서 간신히 탈출했다고 하는 안도감 쪽이 더 컸다. 박물관은 살았다! 사람도 유물도 살았다고 나는 안심했다. 이제부터 어떤 곤란이 기다리고 있을지에 대해 생각하지 않은 것은 아니지만, 살았다고 하는 기쁨에 앞으로의 불안은 잠시 희미해져 있었다.

11. 8월 15일의 충격

8월 15일 정오에 라디오에서 중대발표가 있을 것이라는 것은 그 전날부터 알려져 있었다. 대 소련 선전포고일지 혹은 패전항복일지 등의 불안한 소문이 나돌았다. 이날 아침, 출근길에 여기저기의 전신주에 「오늘 정오 중대방송/1억 국민 필청」이라는 두 줄로 크게 쓴《경성일보(京城日報)》의 특보가 붙어 있는 것을 보았다.

11시 55분까지 총독부 본 청사 제 1회의실에 집합하라는 총독부박물관의 사무소로 통지가 온 것은 지정된 시각의 겨우 5,6분 전이었다. 우리는 본 청사까지의 400m 정도를 서둘러 뛰어갔지만, 제 1회의실은 이미 초만원으로 들어갈 수 없는 직원들이 복도에 삐져나와 있었다. 까치발을 해도 실내를 엿볼 수조차 없어 서성이고만 있었다. 정오를 알리는 라디오의 시보(時報)는 언제나처럼 변함이 없었지만, 이어지는 「기미가요(君が代)」의 연주는 여느 때의 전황방송(戰況放送)과는 거리가 먼 분위기를 풍겼다.

라디오의 상태가 나쁜 것인지, 갑갑한 금속성의 목소리가 띄엄띄엄 들리기만 하고 내용은 도통 알 수가 없었다. 이럴 거라면 박물관 사무소의 라디오를 듣고 있는 편이 나았을 것을…이라고 하면서 나는 짜증이 나기 시작했다. 그러던 중에 문 안쪽에서 훌쩍훌쩍 우는 듯한 목소리가

들리기 시작하자 심상치 않은 사태임을 깨닫고는 주위의 사람들과 서로 얼굴을 마주쳤다. 이윽고 다시 「기미가요(君が代)」의 연주가 들려왔기 때문에 방송이 끝났다고 짐작했다.

나중에 들으니 이어서 아베(阿部) 총독의 논고(論告)가 있었다고 하는데, 복도에서 서성이던 우리에게는 들리지 않았다. 함께 와 있던 가야모토(榧本)·요시카와(吉川) 두 사람을 재촉해 박물관 사무소로 돌아오는 도중에, 검열과(檢閱課)의 방에서 라디오에 귀를 기울이고 있던 직원에게 물어보고 나서야 비로소 일본이 연합군에 대해 전면항복을 한 사실을 알게 되었다. 박물관 사무소에 돌아왔더니 비치된 라디오에서 비통한 어조로, 「우리 일본인은 어제까지의 영광스러운 민족이 아니라…」라고 하는 방송이 반복해 흘러나오고 있었다.

일본은 어떻게 될까? 일본인들은 어떻게 하면 좋을까? 오늘을 끝으로 일본국이 아닌 조선. 여기에 남겨진 일본인. 예상되는 혼란. 〈총독부〉가 소멸한 후의 〈총독부박물관〉은 어떤 것일까? 그 관리의 책임은 당장 어디로 가게 될까? 개인의 힘으로는 어쩔 수 없는 급전직하(急轉直下)의 변동에, 여러 불안과 초조함이 끝없이 뇌리를 오갔다.

한여름의 경성은 퇴청시각이 되어도 아직 해가 높고 더위는 심했다. 귀가를 서둘러 혼죠(本町)거리에 들어섰더니, 두 명의 육군 장교가 여러 명의 중학생들을 앞에 두고 「오늘 방송을 들었나? 그건 모두 거짓말이다. 싸움은 지금부터야. 그 방송을 믿으면 안돼!」라고 큰소리로 떠드는 것을 보았다. 혼죠(本町)거리는 늘 그렇듯이 사람들의 통행이 많았으나, 이 광경에 발을 멈추는 사람은 없었다. 나도 그냥 우울한 마음으로 지나쳤다.

다음날인 16일은 이른 아침부터 이상한 소리가 밀려오는 파도소리처럼 반복해 들려왔다. 출근을 위해 길거리에 나와서야 처음으로 이것이 「독립만세!」, 「해방만세!」를 외치는 조선인 군중의 환성이라는 것을 알았다. 어제 중에 결성된 《조선건국준비위원회》의 여운형(呂運亨) 위원장 등의 주선으로, 오늘 아침에 경성의 서대문형무소에서 조선인 정치범 전원이 석방되었다. 조선인 사상가들의 제 단체들은 「혁명동지 환영」의 큰 깃발을 내걸고, 형무소 앞에 모인 민중들을 규합해 종로길로 향해 시위의 대행진을 일으켰다.

　오후 늦게 나는 총독부 청사 앞에서부터 종로까지의 광화문 거리를 걸어서 집으로 돌아왔다. 오가는 전차나 트럭에는 조선옷을 입은 젊은 이들이 주렁주렁 타고 있었다. 제각기 만세를 외치고, 서로 손을 마주 흔들며, 몸 전체로 기쁨을 나타내고 있었다. 그들의 환호는 해가 진 후에도 그치지 않고 큰 파도처럼 밤하늘을 계속해서 뒤흔들었고, 집에 틀어박혀 숨죽이던 일본인들을 두렵게 했다.

　나중에 알게된 일이지만, 이처럼 군중들이 불어나게 된 것은 이 날 오후 3시·6시·9시의 3번에 걸쳐 경성방송국(京城放送局)에서 방송된 《조선건국준비위원회》의 성명(聲明) 때문이었다. 이것은 국면의 수습과 질서 유지를 위해 동(同) 위원회 소속의 경위대(警衛隊)를 설치하고, 정규병의 군대를 편제해 총독 정치를 종결시키고 새 정부가 수립된다는 취지의 것이었다.

12. 김재원(金載元) 박사 등장

　해방과 독립의 기쁨에 기세가 오른 조선인 측은 일본인들이 경영하던 신문사·회사·공장·큰 상점 등의 접수를 강요했다. 대부분의 경우에 수뇌진의 일본인들은 그들의 요구에 응하지 않을 수 없어, 승낙서에 날인을 하거나 금고나 창고의 열쇠를 조선인 측에 건네주었다. 그리고 경성제국대학(京城帝國大學)을 비롯한 몇몇 전문학교나 문화적인 시설에서도 접수 소동이 있었다.

경성제국대학(京城帝國大學)에서는 8월 16일에 조선인 직원들이 〈경성대학자치위원회(京城大學自治委員會)〉을 둘러싸고 야마야(山家) 총장에게, 학내의 경비와 문화재 보관의 위양을 요구했다. 17일에는 학내의 열쇠를 압수하고 각 연구실이나 도서관 등의 시설에 봉인을 했다. 그래서 일본인 교수들은 각자의 연구실에서 사유(私有)의 서적이나 노트류를 옮겨 내는데, 일일이 조선인 조수들에게서 열쇠를 빌려야만 하는 상황이 되었던 것이다.

한편, 총독부박물관을 접수하기 위해 김재원(金載元) 박사가 우리들 앞에 나타난 것은 8월 17일이었다. 이날 나는 아침 일찍부터 사무소(자혜전)에서 관원들과 앞으로의 대책에 관해 서로 이야기를 나누고 있었다. 여기에 김재원(金載元) 씨가 혼자 방문해, 「자신은《조선건국준비위원회》의 멤버는 아니지만 위원회로부터 위촉받아 왔다」라고 언명(言明)했다. 앞서 기술한 바와 같은 정세였으므로 우리 박물관에 접수 소동이 일어나는 것도 시간문제라고 각오하고 있었기 때문에, 나는 「드디어 올 것이 왔구나」라는 기분이었다.

그러나 여기에는 귀중한 진열품·수장품이 있다. 특히 고고학 발굴에 의한 출토품이 많은 것은 이 박물관의 특색이이다. 이것들의 행방을 생각하면 일반의 관청이나 시설처럼 간단히 인도할 수는 없다. 접수하고자 하는 상대를 상당히 신중하게 지켜봐야 한다. 이렇게 자기 자신을 타이르면서 김재원(金載元) 씨와의 회담에 임했다.

이때까지 김재원(金載元) 씨와 면식은 있더라도 친구처럼 지내던 관원이 아무도 없었기 때문에 처음에는 서로 긴장하고 있었다. 그러나 김재원(金載元) 씨의 태도에 기복이 없었고, 말투도 침착해 신사적이었다. 얼마 지나지 않아 우리는 마음을 터놓고 기탄없이 이야기를 나누었고,

그림 8. 구(舊) 조선총독부박물관 사무소(경복궁 자혜전)과 관계자
(중앙이 김 관장, 오른쪽 끝이 필자, 1946년 2월 촬영)

그날 중으로 다음과 같은 상황 판단과 대책에 관해 의견의 일치를 볼 수 있었다.

(1) 총독부박물관은 총독부의 기구로는 학무국의 최말단에 지나지 않으므로, 「접수」의 상대는 학무국장이어야 한다. 그러나 이 비상사태의 시국에 박물관이 어떻게 대처해야 할 것인지 상부에서는 아무런 지시도 없다. 지휘를 요구하러 가더라도 상담조차 해 주지 않으므로, 박물관 보전의 책임을 짊어져야 할 총독부의 고관은 지금 아무런 힘도 없고 아무런 대책도 없다고 판단했다. 이에 당면한 오늘의 경우에 우리 박물관원들의 판단으로 논의를 진행할 수밖에 없다.

(2) 일본은 전쟁에서 패배해 전면 항복했다. 항복의 상대는 연합군이었지만, 식민지 지배의 조선총독부의 존속은 있을 수 없다. 당연히 이 박물관도 총독부의 것이 아니고, 여기서 근무하고 있던 일본인 직원들은 모두 파면될 것임에 틀림없다.

(3) 하지만 조선총독부박물관에는 고고학이나 미술사를 전공으로 하는 조선인 관원이 한 명도 없다. 따라서 일본인 관원들이 떠난 후에는 전문직의 관원이 한 명도 없게 된다. 이것은 박물관으로서 중대한 문제이다.

(4) 이에 우리 일본인 관원들이 이 박물관을 떠나기까지의 동안에 지금까지처럼 박물관의 운영방법과 고적조사사업의 경과를 조선인 전문가에게 보고해 둘 필요가 있다. 우선 이 조선인 전문가를 김재원(金載元) 씨 자신이 맡기로 하는 수밖에 없다.

(5) 일본이 항복한 것은 연합군에 대한 것이기 때문에, 박물관의 시설과 수장품 등에 관해서는 인계해야 할 정당한 기관이 확립될 때 까지 현상 그대로 폐쇄해 두도록 한다.

(6) 열쇠는 전부 지금까지처럼 서무 담당의 최영희(崔泳喜) 씨가 책임을 가지고 보관한다. 최영희(崔泳喜) 씨는 순시(巡視)나 용무원(用務員) 이외에 단 한 명의 조선인 관원이었는데, 소년 시절부터 박물관에서 근무했고 서무적인 업무를 분담해 온 것이 15년이 넘어, 관원 일동에게 신뢰받고 있었고 물품의 관리나 마스터 키의 실제 보관을 맡고 있었다.

이상의 여러 점에 관해 김재원(金載元) 씨와 우리의 의견은 일치했다. 이러한 상황과 대책은 일본인 관원이 파면되는 9월 21일까지 변하지 않았다. 김재원(金載元) 씨는 경주와 부여에 있는 박물관 분관의 안전 확인을 위해 수일 간 경성을 떠난 것 이외에는, 약속한대로 거의 매일 내관해 총독부박물관의 운영과 현황, 특히 조선 전역에 걸친 고고학적 발굴 조사나 연구 활동을 열심히 청취했다. 또한 동요가 계속되는 조선 측의 정세나 학자들의 동향에 대해 우리들에게 이야기 해 주었다. 물론 우리들의 동정을 감시할 필요도 있었음에 틀림없다.

김재원(金載元) 씨는 1909년 함경남도에서 태어났다. 1929년에 독일로 유학, 뮌헨 대학에서 교육학 및 고고학을 전공, 1934년에 박사 학위를 취득했다. 같은 해 벨기에로 옮겨 겐트국립대학(Universiteit Gent)의 카를 헨체(Karl Hentze) 교수의 조수로 미술고고학을 전공. 1940년에 귀국한 후에는 보성전문(普成專門)·경성여자의전(京城女子医專)·경성경제전문(京城經濟專門)에서 강의했다. 1937년과 다음 해에 독일의 전문지(專門誌)에 중국 고동기(古銅器) 관계의 논문을 발표했고, 1942년의 『인류학잡지(人類學雜誌)』654·658호에 「중국 고동기 문양의 의의에 대하여(支那古銅器文様の意義に就て)」를 연재하는 등 아는 사람들은 알고 있던 학구파였다.

서로 이야기 하는 중에 김재원(金載元) 씨와 우리 사이에는 저절로 같은 분야의 연구자 동지라고 하는 동지의식이 생겨, 국적이나 민족을 뛰어 넘어 연대감을 갖게 되었다. 김재원(金載元) 씨는 총독부박물관의 일을 이해해 우리들의 입장에 동정해 무척이나 관대했다. 따라서 우리들은 총독부의 일본인 직원들이 미군정에 의해 전원 파면될 때까지 거의 매일 박물관에 출근해 보안의 책임졌고, 과거에 조사한 것의 뒷마무리에 전념할 수 있었다. 이것은 같은 시기 총독부의 다른 부국(部局)들에 생긴 혼란이나, 당시 경성시내의 불안한 정세에 비추어보면 가장 평온한 직역(職域)이었다고 생각된다.

13. 패잔(敗殘) 일본인

일본이 패전한 날부터 미군주둔까지의 한 달간, 조선총독부라는 기구는 형식상으로 존속했지만 대부분 기능하지 않았다. 협의를 위해 학무국(學務局)에 가더라도 각 과(課)나 실(室)에는 공석이 많았고, 출근한 사람도 일이 손에 잡히지 않는 상태였다. 다만 각 부국(部局)에서는 책상 주변의 정리나 실내정리를 한창하고 있었다. 그리고 패전 후의 일주일간, 매일처럼 총독부 청사의 바깥 뜰 여기저기서 서류를 태우는 연기가 몇 군데나 피워 올라서 이상한 모습이었다. 우리는 박물관에서는 태워야 할 서류가 한 장도 없다며 침착했지만, 거대한 흰 벽의 청사가 연기 속에 칙칙하게 보이는 것이 총독부의 파국을 상징하는 듯해서 쓸쓸했다.

이러한 소동 속에서 나는 「어진영(御眞影 : 일왕(日王)의 사진과 초상화)」 소각의 현장에 가게 되었다. 8월 17일의 오후 5시가 지나서 나는 사회교육과와의 사무협의를 끝내고 총독부의 본청사에서 박물관사무실로 돌아가기 위해 평소에는 거의 다니지 않는 근정전(勤政殿) 서회랑의 바깥쪽을 따라 난 길을 북쪽으로 향해 걸었다. 박물관 관람구역과의 경계를 긋는 벽 부근까지 왔을 때, 쪽문 바로 앞의 빈터에서 엄창섭(嚴昌燮) 국장이 2명의 젊은 직원의 시중을 받으면서 무언가를 태우고 있었다. 국장이 몸소 소각하는 건 무슨 일인지라고 의아해하며, 가까이 가 보았더니 틀림없는 「어진영(御眞影)」이 타오르는 불길에서 밀려나와, 불길에 휩싸이려던 참이었다. 헛… 하며 숨을 삼키고 나는 움직이지 못하고 선 채로 있었으나, 다음 순간 봐서는 안 될 것을 봐 버린 기분이 되어 급히 그 곳에서 벗어나 경계 벽의 쪽문을 열고 사무소로 돌아왔다.

아주 잠깐 바라본 것이었지만 그곳은 다른 서류 소각의 장소에서 떨어져 있었던 점, 엄창섭(嚴昌燮) 국장이 거구를 앞으로 숙여 엄숙한 얼굴을 하고 있는 것을 알아챘다. 또한 무엇보다도 사람들의 눈을 피해 태우고 있었던 것이라고 생각했다. 패전 직후의 혼란 속에서 총독 주변은 어진영(御眞影)을 어떻게 취급해야 할지에 대해 고심했던 것임에 틀림없다. 일본인 고관들은 스스로의 손으로 태울 수 없어 조선인인 학무국장(學務局長)에 맡겼을 것이다. 아주 우연이었지만 나는 역사의 변동을 상징하는 장면과 마주했던 것이다.

한편 경성시내의 상황은 당연한 추세라고는 하지만 일본인에게 냉엄하게 되었다. 경관(警官)이 자기자리를 떠나 경찰은 무력화되었다. 이를 대신해 〈치안대〉 혹은 〈보안대〉의 완장을 찬 건장한 청년들이 경찰서나 순사(巡査)파출소에 진을 치고 동네의 치안유지를 맡게 되었다. 통행 중에 그들에게 불려 멈춰진 후 휴대품을 조사받은 일본인도 적지 않았다. 나도 그들 중 한 명으로 9월 11일(화) 오후, 경성대학(京城大學)에서 박물관으로 돌아가는 도중에 제동(齊洞)의 파출소 앞에서 그들에게 검문을 받았는데, 상의의 주머니 속에 있던 연필깎이 칼을 흉기라고 빼앗기고 가지고 있던 발굴조사보고서 2권도 신분불상응이 가진 물건이라는 이유로 몰수되었다. 그들의 논의할 필요성도 서슬에 항의도 못하고 포기할 수밖에 없었다.

일본의 패퇴로 인해 일본의 압제에서 해방되어 독립하게 되자, 그때까지 조선의 사람들 가슴에 쌓여 있던 일본인에 대한 불평불만과 원한이 한 순간에 분출되었던 것이다. 이것은 자연스러운 것으로 미군진주 후에도 멈추지 않았다.

마침내 조선인에게 저격되어 사망 혹은 부상당한 일본인의 이야기가 자주 전해지게 되었다. 그 일본인 대부분이 경찰관이었던 것을 알게 되었지만 이야기를 들을 때마다 잔류 일본인들은 공포심에 휩싸였다.

당시 조선민중들의 대일(對日)감정을 뼈저리게 느끼게 된 것은 경성 우편국의 벽에 붙은 「잔류 일본인에 고함(残留日本人に告ぐ)」이라는 격문을 읽었을 때였다. 전시 중에 유행한 군국조(軍國調)의 일본어였는데, 일본인들의 폐부(肺腑)를 찌르는 듯한 명문이었다. 그 중에서 「일본인은 당장 부산을 향해 출발하라. 걷는 것도 기는 것도 또 헤엄치는 것도 제군의 자유다.」 …… 「일본인은 10월 25일까지 주택을 비워라.」 …… 「일본인은 바로 각 기관에서 자취를 감춰라」 …… 「잔류를 의도하는 자는 개별적 폭력 발동을 각오해야 할 것이다.」 등의 어구를 나는 적어 두었다. 이 격문은 「다만 국민의 금도에 있어서 감히 경고한다. 잔류 일본인이여 망국왜지로 가는 길을 재촉하라.」라고 끝맺어 있었다.

같은 무렵이었다고 생각한다. 일본 옷에 게타를 신어 한 눈에 일본인 남성이란 것을 알 수 있는 희화(戱畵)에 「모든 일본인은 기어서 갈지라도 즉시 일본으로 돌아가라」라고 하는 의미의 글이 첨가된 벽보가 시내의 중심가에 나붙었다. 이러한 모양새로 어슬렁거리는 일본인이 눈에 거슬려 견딜 수 없다는 듯이, 주먹코에 뻐드렁니가 아주 천하게 그려진 그 희화는 얄미울 정도로 능숙한 솜씨였다.

14. 조선총독부 박물관 종결

9월 9일 오후, 총독부 제1회의실에서는 북위 38도선 이남의 한반도에 남아있던 일본 육해군(陸海軍)의 대표가 재 조선미군사령관 앞으로 보내는 항복문서에 사인하는 의식이 행해졌다. 이 날은 일요일, 나는 집에서 조인식의 모양을 라디오로 들었다.

다음날인 10일(월), 처음으로 미군 병사의 모습을 보았다. 출근할 때 총독부 청사 정문 앞의 좌우에 서서 지키고 있는 두 명의 미군 병사의 사이를 지나왔는데, 총대를 어깨에 걸치고 양 팔을 뒤로 하고 양 발을 좌우로 벌린 그들의 독특한 모습이 신기했다. 총독부 청사의 동쪽 광장에는 전 주(週)까지 위엄을 보이고 있던 여러 대의 일본군 전차들은 온데간데없고 대신에 다수의 텐트가 쳐져 있었는데, 그 사이로 미군 병사들이 분주하게 오가는 것이 보였다. 광장의 국기게양대 꼭대기에는 성조기가 자랑스러운 듯 펄럭이고 있었다.

내가 미국 군인들과 처음으로 교섭한 것은 9월 14일(금)이었다. 이날 아침에 창고(만춘전(萬春殿)과 회랑의 일부)의 문이 파괴되고, 내부로 미군병사들이 들어와 있다고 순시(巡視)가 헐레벌떡 소식을 전해와, 학무국장실에 급히 알림과 동시에 현장으로 달려갔다. 아니나 다를까 수 명의 미군병사들이 내부를 찾아 돌아다니는 듯 군화 소리와 이야기하는 소리가 들렸다. 그러나 나는 제지할 용어를 알지 못했고, 가까이 갔다가는 무슨 일을 당할지 알 수 없다는 공포에 사로잡혀 거리를 두고 지켜볼 수밖에 없었다.

얼마나 시간이 경과했을까, 내게는 길게 느껴졌지만 실제로는 얼마 되지 않는 사이였을 것이다. 백발의 마른 미군 장교가 통역을 데리고 달려왔다. 이 장교는 학무국장으로 취임한지 얼마 되지 않은 락카드 대위(Capt. Lockard)였다.

락카드(Lockard) 대위는 내게서 이 건물이 박물관의 창고라는 것을 듣고는 입구에서 내부를 향해 뭔가를 이야기 했다. 그랬더니 병사들이

순순히 떠났다. 대위는 얼굴생김이나 말투가 의외일 정도로 온화했다. 이에 반해 나를 향해서는 엄한 어조로 왜 영문의 출입금지 게시를 하지 않았는가? 금지팻말이 없으니까 이러한 일이 생기는 것이다. 라고 꾸짖는 것이었다. 언성을 높여야 되는 것은 미군 병사쪽인데…라면서 나는 기가 막혔지만 청사로 돌아가는 대위의 뒷모습을 바라만보고 있었다. 락카드(Lockard) 대위 쪽에서 본다면 이와 같은 예스러운 동양풍의 목조 가옥이 설마 박물관의 창고일 거라는 것을 일반 미군 병사들은 예상할 수 없으므로, 당연히 영어의 설명판도 서 있지 않은 이상 미군 병사에게는 죄가 없다고 판단했을 것이다. 그러나 조금 전 통역이 알려준 영문의 금지팻말을 그날 중으로 문마다 붙였지만 효과는 없었고, 같은 사건은 미군정 발족 이후에도 계속 일어났다.

내 일기에 의하면 학무국장에 락카드(Lockard) 대위가 취임했고, 전 국장이었던 엄창섭(嚴昌燮) 씨가 그의 고문이 된 것은 9월 15일(토)이었다. 그리고 9월 21일(금)의 정오가 되기 전에 미군정에서 발표가 있었는데, 총독부의 일본인 관리 대부분이 파면되었고 총독부박물관에서는 나 혼자만 잔류를 명령받았다. 박물관 시설과 관장품의 책임자였기 때문에 각오는 하고 있었지만 몸이 얼어붙는 느낌이었다.

이 날을 마지막으로 해고된 내가 기억하는 총독부박물관의 일본인들을 적어보면, 가야모토 가메지로(榧本 龜次郎)·사와 슌이치(澤 俊一)·요시카와 고지(吉川 孝次)·사세 나오에(佐瀨 直衛)(이상 경성 본관), 오사카 긴타로(大坂 金太郎)·나카무라 하루히사(中村 春壽)(이상 경주 분관), 스기 사부로(杉 三朗)·후지사와 가즈오(藤沢 一夫)(이상 부여 분관)의 여러 사람들이다. 총독부는 유명무실화되어 관료들은 허둥지둥했고, 세상의 정세는 질서를 잃고 어수선한데도 우리들은 연일 그때까지와 동일하게 조선인 고용원들과 협력해 박물관의 보전과 발굴조사 자료를 정리하고 있었다. 우리들은 국적이나 민족을 뛰어넘어 박물관 인으로서의 사명을 다하고 있었다고 생각한다.

일본인 관원들이 파면된 같은 날에 김재원(金載元) 씨가 관장후보인 학무국 직원으로 채용되었다. 따라서 1915년 12월 1일에 개설된 조선총독부박물관은 1945년 9월 21일로 30년에 걸친 역사의 문을 닫은 셈이다.

15. 소개(疎開) 진열품 회수의 길

박물관에 미 군정청의 사무관이 처음으로 뛰어들게 된 것은 10월 1일(월)이었다. 내리퍼붓는 비를 무릅쓰고 윙클러(Robin L. Winker) 중사(이하 W중사로 약칭)가 부임했다. 팔팔한 젊은이였는데 츄잉껌을 씹으면서 질문하거나 명령하는 것이 나에게는 무척이나 기묘했다.

다음 날인 10월 2일(화), 비. 아침 10시, 군정청에서 사회교육과장의 인사가 있었다. 과원(課員) 약 50명 중 일본인은 나 혼자였다.

오후, 과장인 미첼(Paul C. Mitchel) 중위(이하 M중위로 약칭)가 전날의 사무관 W중사와 함께 내관(來館)해, 박물관의 개관준비를 하도록 우리들에게 요구했다. 그러기 위해서는 우선 경주와 부여에 소개(疎開)했던 중요 진열품을 회수해야 한다고 나는 제언(提言)했다. 그러나 M중위 등은 그보다도 박물관의 주변정비를 서둘러야 한다고 주장하고는, 잔디, 식목, 화초육성을 위한 정원사를 찾도록 명령했다.

사실, 박물관 본관의 주위에는 전시 중에 만든 소호식(蛸壺式)의 방공호가 몇 기나 입구가 열린 채로 있었고, 비상시용으로 개관한 밭도 황폐해진 채로 있어서 박물관의 정원이라고 하기에는 살벌한 풍경이었다. 따라서 M중위 등이 환경정비를 개관준비계획의 첫 번째로 문제 삼으려한 자세에 감동을 느꼈다.

M중위도 W중사도 직업군인이 아니라는 것은 조금 이야기를 나누어 보고서야 알았다. W중사는 스스로 펜실베이아대학(University of Pennsylvania)의 졸업생으로 20살이라고 했다. M중위는 50세 전후로 학교의 선생님처럼 보였는데, 과연 뉴욕(New York)의 유명한 맹아학교 부교장(副校長)을 지낸 교육자였다.

당연한 일이겠지만 그들은 단지 홀로 남아있던 일본인인 나에게 강한 관심을 보였다. 학력(學歷)이나 직력(職歷) 혹은 가족관계 등 여러 가지를 질문했고, 정치와 전혀 관계없는 고고학의 연구자인 것을 확인하고는 납득하는 모양이었다. 내가 가족들을 2주일 전에 귀국시킨 것을 안타깝게 여겼고, 나 자신의 귀환이 언제가 될지 그들은 모르지만 여기에 있는 한은 김재원(金載元) 씨를 도울 것을 희망한다고 반 명령조로 말하는 것이었다.

오른쪽 관람구역의 정지(整地)와 정원조성의 계획이 서자, 다음으로 M중위 등은 내가 제언(提言)한 소개(疏開) 진열품 회수의 계획을 올렸다. 회수가 빠르면 그만큼 개관이 빨라지게 되므로 신속하게 준비가 진행되었다. 수송을 위해 미군의 군용 트레일러 1대와 지프차 1대, 미군병사의 운전수 두 명이 준비되었고, 10월 10일(수)에는 김재원(金載元) 씨와 나를 위해 경성에서 멀리 여행할 때 필요한 신분증명서가 발급되었다.

소개(疏開)하느라 한 고생에 비하면 회수는 거짓말처럼 편했지만, 이 여행에서 일본 패퇴에 이어 미군정 통치하의 조선의 실상을 잠시나마 엿볼 수 있었던 생각이 든다. 당시의 일기 중에서 일부를 발췌해 적어 보고자 한다.

10월 12일(월) 쾌청. 군용 트레일러 1대와 지프차 1대에 나누어 탄 일행은 M중위·W중사·김재원(金載元)·아리미츠 교이치(有光 敎一) 이외에 운전수인 미군 병사 두 명이었다. 아침 9시의 출발 예정이 10시로 늦춰

진데다 영등포에서 길을 잘못 들어 인천가도(仁川街道)를 서쪽으로 향해 버려 시간을 허비했기 때문에 이날 밤은 조치원에서 머물게 되었는데, 「은하여관(銀河旅館)」이라고 하는 일본식 여관에 들었다. 그날 한밤중이 지난 즈음에 자고 있는 와중에 경찰서에서의 호출로 일어났다. 내 안위를 걱정해 함께 와 준 W중사와 경찰서에 도착했더니, 열 명 정도의 조선인 경찰서 직원 이외에도 두 명의 MP(헌병)가 있었는데, 미군병사의 부녀자 폭행사건의 조사로 현지 경관(警官)의 협력이 필요하므로 통역을 해 달라고 했다. 당시의 경찰서는 수시로 미군 헌병의 주둔지가 되었던 듯하다. 그러나 MP의 이야기 중에는 들어본 적도 없는 단어가 많아서 잘 알아들을 수가 없었다. 몇 번이나 쩔쩔매는 나를 W중사가 「이 사람은 옛 물건의 연구에 몰두하고 있는 학자로, 그런 더러운 말을 몰라」라고 감싸 주었다. 내가 생각해도 불안불안한 통역솜씨였으니 W중사나 MP들도 필시 조마조마했을 것이다.

그런데 그 와중에 한 명의 일본군 장교가 성큼성큼 들어왔기 때문에 경찰서 안은 순간 긴장했고 MP는 나와의 대화를 중단하고 일어섰다. 학도(學徒) 출신인 듯 한 그 장교는 MP 앞에서 직립부동의 자세를 취하고는 영어로 이야기하기 시작했다. 긴장했기 때문인지 약간 떨고는 있었지만 그의 또박또박한 영어는 훌륭하게 통했다. 그의 부대가 이곳을 통과하는 것을 신고하기 위해 왔던 것이다. 그러고 보니 우리 차가 조치원에 들어오기 바로 직전에 무장 해제된 일본 병사의 작은 부대를 앞질렀다. 나는 그것을 생각해 내고는 이들이 여기서 부산까지 계속 걸어서 가야하는 것인가 라고 동정을 금할 수 없었다.

10월 13일(토) 쾌청. 아침 9시 반에 조치원을 출발. 공주를 경유해 14시에 부여에 도착. 공주도 부여도 일본인 부녀자들은 대전에 이미 집결한 후였다. 공주에 있는 고적현창회(古蹟顯彰會)의 진열관은 일본의 패전과 함께 자치위원회에서 접수해 폐쇄 중이었으나, 부여의 박물관분관은 개관 중으로 스기 사부로(杉 三郎) 씨가 아직 근무하고 있었다. 후지사와 가즈오(藤沢 一夫) 씨도 저녁 무렵에 대전에서 귀관(歸館)했다. 그날 밤, 부여의 청년단이 미군 환영의 연찬을 준비해 M중위와 W중사들을 기쁘게 했다.

10월 14일(일) 쾌청. 전날 밤의 연회가 밤늦게까지 계속되었기 때문에 미군 병사들의 기상이 늦어져, 분관에 맡겨 두었던 귀중한 소개(疎開) 진열품들을 포장한 채로 트레일러에 싣고 부여를 출발한 것은 10시가 넘어가고 있었다. 공주-조치원-옥천-보은을 달렸으나, 도중에 운전수 한 명이 복통을 호소했기 때문에 공주의 미군 병원에서 치료를 받았고, 영동가도(永同街道)의 통과할 수 없는 곳을 우회하기도 해서, 예정보다 많이 늦어져 보은에서 머물게 되었다.

10월 15일(월) 쾌청. 이 날은 보은-황간-김천-대구-경주의 코스를 주파. 일몰 후에도 헤드라이트를 밝히면서 경주 읍내에 들어왔고, 미군 주둔부대(약 400명)의 막사에 도착. 막사는 원래 일본인 소학교(小學校)의 교사(校舍)로, 여기서 미군 병사들과 함께 저녁을 먹고 나 혼자만 일행들과 떨어져 가까운 아사히 여관(朝日旅館)에 머물기로 했다. 처음에 적었던 바와 같이 1931-33년의 2년간 경주에 살면서 발굴조사를 했는데, 그때 이 여관에서 하숙하고 있었기 때문에 주인은 조선 사람으로 바뀌어 있었지만 그리웠고 마음도 편안해질 것이라 생각했기 때문이다.

그러나 찾아와 준 최순봉(崔順鳳) 씨 등 경주분관의 여러 사람들과의 이야기가 활기를 뛰던 중, 결국 신이 나 목소리가 높아진 때에 옆방에서 「일본말 하지마! 불쾌하다!」고 고함소리가 날아왔다. 부랴부랴 이야기를 끝맺고 불안해하면서 취침하게 되었다. 들었더니 경주부근은 대일(對日) 감정이 가장 나쁜 지역 중의 하나라고 한다.

경주분관의 오사카 긴타로(大坂 金太郞) 씨와 나카무라 하루히사(中村 春壽) 씨는 9월 23일에 일본으로 출발했다고 들었다.

10월 17일(수). 어제 준비해 두었던 소개(疎開) 진열품을 트레일러에 싣고 10시 반에 박물관분관을 출발, 경성을 향한 귀로(歸路)에 올랐다. 도중에 고적(古蹟) 등에 대해 M중위와 W중사에게 해설하면서 영천-안동-영주-풍기를 달렸으나, 교량유실이나 도로붕괴 등이 있는 곳을 우회했기 때문에 영주에서 해가 저물었고 풍기에 도착한 것은 밤이 이슥해서였다.

10월 18일(목) 쾌청. 풍기-죽령-단양-충주-장호원리의 코스를 달렸는데, 장호원리에 도착한 것은 오후 4시 반, 경찰관 주재소(駐在所)에서 머무르게 되었다.

여기서 현지의 청년단이 미군 환영연(歡迎宴)을 계획했는데, 김재원(金載元) 씨와 나도 통역이라고 해서 초대되었다. 그러나 내 조선어는 영어보다도 미덥지 못했다. 술이 들어감에 따라 대담하게 마구 말했지만 더듬거림은 감출 길이 없었다. 이윽고 한 명의 청년이 내 앞에 앉더니 일본어로 「당신은 몇 년간 일본에 가 있었습니까? 아무리 봐도 일본어 쪽이 능숙해 보입니다만…」라고 말을 걸어 왔다. 그는 나를 유소년 때부터 일본에서 자랐고, 전쟁이 끝나자 조국으로 돌아온 조선인으로 생각했던 것이다. 이에 김재원(金載元) 씨는 나를 새삼 소개했는데 일본인이기는 하지만 동행하고 있는 이유를 말하고 양해를 구했다. 이에 청년단의 여러 사람들이 오히려 내 입장에 흥미를 갖고 마음을 터놓아 준 것은 다행이었다.

10월 19일(금) 쾌청. 장호원리에서 경성으로 들어와 군정청에 도착한 것은 정오였다. 곧바로 경복궁 뒤쪽의 막사로 안내되어 호화로운 점심 식사를 제공받았다. 이는 여행의 위로 차원이었을 것이다.

그러나 박물관으로 돌아온 후 부재중에 본관에 도둑이 들어 경주 옥
포총(역자 주 : 발굴 당시 경주 노동리 4호분이었으나, 읍남고분 전체 연번호로 142호
분이다)의 금제 귀걸이와 그 밖의 것을 도둑맞았다고 듣고는 아연실색했
다. 도둑은 본관 정면 서쪽의 문을 뜯고 들어왔다고 한다.

16. 국립박물관 개관

재조선 미국육군사령부 군정청(USAMGIK : 이하 미군정으로 번역)은 인정
사정없이 사람을 다룬다. 능률적임에는 틀림없지만 사람을 다루는 것은
거칠다. 소개품(疎開品)을 가지고 돌아온 다음날부터 곧바로 개관준비에
착수해야 했다. 그해 10월 20일은 토요일이었고, 더군다나 연합군환영
일이라고 해서 일반관청은 휴일이었지만 박물관원들은 오후 늦게까지
일 할 수밖에 없었다. 협의하기 위해 군정청(軍政廳)에 가 보았더니 미군
군정관(軍政官)들은 책상 앞에서 한창 타자기를 치고 있었다. 연합군환영
일이라고 하는데 환영받는 쪽은 출근하고 현지 쪽이 쉬고 있는 것을 정
말 기묘하다고 생각했다.

한편, 본격적인 개관준비는 진열관 각 방의 진열 케이스 내부나 케
이스와 케이스의 사이에 쌓아올려 둔 포장류들을 정리하는 것부터 시작
했다. 이것들이 전쟁말기에 서둘러 격납한 발굴품이나 진열품의 포장인
것은 전술한 바와 같다. 그리고 어질러진 관내(館內)를 정돈해 진열할 수
있는 상태가 되기까지는 매일 약 열 명의 작업원들을 써도 한 달 남짓이
나 걸렸다.

그런데 사회교육과장인 M중위가 김재원(金載元) 박사에게 보낸 10월
22일자 보고서는 나에게 있어서 중요한 내용의 것이었다. 그것은 미군
정 상층부에 아리미츠(有光)를 가능한 한 장기간에 걸쳐 붙잡아 두도록
요청한 것으로, 「박물관의 질서를 회복해 진열품이 공개가능한 정상의

상태가 될 때까지 아리미츠(有光)를 일하게 하라」라고 하는 명령서였다. 이 명령서로 인해 나는 박물관의 개관까지 여기에 머물러야만 했고, 개관을 위한 일을 수행할 수밖에 없는 것이 명확해졌다.

이 각서가 전달된 직후에 W중사는 나에게 귓속말로 미 군정청(軍政廳) 내부에서는 특히 조선인 직원사이에 잔류 일본인을 배제하라는 의견이 강해지고 있으므로, 신중하게 행동하도록 주의를 주었다. 이와 같은 군정청(軍政廳) 내의 강경의견을 고려해 M중위는 상층부를 설득해 김재원(金載元) 박사 앞으로 보고서를 발송했던 것이었다.

한편, 매일 약 열 명의 인부를 고용해 개관을 위한 준비 작업이 시작되자 나 자신이 선두에 서서 지휘를 하지 않으면 일이 진척되지 않는다고 해 하루도 쉴 수 없었다. 무엇보다 전쟁 전부터 이 박물관에서 근무해 어디에 어떤 물품이 격납되어 있는지를 알고 있는 이는 오랫동안 서무계를 담당해 온 최영희(崔泳喜) 씨와 나뿐이어서, 어느 진열실에 무엇을 어떻게 진열해야 할지에 대해서 나 이외에는 다른 경험자가 없었다. 인부들의 출근에 맞추어 나는 아침 7시 반부터 해가 질 때까지 줄곧 일만 계속하는 상태가 지속되었는데, 이렇게 되자 일이 재미있어졌고 새로 채용한 관원들의 훈련까지 자처하게 되었다. 자신의 지식을 최대한 발휘할 수 있었고 생각하던 대로 진열할 수 있었던 그때가 내 생애에서 가장 흡족한 나날이었다고 지금도 회상한다.

회수한 소개(疎開) 진열품까지 더해 본관 전시는 준비가 완료되었다. 더욱이 수정전(修政殿)에 있던 오타니 고즈이(大谷 光瑞) 탐험대가 서역에서 가져온 물품들의 정리와 전시준비를 끝낸 것은 11월 24일(토) 이었다. 그러나 개관이 12월 3일(월)로 결정되어 있었기 때문에 25일의 일요일도, 29일의 추수감사절도, 출근해 각 실·각 선반·각 진열품에 붙일 설명용 명찰의 작성을 서둘러야만 했다. 11월도 하순이 되자 경성은 추워

졌고 불기운도 없는 관내(館內)에서의 작업은 힘들었다.

설명용 명찰이나 카드의 문자는 주로 한글로 썼지만, 요소요소에 영어를 더해 미군들의 관람에 제공하기로 했다. 그러기 위해서는 내가 물품의 명칭과 시대를 말한 것을 글씨에 능한 최영희(崔泳喜) 씨가 붓으로 쓰는 것이 능률적이었다. 급하게 모집된 관원들이 급할 때에는 도움이 되지 않아 최영희(崔泳喜) 씨 한 명에게 의지할 수밖에 없었다.

설명 명찰의 정서(淨書)를 끝낸 것은 개관식의 바로 전날인 12월 2일의 오후 5시가 지난 때였다. 이날은 일요일로 날은 맑았으나 수은주는 영하 10도를 가리키고 있었고 저녁부터 눈이 내리기 시작했다. 개관준비 완료를 축하해 김재원(金載元) 씨 댁에서 소갈비를 구워먹는 호화로운 만찬이 제공되어 잠시나마 추위와 피로를 잊었다.

12월 3일(월). 눈을 떠 보니 밖은 온통 은세계. 경복궁 후원의 눈경치가 이처럼 아름답다고 느낀 적이 있었던가? 나는 눈으로 빛나는 박물관 재개관의 이 아침을 김재원(金載元) 씨 등의 관원 여러 사람들과는 다른 감회로 맞이하고 있었다. 개관식이 개최된 본관은 주위의 청소도 구석구석 되었고, 앞 정원의 심어진 나무들도 깨끗이 다듬어져 있었다.

개관식은 오전 10시부터 아놀드(Archibald Vincent Arnold) 장관 이하 미군정의 군정관들과 주인이 된 조선 측의 요인들이 배석해 본관의 중앙 홀에서 거행되었다. 그러나 나는 출석하지 않았다. 조선 사람들은 일반적으로 일본인에 대해 격한 증오심을 품고 있다. 따라서 경사스러운 개관식에 일본인이 얼굴을 내미는 것은 조선 측의 출석자들에게 있어서 불유쾌한 일이며, 어울리지 않는다는 느낌을 가질 것임에 틀림없다. 이렇게 생각해 출석하지 않았으나 가슴 속으로는 누구보다도 개관일을 기뻐했다고 자부한다.

개관식이 시작되기 직전에 M중위는 일부러 나를 찾아와 숨은 노력을 치하해 주며 굳게 악수했다. 나 또한 M중위와 W중사의 적극적인 원조와 협력이 없었다면 이처럼 빨리 개관할 수 없었을 것이라고 그들의 노력에 감사했다.

역시 건물은 이전의 조선총독부박물관 그대로였고 진열품도 예전과 같았다. 그러나 여기에 처음으로 조선인 관원들만으로 운영되는 국립박물관이 출발하게 되었으니, 이는 조선사람들에게 경사이고 나에게도 매우 기쁜 일이었다. 나 자신은 일본의 총독부박물관을 미군정 아래에 있지만 조선 측의 국립박물관으로 무사히 인계할 책임을 다할 수 있어서 진심으로 기뻐하고 만족했다. 박물관인으로서의 전례없는 경험을 한 것이라고 마음속 깊이 생각했다.

17. 자, 돌아가자

1945년 11월 7일에 나는 그때까지 살던 곳(당시의 경성부 왜성대)에서 박물관 뒤의 관사로 이사했다. 원래 총독부의 순시장(巡視長)이 살았다는 일본식가옥이었지만, 온돌로 된 부분도 있는 방 3개 정도의 넓이는 혼자 살게 된 지 얼마 되지 않은 나에게는 과분할 정도였다. 무엇보다도 박물관과 가까운 것이 기뻤다. 이는 M중위와 W중사가 김재원(金載元) 관장의 요청으로 국립박물관의 스텝을 위해 확보해 준 경복궁 후원 안의 건물 3동 중 하나였다.

경복궁의 구역은 사방으로 높고 견고한 벽을 둘러 출입은 반드시 군정청(軍政廳)의 정문을 통과해야만 했는데, 정문에는 밤낮으로 복수의 미군 병사들이 보초를 서고 있었다. 따라서 경성시내에서 이보다 더 안전한 장소는 없다고 생각했다. 이 궁역(宮域) 안에서 나는 전술한 바와 같이 이른 아침부터 해가 질 때까지 박물관의 개관준비에 몰두했고, 일이 끝나면 걸어서 2, 3분인 우리 집으로 돌아오는 생활을 시작했다.

10월 22일자 군정청(軍政廳)의 통지에 따라 내가 머무르며 일하는 것은 개관까지로 되어 있었기 때문에, 그 사이 약 한 달간의 예정으로 이사해 들어왔다. 어차피 귀환할 때에는 자기 자신이 들고 갈 수 있는 짐만 허락된다는 것을 알고 있었기 때문에, 당장 필요한 것 이외의 가재도구 등을 모두 처분해 한껏 홀가분한 이사를 하게 되었다. 설마 여기서 해를 넘기고 4월 말까지의 6개월 동안이나 지내게 될 줄은 꿈에도 생각하지 못했다.

　　박물관 개관의 전망이 보인 11월 28일(수), 나는 〈경성일본인세화회(京城日本人世話会)〉로 가서 개관일(12월 3일) 이후의 귀환열차 예약을 의뢰했다. 이 모임은 잔류 일본인들의 보호와 치안유지를 위해 민간의 일본인들에 의해 결성된 기관이었는데, 10월 이후에는 일본인들의 잔류를 인정하지 않는 방침으로 바뀐 미군정에 협력해, 일본인들의 귀환을 계획적으로 행하고 있었다. 그러나 객차나 화물차의 부족에 더해 38도선을 넘어 남하하는 일본인 집단이 경성에 머물게 되자, 한정된 운송열차로는 처리할 수 없는 상황이 되어 버렸기 때문에 예약할 수 있을 때까지는 며칠이나 기다려야 했다. 나는 신청하고 2주일 후인 12월 19일 정오 발의 귀환열차에 타는 것이 정해져 한시름 놓았다.

　　곧바로 귀환할 때를 위한 짐 꾸리기를 시작했지만 일본인에게는 자신이 휴대해 갈 수 있는 만큼의 필수품 이외에는 허용되지 않았기 때문에, 그 범위 안에서 무엇을 가져가면 좋을지 짐작이 가지 않았다. 아내는 10살짜리를 비롯해 네 명의 어린애들을 데리고 귀국했는데, 이제 막 2살이 된 막내를 등에 업고 있었기 때문에 도중에 아이들에게 먹일 백미(白米) 등의 식량을 휴대하기도 벅차 다른 것은 아무것도 없이 떠났다. 일본에 도착해서도 필시 곤란해 하고 있을 거라고 생각해 아내나 아이들의 옷을 손에 들고는, 어느 것을 버리고 어느 것을 가지고 돌아갈까

하고 망설였기 때문에 짐 꾸리기는 좀처럼 진척되지 않았다. 수일에 걸쳐 우리식구 6인분의 의류를 배낭과 트렁크 1개로 정리하고, 당장 먹을 식량과 속옷을 2개의 포대기에 담았다. 배낭을 등에 지고 트렁크와 포대기를 양 손에 들고 일어서 보았으나, 너무 무거워 한걸음도 뗄 수 없어 어찌해야 할지 몰라 난감했다.

떠날 날이 4일 앞으로 다가온 15일(토) 밤에 김재원(金載元) 관장 댁에서 내 송별회가 개최되었는데, 캔 맥주를 가지고 온 W중사 등의 미군병사들도 더해 한밤중까지 환담했다.

16일(일) 오후, 빗속에 일본인 이재민병원으로 가 경성일본인세화회(京城日本人世話会)의 계원(係員)에게서 귀환에 관한 주의사항을 듣고 승차수속을 마쳤다.

다음날 17일(월), 우선 작별인사를 하기 위해 군정청(軍政廳)의 사회교육과장인 M중위를 방문했다. 서로 협력해 박물관을 개관한 연이 서로 닿은 사이였기 때문에 이별을 아쉬워하며 마지막 악수를 할 때에는 가슴이 벅차올랐다. 다음으로 노무국(勞務局)의 총무과에 들러 퇴직에 필요한 서류를 제시했을 때, 과정이 「오랫동안 수고 많았습니다」라고 일본어로 위로해 주었다. 그러나 과장이 옆에 있던 군정관(미군 장교)에게 영어로, 「이것으로 학무국에서 마지막 일본인이 떠납니다」라고 말을 걸었더니 군정관이 「잘됐네」라고 만족한 눈빛으로 응하고 있었다. 이를 눈앞에서 보고는 내 존재가 미군정 안에서 얼마나 눈엣가시였던가를 잘 알 수 있었다.

그리고 다음 날인 18일(화)의 오전, 어제의 지시에 따라 군정청(軍政廳)의 회계과 출납창구에서 12월분의 수당(697원 23전)을 수령했다. 이로서 받아야 할 것은 전부 받았다고 후련한 기분이 되어 박물관 사무소로 돌아와, 그 자리에 있던 여러 관원들과 작별의 인사를 나누었다. 「이로서 내일은 귀국이다」고 안심하며 한숨 돌리던 나였지만, 생각지도 못한 「역전」의 사태에 깜짝 놀라게 되었다.

18. 특례의 재 채용

안심하고 한숨 돌리던 내 앞에 새 얼굴의 크네즈비치(Eugene I. Knezvichi)대위가 나타나 나를 미군정의 고문(顧問)으로 재 채용한다고 말하고는, 이에 필요한 서류를 만들 것이니 협력하라고 명령했다. 놀란 나는 「어제 학무국(學務局)이 나를 정식으로 해임하지 않았습니까? 나는 내일 열차로 귀환이 정해져 있습니다. 지금에 와서 무슨 일입니까? 엄청난 민폐입니다」라고 최대한의 영어를 써 가며 거절했다.

그러나 대위는 「미군 장교의 질문에 회답을 거부하는 것은 용납할 수 없다」며 내 이의를 무시하고는 신상조사를 하기 시작했다. 그 기세등등한 기백에 눌려 나는 자신의 학력·직력·가족·신앙 등에 대해 묻는 대로 대답할 수밖에 없었다.

크네즈비치(Knezvichi) 대위(이하 K대위 : 역주 국립중앙박물관에서 1997년에 간행된 『한 이방인의 한국사랑』의 저자)의 이름이 내 일지(日誌)에 등장하는 것은 개관 5일 전인 11월 28일부터인데, 멕시코에서의 고고학적 발굴경험을 들었다고만 적혀 있고 미군정 내의 지위에 관해서는 기재되어 있지 않았다. 개관 후에도 박물관에 관한 명령은 여전히 M중위로부터 나왔기 때문에, 이 당시 K대위의 고압적인 태도는 이상하게까지 보였다.

K대위가 점심을 먹기 위해 떠난 뒤에서야 나는 조금 냉정히 생각할 여유가 생겼다. 그리고 미군정의 사람이라는 자가 어제 막 해고된 일본인을 재 채용한다는 것은 정말 이상한 이야기, 그것도 K대위가 독단으로, 정말 실현 불가능한 것이다, 나는 그렇게 생각하기로 했다.

그러나 오후에 다시 K대위가 와서는 「락카드(Lockard) 학무국장은 아리미츠(有光)를 고문(顧問)으로 재 채용하는 안에 동의했다」라고 의기양양한 얼굴로 알렸다. 그리고 현 시점에서 무엇 때문에 미군정이 나를 필요로 하는지에 대해 후술하는 바와 같은 이유를 들어 설명했다. 나는 그렇게 기대할 만큼의 연구력이 없다고 반론하며 꽁무니를 빼려했지만 인정되지 않았다.

이에 내일의 귀환열차 예약을 취소하기 위해 일본인 이재민(罹災民) 병원으로 급히 갔더니, 마침 그 자리에 있던 일본인세화회(日本人世話会)의 지인들이 「내일 정오까지 기다리고 있을 테니 도망쳐오세요」라고 말해 주었다. 나는 할 수만 있다면 그렇게 하고 싶다고 생각하면서 박물관의 사무소로 돌아와 생각에 잠겼다. 그러나 4시 반이 지나 K대위가 3번째로 와서는 내 마음속을 마치 꽤 뚫어 본 듯이, 내가 고문(顧問)으로 취임하면 가족들을 만나기 위한 일시 귀국을 허락한다거나, 귀환할 때에는 군용열차에 편승하는 것을 허락한다는 등을 약속해 내 마음을 끌려고 했다. 그리고 마지막에는 엄격하게 「말한 대로 하지 않으면 신상에 도움이 안 될 거요」라고 위협하는 어조를 남기고는 퇴실해 버렸다. 나는 어차피 패전국민의 한 명에 지나지 않으므로 미군정이 장교의 명령에는 좋든 싫든 간에 따를 수밖에 없었다.

12월 28일(금) 밤. 김재원(金載元) 관장 댁을 방문한 K대위가 관장과 나를 앞에 두고 재 채용 결정에 이르기까지의 경과를 이야기했다.

일단 해고한 일본인을 곧바로 채용하는 것은 처음이고 미군정 전체의 방침과도 관계되므로, 특별히 회의가 열려 학무국장(學務局長)이 군정장관(軍政長官) 앞으로 보낸 상신서(上申書)를 5번이나 타이핑을 새로 쳐 고쳐야만 했다. 결국 다음의 이유로 인해 나의 재 채용은 인정되었다고 했다.

국립박물관을 발족함에 있어서 급히 모집된 관원들은 미 경험자들이 대부분이다. 그들에게 박물관의 운영과 고고학적 발굴조사의 훈련을 하는 것은 이 박물관의 발전을 위해서 필요불가결하다. 여기에는 아리미츠(有光)를 다시 채용해 지도를 맡게 하는 것이 가장 지름길이다. 아리미츠(有光)는 십 수 년에 걸쳐 전신(前身)인 조선총독부박물관에서 근무했고, 유적발굴조사의 경험도 쌓았다. 이러한 아리미츠(有光)가 지금으로서는 조선에 잔류하는 단 한 명의 유일한 고고학 전문가이며 당장은 달리 적임자가 없다. 이러한 이유로 아리미츠(有光)의 재 채용이 승인되었다.

그리고 아리미츠(有光)에게는 (1)조선의 정치에 관여하지 않고 흥미도 가지지 않을 것 (2)조선인 연구자에게 고고학적 발굴조사의 방법을 실제현장에 임해 지도할 것. 이라는 2가지 사항이 특히 요구되었다.

이상이 K대위가 설명한 개요인데 여기서 다시 수록하는 것이 낯부끄럽다. 나보다 훨씬 박물관 근무가 길고 고고학적 경험이 풍부한 일본인 선배들이 몇 명이나 있었지만, 전시(戰時) 중부터 전후(戰後)에 걸쳐 차례로 조선을 떠났고 우연찮게 나만 남겨졌을 뿐으로 적임이라고는 조금도 생각하지 않았다.

그러나 나는 이 결정의 뒤에는 김재원(金載元) 관장의 강한 요청이 있었다고 추측했다.

김관장은 개관준비 때부터 그때그때 「당신이 없으면 박물관의 어디에 무엇이 수장되어 있는지를 아무도 모르고, 진열품의 전시나 해설도 충분히 할 수 없으니 이대로는 박물관의 운영이 어렵다」거나, 혹은 「지금부터의 박물관원은 발굴조사를 해 학술적 가치가 있는 자료를 모아야 한다고 생각되지만, 조선에서 고고학적 발굴을 경험한 전문가는 당신만 남았다」라고 하면서 「귀환을 연기해 관원의 지도를 맡아주길 바란다」라고 하며 나에게 협력을 구하고 있었다. 이것은 마침 K대위가 설명한 재 채용의 이유와 일치한다.

나는 지금도 그렇게 믿고 있는데, 신생 국립박물관의 순조로운 발전과 고적조사담당자의 급속한 육성을 간절히 바라던 김재원(金載元) 관장의 열의가 미군정 당국을 움직였음에 틀림없다. 형식상으로는 미군정의 명령에 의해 다시 잔류하게 된 나였지만, 가슴속으로 김재원(金載元) 관장의 심정에 끌리는 바가 있었음을 고백하지 않을 수 없다.

머무르지 않을 수 없게 된 이상, 나는 지금까지의 경험을 살려 새로운 조선의 학우들을 위해 조금이나마 도움이 되고 싶었다. 모든 일본인이 각자 오랫동안 근무한 직장에서 물러날 수밖에 없던 와중에, 이렇게 본래의 일을 계속해 나갈 수 있는 것은 행복한 것이라고 해야 할 것이다.

자신에게 쏟아진 기대에 부응할 수 있도록 한층 더 노력해야 한다고 나는 마음속으로 다짐했다. 그러나 항상 이렇게 갸륵한 마음가짐만 가지고 있었던 것은 아니다. 혼자라는 쓸쓸함과 세상물정의 불안에 내 마음은 이리저리 흔들렸다.

19. 연말(年末)·연초(年初)의 이변

1945년의 연말부터 다음해의 1월에 걸친 정세는 편안하지 못하고 세상은 험악했는데, 내 생애를 통 털어 가장 스릴이 있는 시기 중 하나였다. 혼자 살게 되어 자신의 시간이 넉넉했기 때문일 것이다. 당시의 내 일지(日誌)에는 매우 극명하게 기술되어 있다. 그 중에서 데모와 총성과 화염에 겁먹었던 이야기를 따로 떼어 적어서, 그 당시의 불안정한 정세의 일단(一端)을 보고하고자 한다.

12월 28일(금). 모스크바에서 개최 중이던 미·영·소의 삼국외상회담(三國外相會談)은, 미·영·소·중의 4개국에 의한 5년간의 조선에 대한 신탁통치안(信託統治案)을 결정해 발표했다. 이 일은 저녁 5시경에 신문에 호외(號外)로 보도되었다.

12월 29일(토). 어제의 5년간의 조선에 대한 신탁통치안(信託統治案)에 대해 즉시 완전독립을 생각하고 있던 조선인들은 일제히 격노했고, 정당이나 단체가 신탁반대의 운동을 전개했다. 군정청(軍政廳) 내의 조선인 직원들도 항의의 의지를 표명해 관청에 출근하지 않았고, 일반회사나 상점들도 휴업했으며 암시장도 쫓겨났다고 한다. 소문에 의하면 시내의 곳곳에서 시위운동집단과 미군 MP와의 사이에서 승강이가 거듭되었다고 한다.

12월 30일(일) 구름. 김재원(金載元) 관장은 거리가 뒤숭숭하니 외출하지 말라고 자주 말렸지만, 혼자 사는 일요일은 적적하고 시간도 주체하지 못할 정도였다. 사람들로 붐비는 거리가 그리워 마음 내키는 대로 오후 2시 반에 집을 나섰다. 광화문 길을 남쪽으로 내려가 신문사 앞까지 오니 게시판에 특보가 나붙어 있었고, 보도(步道) 한 가득 사람들이 무리지어 있어서 옴짝달싹 못하는 형편이었다. 우파인 한국민주당(韓國民主黨)의 수석총무인 송진우(宋鎭禹)씨가 오늘 새벽 6시에 저격당해 사망했다고 한다.

크리스마스이브에 불에 탄 시노자키(シノザキ) 빌딩의 잔해를 오른쪽으로 바라보며 혼쵸(本町) 거리에 들어섰더니, 소문처럼 상점들은 모두 휴업과 폐점. 그 사이에서 살짝 가게를 연 과자가게를 발견하고는, 식료품 구입이 곤란해질 것을 염려해 식빵 한 근 반(30원)을 구입했다.

이날 낮에 일본인세화회(日本人世話会)에 난입해 행패를 부린 사건이 있었고, 밤에는 다이너마이트가 투척되었다.

이홍직(李弘稙) 씨의 댁을 방문해 저녁식사를 대접받고 19시가 지나 귀가길에 올랐다. 큰 길에도 사람들의 그림자가 없이 캄캄하고 으스스했다. 어둠 속에서 무엇이 튀어나올지 몰라 길 한가운데를 걷기로 했지

그림 9. 김재원 관장(왼쪽)과 필자
(구(舊) 조선총독부박물관 사무소 앞에서 1946년 2월 촬영)

만, 얼어있던 노면에 발이 미끄러져 무서웠다. 김재원(金載元) 씨의 충고대로 집에 틀어박혀 있을 걸 그랬다고 후회하면서 집으로 돌아왔다.

12월 31일(월) 쾌청. 군정청(軍政廳)의 조선인 직원들은 이날도 파업을 이어감. 오후 2시 경에 광화문 거리의 방향에서 군중들의 환성이 함성이 되어 들려왔다. 이 소리가 인왕산이나 북악에 메아리쳐 슬픔이 더해졌다. 오늘의 신탁통치반대 시위행진은 해방 이래 처음으로 대규모였으며, 참가한 시민들은 소변을 보기 위한 것을 제외하고는 행렬에서 벗어날 수 없을 정도로 엄중한 통제를 받았다고 한다.

밤에 욕실로 들어가 올해의 묵은 때를 씻어냈지만, 낮에 들려왔던 환성이 귓전에 맴돌아 지워지지 않았다.

외국에서 신변의 안전보증도 없는 채로 세모(歲暮)를 넘기게 되었다. 기이한 운명이라고 밖에는 할 수가 없었다. 내년에는 무사히 귀국할 수 있을까? 처자식들은 도대체 어디서 신년을 맞으려고 하고 있을까? 욕조에 잠겨 이런저런 생각에 잠기는 가운데, 어떻게든 될 터이니 끙끙대고 앓아도 소용없다는 것을 깨닫고는 마음이 누그러졌다. 섣달 그믐날의 밤하늘을 올려다보니 온 하늘의 별이 지상의 소동이나 개인의 감상과는 상관없이 반짝반짝 빛나 아름다웠다.

1946년 1월 18일(금). 학생변론대회(學生辯論大會)가 거칠어져, 신탁찬성과 신탁반대의 두 파가 격렬하게 충돌했다. 또한 시위행진에 대해 발포가 있어, 여자의전(女子醫專)의 학생이 사망했다는 사건이 있었다. 조선인민보사(朝鮮人民報社)와 조선인민당(朝鮮人民黨)의 본부가 습격당했고, 당수인 여운형(呂運亨) 씨의 저택도 휩쓸렸다. 안국동에 있던 서울인민공화당의 본부가 습격당했는데, 창이라는 창의 모든 유리가 깨졌고, 책상·의자·찬장 등이 부서졌다(이 처참한 광경을 나는 20일에 직접 목격했다).

박물관 사무소에 이러한 뉴스가 연거푸 들어왔기 때문에, 그 자리에 있던 관원들은 좌익과 우익의 항쟁이 드디어 격화되는가? 하고 소리 죽여 가며 불안한 얼굴로 서로 이야기하고 있었다. 이때 부여분관의 홍사준(洪思俊) 씨가 나타나 그 박물관의 도난사건을 보고했기 때문에, 모두가 망연자실해 일도 손에 잡히지 않는 상태가 되었다. 홍 씨의 보고에 의하면 2개의 진열장이 부셔지고 금동불 등 12점의 금빛유물들이 도둑맞았다. 범행은 13일(일) 밤에 발생한 것을, 다음날이 휴관일인 관계로 알아채지 못하고 15일(화)이 되어서야 겨우 알았다고 했다.

1월 19일(토). 아직 날이 밝지 않은 4시 반 경에 핑핑 하는 무시무시한 총성에 눈을 떴다. 총의 종류는 정확하지 않지만 보병총의 소리도 있었고 권총인 듯한 것도 있었다. 이것들이 뒤섞여서 우리 집 북쪽의 오목한 땅을 사이에 두고 동서(東西) 쪽에서 서로 쏘고 있는 듯이 들렸다. 살아있다는 느낌도 없이 단지 이불 속에서 숨을 죽이고 있는 사이에, 총성이 일단 멈췄다. 그러나 잠시 후 한층 더 격한 총성이 튀어나왔고, 거기에 지프차나 트럭, 심지어 소방차 등이 오가는 엄청난 굉음이 더해져 굉장했는데, 시가전(市街戰)이 경복궁역 안까지 뻗쳤다고 생각했다. 나는 단지 이불을 당겨 뒤집어쓴 채로 움추리고는 빨리 조용해지기만을 빌고 있었다. 총성은 1시간 반이나 계속되었다. 날이 새고 나서 조심조심 집 밖으로 나와 경복궁역 내에 이상이 없는 것을 확인하면서 박물관 사무실로 출근. 최영희(崔泳喜) 씨 등의 관원들은 미군장교가 습격당한 것 같다는 등의, 오늘 새벽 발포사건의 풍문에 대한 이야기에 여념이 없었다. 점심 무렵에 방문한 조선일보의 편집국장인 홍종인(洪鍾仁) 씨에게 진상을 물었으나 신문사에서도 내용을 알지 못한다고 했다. 사건이 다발한 어제 이래의 떠들썩함에도 진상조차 알 수 없어서 불안하기만 했다.

이 사건에 관해 4일 후인 23일에 군정청(軍政廳)의 외사과(外事課)에서 들은 진상은 다음과 같았다.

18일 오후, 파고다공원 옆의 경찰관 파출소에 불려온 3명의 학생들이 다이나마이트와 수만 원의 현금을 숨겨 가지고 있어서 경찰관이 추궁했더니, 조선인민보사(朝鮮人民報社)와 조선인민당(朝鮮人民黨) 본부를 습격한 학병단(學兵團)의 본부원으로 판명. 한밤중이 되어서 경기도 경찰부장 지휘하의 경찰관 400여 명이 하치한쵸(八判町 : 역자 주-해방 후의 지명은 팔판동)의 학병단(學兵團) 본부를 포위했다. 학병단(學兵團)은 이를 반대파의 내습으로 오인해 발포했기 때문에 총격전이 벌어졌고, 3명의 사망자와 십수 명의 부상자가 나온 이외에도, 학병단원(學兵團員) 다수가 트럭으로 경기도 경찰부에 구인되었다고 했다. 내가 총성을 베개 맡에서 들은 것도 당연했는데, 하치한쵸(八判町 : 역자 주-해방 후의 지명은 팔판동)는 경복궁역 북쪽 담장의 바로 밖이기 때문이다.

1월 21일(월) 오후, 시내에서 큰 불이 나 박물관 사무소에서 남대문

방향으로 검은 연기가 하늘로 치솟는 것을 멀리서 바라보았다. 2시 경부터 저녁까지 계속 타고 있었다.

1월 22일(화). 미군의 지프차에 편승해 남산의 혼간지(本願寺)로 가는 도중에 어제 난 큰 불의 흔적을 보았다. 크리스마스이브에 불탄 시노자키(シノザキ) 빌딩과는 길 하나를 사이에 둔 아사히쵸잇초메(旭町1丁目 : 역자 주-지금의 중구 회현동으로, 해방 후에는 욱정일정목으로 명칭이 바뀌었다) 근처로, 구(舊) 일본인 거리의 일대였다. 군데군데 그을음이 남아 있는 불에 탄 벌판, 그 일각에 아슬아슬하게 화를 모면한 일본인 이재병원(罹災病院)의 건물이 기운 없고 쓸쓸하게 보였다.

1월 23일(수). 정오 전에 군정청(軍政廳) 정문의 길 하나를 사이에 둔 전방의 경기도청에서 불이 났다. 4시간 정도 계속 불타 경찰부(警察部)를 전소시켰다. 이 날은 아침부터 시내를 시위행진하는 노동자들의 함성소리가 들려 하루 종일 진정되지 않았다.

20. 가능한 한 길게(as long as possible)

국립박물관원들의 가이던스(guidance)와 고고학적 발굴조사의 시연 때문에 내가 계속 잔류하는 것에 비판적인 목소리가 간접적으로 귀에 들려왔지만, 나에게 직언해주는 조선인 학자들도 두세 명으로 그치지 않았다. 그 대표적인 의견들을 내 일지(日誌) 중에서 발췌해 다음과 같이 적어둔다. 이는 1월 16일(수), 박물관에 내방한 이인영(李仁榮) 씨(당시 경성대(京城大) 조교수)가 나에게 귀국을 권고한 것이다.

그가 말하기를 「이제 막 해방된 지금, 서둘러 유적의 학술적 발굴조사 같은 것을 해서는 안됩니다. 우리 고고학계의 수준이 충분히 높아질 때까지 5년이라도 10년이라도 기다리면 됩니다. 지금 아리미츠(有光) 씨를 붙잡아 두고 한두 번 발굴의 실기를 보여 달라고 해 봤자 뭐가 됩니까? 고고학적 발굴의 기술은 한두 번의 실지지도로 전수될 만큼 간단하지는 않지요? 그보다는 좀 더 기초적인 공부부터 시작해, 그 다음에 박물관 등에 수집되어 있는 고고학적 자료를 꼼꼼하게 관찰하고, 이미 간행된 보고서 등과 대조하는 것 같은 순서를 따르는 것이 중요합니다. 당신이 즉시 떠나더라도 별로 조선의 고고학계에 손실이 되지는 않습니다. 당신은 가능한 빨리 일본으로 돌아가 가족들과의 생활로 돌아가야만 합니다」라고 했다.

나는 경청해야 할 이야기라고 생각했다.

이보다 나중에도 같은 의견을 도유호(都宥浩) 씨(후에 조선민주주의인민공화국 과학원고고학 및 민속학연구소장)에게서 직접 들은 말이 있어서, 나는 조선의 학자들 사이의 공통된 인식이라고 이해하고 심각하게 받아들였다.

나 자신도 관원 여러 사람들에 대한 강의와 실습이 얼마나 도움이 될지 효과는 의문이라고 생각하고 있었다. 신규채용의 관원들은 모두 박물관이나 고적조사와는 거리가 먼 경력의 사람들이었기 때문에 처음부터 하나하나 가르쳐야만 했다. 일의 성질 상, 이론보다도 체험을 거듭하는 것이 필요하다. 고분의 실측방법을 칠판에 그림을 그려가며 가르쳐도, 어차피 소위 방에서 하는 수영연습과 같아서 실제로는 도움이 될 것이라고 생각하지 않았다. 더구나 전술한 바와 같은 험악한 세상 속에서 현지로 가 고고학적 발굴실습을 하는 것은 생각지도 못할 일이었다.

그야말로 이인영(李仁榮) 씨의 말 그대로이다. 신규의 박물관원인 여러 사람들에 대한 교육은 하루아침에 되는 일이 아니다. 이를 위해 계속 잔류하는 것은 별로 의미가 없다고 생각하게 되었다.

때마침 경성의 잔류 일본인들은 썰물이 빠지듯이 줄어 나는 고독감에 사로잡혔다.

미군정 당국은 1945년 10월 이후, 일본인의「잔류를 허락하지 않는다」는 방침을 내세우고 있었다.

일본 패전 당시에 경성에 살고 있었던 일본인들의 수를 정확히 알지는 못하지만, 전년(1944년)의 5월 통계로는 158,700명 정도였기 때문에 대략 짐작은 간다. 이랬던 것이 경성일본인세화회(京城日本人世話会)의 조사에 의하면 11월 25일 현재가 8,320명, 다음해인 1946년 2월 15일 현재는 602명으로 급속히 감소했다.

거리에 나와도 일본인들을 만날 일이 거의 없어져 드디어 이국(異國)에 남겨졌다는 실감이 강해졌다. 특히 12월의 귀환이 좌절된 이후로 친해진 경성일본인세화회(京城日本人世話会)의 친구들과 헤어지는 것은 힘든 일이었다.

여기에 더해 나는 9월에 귀국시킨 처자식과는 5개월이나 지났음에도 연락이 되지 않는 상태였다. 11월 중에 귀환한 옛 동료나 지인에게서는 무사히 도착했다는 소식이 왔지만 내 가족에게서는 아무런 소식도 없었다. 네 명의 어린아이들을 안은 채 병약한 몸인 아내의 안부가 걱정되어 견딜 수가 없었다. 당시의 일지(日誌)에는 친했던 이사람 저 사람을 용산역에 배웅한 후의 견딜 수 없는 기분이나 소식불명의 가족을 애처로워하는 글이 자주 나온다.

이처럼 나는 감정이 고조되어 돌아갈 마음을 억누를 수 없게 되자, 2월 4일(월)에 라이언(Lyon) 해군소령(이하 L소령으로 약칭)과 K대위를 방문해 울적해진 심중을 토해내고는 귀국을 허락해 달라고 탄원했다.

아파서 귀국한 M중위와 교대한 L소령은 나의 가족에 대한 우려에 동정적으로 마음을 움직여 주었지만, K대위는 여전히 강경해 「당신은 미군정에 있어서 특히 필요하기 때문에 붙잡아두고 있는 것이다. 돌려보낼 수 없다」라고 분명히 거부했다.

입씨름을 거듭하고 있는 중에 K대위는 「하버드 대학의 라이샤워

(E.O.Reischauer) 교수가 논문에서 당신의 이름을 언급한 것을 읽었다. 이처럼 유명한 아리미츠(有光)를 지금 돌려보낼 수는 없는 일이다」라고 말하면서 나를 치켜세우는 것이었다.

라이샤워(Reischauer) 교수의 논문이라는 것은 하버드엔칭연구소의 『하버드·아시아연구기요』제4권(1939년)에 실린 「아시아대륙에 있어서의 1937·38년 일본고고학자의 업적」이었다.

이 기요는 우리 박물관에는 들어와 있지 않았기 때문에 K대위에게서 빌려보았는데, 『경주 충효리석실 고적조사보고(慶州忠孝里石室古墳調査報告)』(朝鮮總督府), 「조선 부여 신출의 문양전(朝鮮扶余新出の文樣塼)」(『考古学雑誌』27卷 11號), 「조선 강원도의 선사시대 유물(朝鮮江原道の先史時代遺物)」(『考古学雑誌』28卷 11號) 등의 두 해에 출판된 나의 저작이 소개되어 있는 것을 알게 되어 아주 나쁘지만은 않은 기분이었다. 동시에 전쟁터에서 조선으로 진주(進駐)한지 얼마 되지도 않은 K대위가 이러한 학술서를 지참하고 있는 것에 감탄했다.

이는 제쳐두고 K대위와의 입씨름이 적어도 1시간이나 계속되었으나, 가족에 대해서는 「군의 첩보기관를 이용해 안부를 확인해 주겠다」라는 여느 때처럼 안심시키기 위한 말을 할 뿐이었다. 치켜세우는 것이라는 것을 알고 있었지만, 자신의 일이 평가되었다고 하자 나쁜 기분은 들지 않아 그만 예봉이 둔해져서 병법에 능숙한 K대위에게 떠밀려 물러나고 말았다.

그리고 얼마 후 미군정의 외사과(外事課)는 2월 13일부로 「재조선미군정부부국(在朝鮮美軍政府部局)이 필요로 하는 일본인 명부」를 발표했다. 여기에는 10명의 이름이 실렸는데 소속부국명(所屬部局名), 가족 수, 유용기간(留用期間)을 표시되어 있었다. 내 이름은 2번째에 있었다. 소속은 학무국(學務局), 가족 수는 6, 그리고 유용기간(留用期間)은 「as long as possible」이라고 되어 있었다. 또 다른 한 사람, 유용기간(留用期間)이 「indefinite」라고 된 사람이 경무국(警務局)에 있었던 이외에는 모두 몇 월 며칠까지라거나, 몇 개월간(최장 4개월 간)의 유용(留用)처럼 귀환기일 이 확정되어 있었다. 이 사람들은 기한이 되면 귀국할 수 있다는 희망이 있지만, 내 경우에는 예측도 할 수 없어서 얼마나 길어질지 불안했다.

전술한 바와 같이 미군정은 나를 고문(顧問)으로 재 채용할 때, 조선 인 연구자를 위해 고고학적 발굴조사의 방법을 실지에 임해 지도하도록 요구하고 있었다. 그러나 2월이 되어도 언제 어디에서 발굴을 실시할지 구체적으로는 아무것도 정해지지 않았다. 따라서 나를 일단 「가능한 한 길게」 붙잡아 둘 수밖에 없었을 것이다. 이 어정쩡한 상태는 경주의 고 분발굴계획이 정해진 3월 중순까지 계속되었다.

21. 컬렉션의 행방

잔류 일본인은 귀환할 때, 스스로 휴대할 수 있는 만큼의 필수품만 가져가는게 허락되었다. 따라서 일본인 수집의 골동품류는 매각 혹은 양도되어 산실(散失)되는 것은 어쩔 수 없는 상황이었다. 국립박물관이 그러한 것들 중에서 학술상으로 중요한 물건에 주의를 기울인 것은 당 연한 일로, K대위나 L소령 등의 미군정 담당관들도 그러한 것들의 추 적에 혈안이 되어 있었다. 그 상황을 나의 일지에서 발췌해보면 다음과 같다.

12월 21일(금). 오후, 미군정의 외사과(外事課)에서 아유가이 후사노 신(鮎貝 房之進)의 컬렉션이 산실될 위험이 있다는 주의를 받았기 때문에, 나는 그의 저택을 방문했으나, 고령인 부부가 모두 와병 중으로 면회를 못하고, 중개하는데 요령이 없어 그대로 돌아왔다.

12월 27일(목). 정오 전, K대위에게 불려가 아유가이컬렉션에 대한 질문을 받았다. 다음 날인 28일(금). 출근했더니 박물관에 아유가이컬렉션이 도착해 있었다. 은허 출토라고 말해지던 갑골문 자료가 포함되어 있었지만, 전체적으로는 학술적으로 우수하다고는 생각되지 않았다.

같은 날, 경주분관의 최순봉(崔順鳳) 씨가 김재원(金載元) 관장에게 보낸 서신에 의하면, 전날(17, 18일 경?) 남하한 K대위가 부산의 가시이 겐타로(香椎 源太郎), 대구의 이치다 지로(市田 次郎), 대구의 오구라 다케노스케(小倉 武之助) 등 여러 사람들의 컬렉션 중에서, 신라토기·불상·회화 등 천여 점을 골라 경주분관으로 옮겨 보관중이라고 되어 있었다.

그러나 본 건에 관해서는 3월 28일(목)의 일지(日誌)에, 경주에 출장 중이던 내가 경주분관의 금관고(金冠庫) 바닥 아래에 격납해 두었던, 그들이 예전에 소장했던 골동품들을 감정했으나 볼만한 것도 없고 대부분의 좋은 물건이 빠진 다음인 것 같다고 평가되어 있다.

1월 31일(목). 오후에 K대위와 함께 김재원(金載元) 관장과 나는 경성대학(京城大學)의 법문학부로 표본실의 현황을 확인하기 위해 갔다. 손진태(孫晋泰) 교수의 안내로 고고실(考古室)과 민속실(民俗室)을 살펴보았는데, 고고실(考古室)은 예전 그대로여서(나는 1941년 이후로 법문학부의 비상근강사로 고고학을 담당하고 있었다) 반가웠다. 법문학부가 있는 건물은 진주(進駐) 미군의 숙소가 되었던 시기에 휩쓸렸다고 들었으나, 민속실(民俗室)에 약간의 피해가 있었을 뿐이라고 했다.

고고실(考古室)에 수장(收藏)중이던 함경북도 웅기패총의 출토품은 1929-1931년에 총독부박물관과 경성제국대학(京城帝國大學) 법문학부의 조사반이 후지타 료사쿠(藤田 亮策) 교수를 중심으로 해 발굴한 것이다. 총독부관계자에 의한 가장 조직적이고 대규모의 석기시대 유적의 발굴조사 성과로 말해지고 있다. 후지타(藤田) 교수의 귀환 후에는 법문학부에 전문가가 없어서, 보관과 정리에 만전을 기해 국립박물관에 옮기는 것으로 관계자들 사이의 상담이 마무리되어, 2월 22일(월) 오후, 군용트럭으로 2회에 걸쳐 국립박물관으로 반입해 끝냈다.

3월 19일(화). 산업예술의 기퍼드 대위, K대위, 이(李) 통역, 김재원(金載元) 관장의 일행에 가담해 사직동의 골동점에 갔다. 현재(玄齋) 심사정(沈師正)이 그린 맹호도(猛虎圖)가 나와 있다고 했다. 가게 안으로 들어가 이것을 보았더니 놀랍게도 바로 『조선고적도보(朝鮮古蹟圖譜) 十四』에 탑재된 모리 케이스케(森 啓助) 씨의 구(舊) 소장품이었다. 가격이 만 엔이라고 했다. 어떻게 이야기가 되었는지 곧바로 국립박물관으로 가지고 돌아와 산실(散失)되는 것을 막을 수 있었다.

3월 21일(목). 부평(富平)의 조병창(造兵廠)에서 2대의 트럭으로 중국의 대동정(大銅鼎) 4점을 운반해 왔다. 크기만 클 뿐으로 미술적인 것은 아니다.

3월 22일(금). K대위와 송석하(宋錫夏) 씨가 미군 PX(매점)에서 청자병(靑磁瓶), 조선시대의 상봉문호(翔鳳文壺) 등 십 수점을 박물관 진열용으로 가져왔다. 청자병(靑磁瓶)과 상봉문호(翔鳳文壺) 2점을 국립박물관에 두고 나머지는 송석하(宋錫夏) 씨의 민속박물관으로 넘겼다.

3월 24일(일)부터 대구·경주로 출장을 갔다가 4월 1일(월)에 귀임(歸任). 다음날인 2일 아침, K대위에게서 구로다 간이치(黑田 幹一) 교수(경성제국대학(京城帝國大學)의 예과(豫科) 부장) 컬렉션의 이야기를 듣고 놀랐다. 교수는 원래 독일어가 전공이었으나, 동양의 고전(古錢) 연구가로도 저명한 학자다. 제3자에게 맡겨두었던 이 컬렉션은 몰수되어 일단 국립박물관으로 왔으나, 어제 중에 고전(古錢)은 모두 민속박물관 쪽으로 돌아갔다고 한다. 아무튼 산실(散失)은 면했으므로 안도했다.

마지막으로 앞서 기술한 여러 사례들과는 달리, 자신의 발의(發意)로 컬렉션을 직접 국립박물관에 기증한 학자를 소개하고자 한다.

경성제국대학(京城帝國大學)의 예과(豫科)에서 철학을 강의하고 있었던 요코야마 쇼자부로(橫山 將三郞) 교수는 패전 이전의 조선고고학계를 대표하는 연구자 중 한명이기도 했다. 패전 이후 처음으로 교수가 나를 찾아 박물관 사무소에 온 것은 10월 22일(월)이었다. 교수는 과거 20년에 걸쳐 수집한 박물(대부분이 석기시대의 토기나 석기)을 관계된 사진이나 기록과 함께 일괄 국립박물관에 기증하겠다고 제의하고는, 내일이라도 가지러 와 주기 바란다고 요청했다. 이 제의를 받은 것에 김재원(金載元) 관장은 이견이 있을 리 없어, M중위와 W중사에게 사정을 이야기했더니 운반을 위한 군용트럭을 수배하겠다고 약속해 주었다.

다음날인 23일 아침, 나는 미군병사가 운전하는 트럭을 타고 요코야마(橫山) 교수 댁에 갔는데, 수집품의 양이 예상을 훨씬 뛰어넘을 정도로 많아서 빌려 쓰는 시간이 11시 30분까지인 트럭으로는 절반도 채 운반할 수 없었다. 다음 날(24일) 오후에 다시 트럭으로 요코야마(橫山) 교수 댁에 도착해, 지붕 안쪽 부분에 쌓아 격납해 두었던 수집품들을 옮겨 내었는데 완형(完形)의 토기를 포함해 트럭의 짐칸이 한 가득이었다.

군용트럭 2대에 가득실린 석기시대 유물의 분량은 그때까지 총독부 박물관에서 모아 두었던 석기시대 유물의 총량을 훨씬 능가했고, 더 많은 귀중한 자료가 포함되어 있었다. 나는 다음 해 4월에 관원들의 실습을 겸해 이것들의 정리에 착수했지만, 경주의 고분 발굴 때문에 중단한 채로 다시는 자신의 손으로 조사할 수 없었다.

총독부의 기구(機構) 내에서는 화려하지 않은 석기시대 유적의 학술적인 발굴조사를 하는 것이 곤란했다. 1910년대에 도리이 류죠(鳥居 龍藏) 위원에 의한 선구자적 조사 이후 일본 패퇴까지의 사이에, 조선에서 본격적으로 발굴 조사된 석기시대 유적으로는 1929-1931년의 함경북도 웅진패총 이외에, 1930년의 부산 동삼동패총, 1933년의 함경북도 경성군 유판패총 및 원수대패총을 들 수 있는 정도에 지나지 않는다.

요코야마(橫山) 교수가 그 중에서 동삼동패총과 유판패총 및 원수대패총의 발굴조사를 모두 개인적으로 하고 상세한 학술적 보고를 발표해, 조선의 석기시대문화 연구에 큰 공헌을 한 것은 학사(學史)에서 명백하다. 이번에 기증된 요코야마(橫山) 컬렉션 중에는 이러한 이미 공표된 유물도 포함되어 있었으나, 그 이외에도 경성 근교의 출토품이 다량으로 들어 있어서 경탄했다. 다시 말해 요코야마(橫山) 교수는 자택에서 당일치기로 왕복 가능한 유적을 답사했다고 생각된다. 그 중에서 가장 주목되는 것은 1925년의 대홍수로 인해 별안간 노출된 한강 좌안의 암사리 유적 출토품이다. 요코야마(橫山) 교수 자신도 「채집한 석기, 토기 등은 자동차로 몇 번이고 운반해야 할 정도의 양이었다」고 회고한 것처럼, 그때까지 박물관이 수집했던 암사리 유적의 토기나 석기의 분량을 훌쩍 뛰어넘을 정도였다.

조선에는 이 이외에 이 정도로 토기나 석기를 수집한 사람이 없었기 때문에, 요코야마(橫山) 컬렉션이 더해진 국립박물관은 조선 석기시대의 학술적 자료를 독점한 느낌이 들 정도였다. 시국의 변혁에 직면했기 때문이라고는 하지만, 요코야마(橫山) 교수의 오랜 기간에 걸친 발굴조사의 성과를 일괄로 국립박물관이라고 하는 공적기관에 미련 없이 기증한 것에는 깊은 감명을 받았다.

22. 발굴분의 선정

1945년 12월, 내가 미군정에 재 채용된 때에 조선의 연구자들을 위해 고고학적인 발굴조사의 방법을 유적에 임해서 지도하도록 요구되었던 것을 앞서 이야기했지만, 그 실행에 관해 구체적인 상담이 이루어진 것은 따뜻한 날이 많아진 3월이 되어서였다. 김재원(金載元) 관장이 어디의 어떤 유적이 적당할지 물었을 때, 나는 다음과 같은 이유를 들어 〈경주 읍남고분군〉을 추천했다.

일반적으로 말해 고분은 하나로 합쳐진 구축물이므로 다른 유적보다는 발굴실습에 적합하다. 그리고 모처럼 발굴의 실기를 선보이는 것이므로 도굴당하지 않은 고분을 선택하고 싶다. 이러한 점에서 본 고분군은 앞서 기술한 바와 같이 구조상 유물보전의 확률이 높다. 또한 본 고분군은 북위 38도선 이남의 각지에 분포하는 크고 작은 고분군 중에서는 학술적인 발굴예가 가장 많고 조사보고서도 많다. 여기에 나 자신도 5회 정도 조사한 경험이 있어서, 다른 곳의 고분군보다는 사정을 알고 있었다. 이러한 이유로 이 고분군을 추천해 권한 것이다.

다음으로 150기 이상인 이 고분군 고분군 중에서 어느 것을 발굴할지를 정하는 단계에 이르렀을 때에, 나는 이미 의중을 두고 있었던 제140호분을 들었다. 노서리에 소재하는 이 고분이 나중의 「호우총」과 「은령총」이다.

〈경주 읍남고분군〉의 분포도는 내가 조선에 부임한 1931년의 이전에 완성되어 있었다. 총독부박물관에 보존되었던 원래 도면은, 지적도를 바탕으로 한 축적 600분의 1 도면으로 분구의 번지를 녹색으로 칠하고 하나하나에 통용번호를 붙여 놓았다.

제140호분의 경우에는 분구가 대부분 삭평되어 평탄해져 있었고 2채의 민가가 서 있었지만, 주변의 토지보다는 약간 높아 고분의 흔적만 여운을 남기고 있었다. 그 바로 남서쪽에 인접하는 노서리215번지는 이보다 1m 반 이상이나 낮은 평지였으므로, 분포도를 만든 총독부 고분계의 베테랑들도 여기에 고분이 있다고는 생각하지 못했던 것이다.

그러나 1933년 4월, 이 노서리215번지의 주인이 택지의 동북쪽 가장자리에 구덩이를 파고 있을 때에 이식(耳飾)·팔찌(腕輪)·반지(指輪)·경식(頸飾) 등이 뿔뿔이 흩어져서 나왔다. 경주경찰서가 이것을 보관중이라는 보고를 받고 총독부박물관에서 내가 출장을 가서 조사했다. 그곳은 이 고분군에서 가장 많은 적석목곽분의 잔해로서, 구덩이가 중심부를 파괴하고 있는 것이 판명되었다. 나는 파헤쳐진 돌덩어리나 흙모래 사이에 산란된 유물을 채집하고, 곽의 바닥을 정리해 잔존상태를 조사했다. 여느 때처럼 유기질의 물질은 모두 소실되었으나, 매장 당시의 원상을 나타내는 부분이 있어서 앞서 출토된 것들과 같이 살펴보니, 여기에 묻힌 인물이 적어도 다음과 같은 호화로운 장신구로 장식되어 있었던 것이 판명되었다.

즉 머리 부분에는 금제 태환식(金製太環式)의 수식(垂飾) 1쌍을 장식했는데, 금제(金製)와 은제(銀製)의 팔찌(腕輪)를 겹쳐 양 팔에 끼웠고, 금제(金製)와 은제(銀製)의 반지(指輪)를 양 손의 손가락에 겹쳐서 끼웠다. 더욱이 금제(金製)의 경식(頸飾)과 주옥(珠玉)의 경식(頸飾)을 함께 목에 걸고 있었다고 추측할 수 있었다. 특히 금제(金製)의 팔찌(腕輪)는 가장자리에 뱀의 배 모양의 각목문양을 둘렀고, 양 면에는 저마다 4개씩의 용 문양을 주조로 만들어낸 정교한 작품이었다. 또한 금제(金製)의 경식(頸飾)은 세금세공(細金細工)으로 만든 장식이 붙은 77개의 화룡형구(華龍形球)를 꿰고, 중앙에는 담록색의 경옥제(硬玉製) 곡옥(曲玉)을 달아 화려했다. 다른한 개체의 경식(頸飾)은 곡옥(曲玉)·관옥(管玉)·절자옥(切子玉)·환옥(丸玉)을 연결해 중후했다.

그리고 머리부분의 동쪽에는 부장품실(副葬品室)이 있는데, 신라 토기인 개배(蓋杯)나 호(壺) 등을 넣어두었다. 이 구조를 덮은 적석의 윤곽을 찾기 위해 동쪽으로 더 조사범위를 넓혔더니, 사람머리 크기의 강돌을 4, 5단으로 쌓은 석단이 드러났다. 이것이 제140호분의 주위를 둥글게 두르고 있는 호석의 바깥범위의 일부분인 것이라는 것을 바로 알아

그림10-a. 경주 노서리215번지 고분출토 경식(頸飾)

그림10-b. 경주 노서리215번지 고분출토 장신구
(상 : 금제(金製) 태환이식(太環耳飾), 중 : 은제(銀製) 반지, 하 : 금제(金製) 반지)

했다.

나는 제140호분의 호석이 나 자신이 조사한 노서리215호번지 고분의 중심부와 너무나도 근접해 드러난 것에 놀람과 동시에, 모처럼의 기회이므로 제140호분의 발굴조사를 행해 두 무덤의 상호관계를 확인하고 싶다고 희망했다. 그러나 민가의 철거가 어렵고 예산의 문제도 있어서, 상사(上司)의 허락을 받지 못해 포기할 수밖에 없었다.

그 후에도 나는 기회를 얻어 제140호분을 발굴조사하고 싶다고 계속 생각하고 있었으나 실현하지 못한 채 시간이 흘렀다. 내가 김재원(金載元) 관장에게서 상담을 받았을 때 망설임 없이 제140호분을 추천한 것은 이상과 같은 경위가 있었기 때문으로, 실로 13년이 넘은 염원이었다.

그리고 3월 24일(일)부터 4월 1일(월)까지 김재원(金載元) 관장과 나는 경주로 출장을 가서 부근의 사적과 박물관분관의 현 상황을 시찰했는데, 발굴계획을 구체화하는 것도 목적의 하나였다. 김재원(金載元) 관장은 경주분지와 주변의 구릉지대에 분포하는 고분군들을 일단 답사하고는, 결국 내가 추천한 제140호분이 적당하다고 인정했다. 대구에서 합류한 라이언(Lyon) 소령도 이에 동의했다.

이번 발굴준비는 미군정에 의해 척척 진행되었는데, 토지 소유자에 대한 배상이나 민가의 철거 등 평소대로라면 성가신 문제들도 해결될 전망이 보였고, 발굴용구의 조달이나 일을 하기 위해 미리 만든 시설물들의 설치준비도 착착 진척되었다. 그리고 4월 17일의 오후, 김재원(金載元) 관장 등의 박물관원들은 발굴조사를 위해 4월 27일부터 경주로 출장이 결정되었다. 이 명령을 알리기 위해 온 기퍼드 대위는 내가 발굴을 종료한 후에 경주에서 곧바로 부산을 경유해 일본으로 돌아갈 수 있도록 조처하겠다고 약속해 주었다. 이로서 나의 앞으로의 유용기간인 「가능한 한 길게」가 풀려 5월 말부터 6월 초에는 귀국할 수 있을 것으로 생각했다.

기퍼드 대위의 지시에 따라 다다음날인 4월 19일(금) 오전 10시에 외사과(外事課)의 윌리엄슨 중위가 있는 군정청(軍政廳) 325호실을 방문했다. 그런데 그 입구에서 이전부터 안면이 있던 일본인 세화회(日本人世話会)의 통역인 데라모토 기이치(寺本 喜一)씨가 나에게 말을 걸었는데, 「당신 부인이 병이라는데 들었습니까?」라고 물어와 아닌 밤중에 홍두깨인 이야기에 망연자실해 있던 나를 문 밖으로 도로 데리고 나가는 것이었다. 데라모토(寺本) 씨는 이 내용을 2월에 귀환한 모리타 요시오(森田 芳夫) 씨의 편지를 통해 얼마 전에 알았다고 하고는 내 앞으로 온 서한도 있었으니 바로 일본인 세화회(日本人世話会)로 서둘러 가 보라고 나를 다그쳤다.

세화회(世話会) 본부가 알아볼 수 있도록 내 앞으로 온 서한에는 후쿠오카시(福岡市)에 설치된 전쟁 재해자들을 위한 세이후쿠병원(聖福病院)의 의사 진단서가 첨부되어 있었는데, 부인이 과로로 인해 폐를 앓아 입원 중이라고 안다. 경성의 이재민병원 의사는 이 진단서를 미군정에 보여주고 양해를 얻어 24일, 25일 경의 병원열차에 탈 수 있도록 수속을 서두르라는 친절한 조언이었다.

오후, 나는 기퍼드 대위에게 아내가 병으로 입원해 어린 자식들 네 명이 고생하고 있으므로, 가족을 돕기 위해 내가 바로 귀국할 수 있도록 조치해 주기 원한다고 애원했다. 온화한 기퍼드 대위는 동정의 말을 거듭해주었지만, 결국 「이미 발굴을 위한 여행명령이 내려져 있다. 대형트럭도 수배되어 만전의 준비가 갖추어졌다. 발굴예정지의 민가도 매수 중이다. 그리고 무엇보다도 당신은 이 발굴을 위해 필요불가결한 인물이라고 알려져 있다. 따라서 귀국은 허락할 수 없다」라고 거부했다.

여기에 예의 암팡진 크네즈비치(Knezvichi) 대위가 나타나 거친 어조로 「당신이 없으면 이 발굴사업은 할 수 없지 않은가? 이것은 미군정 사무의 하나이고, 더구나 준비도 아주 잘 되어 있어 이제 실행하기만 하면 된다. 이 발굴이 완료될 때까지 당신을 일본에 돌려보낼 수 없다」라고 오금을 박듯이 말했다.

23. GHQ의 상조론

미군정이 이처럼 단단히 마음먹고 진행하고 있는 경주고분발굴계획에 도쿄(東京)의 GHQ(연합군 총사령부)가 제동을 걸어왔기 때문에 우리 관계자들은 깜짝 놀랐다. 그러나 그것도 금세 사라져 3일이 늦었을 뿐 예정대로 결행되었다.

우선 4월 25일(목), 도쿄(東京)에서 볼스 박사(Dr. Gordon T. Bowles)가 날아왔다. 박사는 오후 4시경, 크네즈비치(Knezvichi) 대위의 안내로 박물관 사무실에 나타나 김재원(金載元) 관장과 나에게 유창한 일본어로, 「나는 아메리카합중국 국무성의 문화교환부장입니다」라고 자기소개를 하고는 도쿄(東京)의 GHQ의 문화과(文化課)에서 미국의 저명한 동양미술사학인 시크만 박사나 워너 씨 등과 회담한 내용을 이야기하기 시작했다. 요약하자면 이번 경주고분의 발굴은 시기상조이므로 중지해야 한다는 것이 GHQ의 의견이었다.

당시의 미군장병 신문인 -STARS AND STRIPES(성조기)-에 우리의 경주고분 발굴계획이 화려하게 게재되었기 때문에 군 관계자들 사이에 널리 알려져 있었다. 이에 대해 협의도 하기 전에 현지(조선)에서 계획을 추진해 마음대로 발표한 것을 GHQ의 수뇌부가 괘씸하게 여긴다는 이야기였다.

조선이 처한 현재의 국제적 지위, 특히 38도선에 의한 남북분단의 문제, 여기에 더해 조선 내부의 불안한 사회정세 등을 생각하면 고고학 발굴을 할 때가 아니다. 그보다는 조선에서 젊은 연구가를 미국으로 보내거나 미국에서 학자를 초대하거나 해서 조선인 고고학자를 육성하도록 하겠다. 이러한 GHQ의 의견을 볼스(Bowles) 박사가 우리들에게 전했던 것이다.

사무실 안쪽의 방이 응접실로 되어 있었다. 거기에 볼스(Bowles) 박사와 크네즈비치(Knezvichi) 대위 두 명만 남아 그들만의 회담을 계속했는데, 「오해하지 말고, 우리 생각은… 」이라고 하는 볼스(Bowles) 박사의 목소리가 내 자리로 돌아온 내 귀에도 들려왔다. 목소리의 크기에서 매우 흥분해 이야기를 주고받고 있구나라고 생각했다. 우리들의 발굴계획이 엄청난 반향을 불러온 것이구나라고 나는 일의 중대함에 긴장감을 느꼈다.

아무튼 GHQ는 이번 발굴에는 반대를 하고 있다. 발굴이 중지라도 된다면 나의 귀국은 빨라질 것이므로, 나는 전술한 바와 같이 처의 병세가 걱정되어 돌아가고 싶은 마음에 노심초사하고 있었기 때문에, 생각지도 못한 곳에 구원의 신이 있구나라고 내심 안심했다.

그로부터 4일 후인 4월 29일(월) 오전, 포그미술관(Fogg Museum)의 동양부장(東洋部長)인 L.워너(Langdon Warner) 씨가 볼스(Bowles) 박사와 함께 정장차림으로 나타났다.워너(Warner) 씨의 이야기에 의하면, 미국에서는 문화적인 면에서도 조선을 적극적으로 원조하고, 박물관사업이나 고고학 및 인류학의 연구가 크게 성장할 수 있도록 노력을 아끼지 않겠다고 한다. 그것을 듣고 나는 앞으로의 조선이 부럽다고 생각했다.

나에게 있어서 가장 마음에 걸리는 경주고분의 발굴에 관해서는, 워너(Warner) 씨도 한편으로는 상조론이었으나 볼스(Bowles) 박사의 전날의 주장과는 상당히 차이가 있었는데, 발굴을 하더라도 가을에 하면 어떠냐고 넌지시 이야기하는 것이었다. 나는 GHQ 측이 주(駐) 조선군정부(朝鮮軍政府)의 계획에 발맞추었다고 느꼈지만, 설마 그 날 중으로 완전히 양보할 것이라고는 생각지도 못했다.

워너(Warner) 씨는 정오가 지나서 떠났는데 그로부터 3시간 정도 지나 크네즈비치(Knezvichi) 대위가 사무소에 들어오자마자, 우리들에게 내일 오후 5시 열차로 경주로 출발하라고 명령했다. 경주고분발굴 계획은 급전직하로 실시가 결정되었던 것이다. GHQ의 중지권고가 어떻게 되었는지 나로서는 이해하기 어려운 일이었지만, 그런 것을 꼬치꼬치 캐기보다는 출발준비를 서둘러야 한다고 하면서 집으로 돌아왔다. 다시 여기로 돌아올 일이 없는 집이기 때문에 뒷정리도 소홀히 할 수는 없었다.

몇 번이나 귀국준비를 반복했기 때문에 짐을 꾸리는 데는 시간이 얼마 걸리지 않을 것이라고 얕잡아 보고 있었지만, 의외로 시간이 걸려 집안을 다 치운 것은 오전2시가 지나서였다. 오늘 밤이 마지막인 경성이지만, 나는 여느 때의 발굴을 하러가기 전날 밤과 같은 기분 좋은 긴장감과 설레는 마음으로 잠이 들었다.

4월 30일(화). 대형의 트렁크와 배낭에 가득 담은 내 짐은 후발의 미군트럭이 운반해 주기에, 오늘은 보통 배낭 하나뿐인 가벼운 차림으로 출발할 수 있었다. 오후, 우선 관장부인인 이채희(李彩熙) 여사를 방문해, 작별인사와 반년 간의 세심한 배려에 대한 감사를 표했다. 다음으로 10년 이상에 이르는 내 직장이자 연구의 장이기도 했던 박물관 구내를 한 바퀴 둘러보고 추억을 아쉬워했다. 최영희(崔泳喜) 씨 등 관원 여러 사람들에게서 전송을 받으며 비를 뚫고 경성역으로 서둘렀다.

경성역 오후 5시 출발의 열차는 만원이었으나, 우리들은 어쨌든 마주보는 자리에 앉을 수 있었다. 일행은 김재원(金載元) 관장, 임천(林泉 : 고건축계), 이건중(李健中 : 사진계), 여기에 나를 포함해 4명이었다. 발차와 동시에 승무원이 여행증명서와 차표를 조사하러 왔는데, 내가 일본인인 것을 알고는 표정이 굳어졌지만 미군정의 요원임을 알고는 무사했다. 안심이 되니 전날 밤 늦게까지 짐을 꾸리고 뒷정리로 힘쓴 피곤함이 밀려와, 오랜 세월 살며 정든 경성과의 이별을 아쉬워할 감상의 경황도 없이 나는 배낭을 무릎 위에 안고 자기 시작했다. 그 속에는 2년 전에 2살로 병사(病死)한 딸의 유골이 들어있었다.

한밤중인 1시 반에 대구에서 하차, 강점기의 「다나카여관(田中旅館)」에 투숙. 다음 날인 5월 1일(수), 아침9시 반에 경상북도청에서 크네즈비치(Knezvichi) 대위와 만나 미군의 수송트럭으로 경주로 향했다. 서악(西岳)의 고개에서 경주분지를 바라보았을 때 「아아, 또 와버렸네」라고 무의식중에 중얼거렸다. 패전 이후 겨우 9개월도 지나지 않았는데 이번이 3번째의 경주 입성이고, 더욱이 이번에는 적어도 한 달간이나 체재하게 될 것 같았다. 질긴 인연이라고 생각했다.

경주박물관에 도착한 것은 11시 전. 점심식사 후 부슬부슬 내리는 빗속에 발굴예정지로 가서 내일부터의 절차를 상담했다.

경주에서는 여전히 반일감정이 강하다고 하므로 주위에서 나를 염려해 주었다. 우선 이날 밤은 분관장인 최순봉(崔順鳳) 씨의 댁에서 숙박하고, 다음 날인 2일부터는 매일 밤 박물관의 응접실에 긴 의자를 침대로 삼아, 크네즈비치(Knezvichi) 대위에게서 빌린 장교용 망토를 덮고 자기로 했다. 그러나 이곳은 내 조선고고학의 고향, 몸과 마음이 모두 편안해져 주위의 염려에도 불구하고 숙면을 취할 수 있었다.

크네즈비치(Knezvichi) 대위 등의 미군장병들은 경주의 동북쪽 약 35km에 있는 포항의 캠프가 숙소였다. 이번 발굴조사는 미군정 사무의 하나라고 해서, 전반은 크네즈비치(Knezvichi) 대위(5월 중순, 이임(離任))가, 후반은 깃화아드(Giffard) 대위가 거의 매일 현장에 얼굴을 보이고는 조사의 진척을 지켜보았다.

덧붙여 이번 발굴에 대한 GHQ의 의견을 전달하기 위해 와 있던 워너(Warner) 씨와 볼스(Bowles) 씨 두 명은 5월 5, 6일에 발굴현장을 방문해, 우리들의 발굴조사가 순조롭게 시작된 것에 납득한 모양이었다. 그리고 우리의 안내로 불국사(佛國寺)·석굴암(石窟庵)·남산의 불적(南山佛蹟) 등, 주요한 신라고적의 현 상황을 얼추 시찰한 후 도쿄(東京)로 귀임(歸任)했다. 65세인 워너(Warner) 씨가 지프차로 가지 못하는 남산을 힘차게 등반하는 데에는 감탄했다.

24. 호우총의 발굴

드디어 제140호분의 발굴이 5월 3일(금)부터 시작되었다. 발굴에는 경성의 국립박물관 5인(김재원(金載元) 관장·임천(林泉)·이건중(李健中)·서갑록(徐甲祿)·아리미츠 교이치(有光 敎一)) 이외에도 경주분관이나 경주고적보존회의 직원이 참가했다. 이 지역의 사람들 중에는 20여 년 전의 금관총(金冠塚) 이래로 일본인 학자에 의한 발굴을 도운 경험자가 있어 나의 좋은 조수가 되어 주었다.

나는 이 고분군의 독특한 구조를 그 자리에서 바로 해설하면서 발굴의 수순을 지도하고 기록하는 방법을 알려주었다. 실측을 담당했던 임천(林泉) 씨는 총독부시절에 고건축의 측량으로 단련된 기술자였지만, 고고학적 발굴은 처음 경험하는 것이어서 매일 상황이 변하는 현장의 도면작성에 어려움을 겪고 있었다.

김재원(金載元) 관장은 전체의 지휘를 맡고 있었는데, 속속 견학하러 오는 여러 학자 선생들이나 보도진의 응대로 정신없이 분주한 매일매일이었다. 무엇보다 이것은 해방 후 최초의 고고학적 발굴이었고, 일본의 총독부시대에는 전혀 생각할 수도 없었던 조선인학자에 의한 학술적 발굴조사였기 때문에, 라디오나 신문에서도 비중 있게 다루어져 국민적 관심이 집중되었던 것은 당연한 일이었다. 특히 「호우총(壺杅塚)」이라는 명칭의 근원이 된 「을묘년(乙卯年)」의 글자가 있는 동완(銅椀)이 출토된 5월 14일 이후에는 관람자의 수가 급증했다.

이 동완(銅椀)은 피장자 머리의 오른쪽 위에서 뚜껑이 덮힌 채로 놓여 있었다. 원래의 피장자의 신체는 사라져 없었고, 목관과 목곽도 흔적이 남아 있지 않았으며, 곽실을 덮었던 적석의 돌덩어리들이 떨어져 내려 앉아 부장품을 뒤덮고 있었다. 이러한 상황은 이 고분군의 발굴사례들과 거의 공통이었다. 이 동완(銅椀)도 돌덩어리를 빼낸 아래에서 드러났는데, 손상은 뚜껑에 한 줄의 금이 간 정도에 지나지 않았다.

출토상황의 실측과 촬영을 끝내고 나는 신중하게 이 동완(銅椀)을 들어내려 했으나, 몸체의 바닥이 묘실의 바닥면으로 파고들어가 있어서 조금도 움직이지 않았다. 이때의 묵직한 감촉을 나는 지금도 분명히 잊을 수가 없다. 자갈을 포함한 점토층의 바닥면이 동완(銅椀) 바닥의 돌아가는 테두리(圓足), 즉 높은 굽을 꽉 물고 있었던 것이다. 사진 담당의 이건중(李健中) 씨가 나와 교대해 겨우 들어 올린 것을 아래에서 보았더니, 동완(銅椀)의 바닥에는 습기가 차서 청록 색이 또렷했다.

동시에 나는 높은 굽의 원 안쪽으로 문자가 주출(鑄出)되어 있는 것을 깨달았다. 그 순간 나는 온몸에 전기가 흐르는 것을 느끼고 무릎이 덜덜 떨리는 것을 멈출 수 없었다. 주출(鑄出)된 문자는 높고 날카로웠는데, 자획의 사이에는 거의 흙이 부착되어 있지 않았다. 발굴갱의 주변에 있던 김재원(金載元) 관장 이하의 조사원들도, 동완(銅碗)의 바닥에 문자가 있는 것을 본 것만으로도 몹시 흥분했다. 무엇보다 이 고분군은 금은주옥(金銀珠玉)의 화려한 장신구가 나오는 것으로는 유명했지만, 문자를 가진 유물의 출토 예는 매우 드물었기 때문에 예상밖의 발견이라고 기뻐한 것도 당연한 일이었다.

16자의 글자가 각 4자씩 4행으로 나란히 둥근 굽에 둘러싸여 「을묘년(乙卯年國)/강상광개(岡上廣開)/토지호태(土地好太)/왕호우십(王壺杅十)」이 있는 것을 얼마 지나 알았다. 그 보다 앞서 나는 이러한 문자가, 압록강 대안(對岸)의 지안(集安)에 있는 광개토왕릉비(廣開土王陵碑)의 서체와 크고 작은 정도의 차이는 있지만 판박이인 것에 놀랐다. 그리고 거기서 「국강상강개토지호태왕(國岡上廣開土地好太王)」의 글자를 읽어내고는 너무나도 중대함에 놀라서 긴장감을 느꼈다.

「국강상광개토지호태왕(國岡上廣開土地好太王)」은 고구려의 제19대 왕의 시호(諡號)이다. 따라서 「을묘년(乙卯年)」은 왕이 사망한 임자년(壬子年 : 412)을 거슬러 올라갈 수 없다. 그 3년 후인 을묘년(乙卯年 : 415)에 해당한다고 보는 입장이 유력하다. 광개토왕릉비(廣開土王陵碑)의 건립은 그 앞의 해인 갑인년(甲寅年 : 414)이었다. 이러한 해에 왕의 시호(諡號)를 새긴 명문의 호우(壺杅)가 주조된 것은, 호태왕(好太王)을 기념하기 위한 것이고 주조된 장소도 고구려 국내였음에 틀림없다. 이것이 신라의 왕도에까지 가져와 신라식의 무덤에 부장되었기 때문에, 이 발견은 중대했다.

광개토왕릉비(廣開土王陵碑)·삼국사기(三國史記)·삼국유사(三國遺事)·일본서기(日本書紀)의 기술에 의하면, A.D.4세기 후반에서 5세기 초에 걸친 시기에 신라는 고구려에 종속되어 공물이나 인질을 보냈을 뿐만이 아니라, 고구려 군사의 왕도진주(王都進駐)를 용인했다고 한다. 경주에서의 을묘년명(乙卯年銘) 동완(銅椀)의 출토는 이러한 문헌상의 기술을 실물로 뒷받침할 수 있게 된 것이므로, 호우총의 발굴이 학계에 큰 공헌을 했다고 평가받는 까닭이다.

발굴조사의 경과와 성과는 김재원(金載元) 관장의 『호우총과 은령총』

(국립박물관고적조사보고 제1책 1948)에 상세하다. 결국 호우총(壺杅塚)과 호석(護石)을 교차한 은령총(銀鈴塚)도 발굴 조사해 5월 25일까지는 작업을 끝냈고, 현장은 평탄하게 도로 메우고 26일에 불교식의 위령제가 행해졌다. 그리고 거듭 결정된 바와 같이 나는 경주에서 부산을 경유해 일본으로 귀국하게 되었다.

　　나는 조선의 고고학사상 획기적인 이 발굴에 조사원으로 참가할 수 있었던 것을 자랑스럽게 생각하지만, 나 자신의 미숙함 때문에 제대로 지도를 해 주지 못한 것에 부끄럽기 짝이 없다. 또한 채집된 유물의 정리, 사진촬영, 도면의 마무리 등, 보고서의 작성에서 필요한 작업들을 방치한 채 퇴거할 수밖에 없었던 것은 고고학도(考古學徒)로서의 본의가 아니어서 마음에 걸려 남았다. 그러나 발굴의 실지지도가 끝나면서 일본인인 나에게는 더 이상 조선에 머무를 이유가 없어졌던 것이다.

25. 조선에서의 퇴거(退去)

　　5월 28일(화), 마침내 조선에 작별을 고할 날이 다가왔다. 나는 발굴대와 경주박물관 사람들과 마지막 인사를 나누고, 짐을 지프차의 트레일러에 싣고 오전 8시가 지나 부산을 향해 출발했다. 지프차의 운전은 깃화아드(Giffard) 대위와 젊은 밀스(Mills) 중사가 교대로 맡았고, 김재원(金載元) 관장과 나는 뒷좌석에 나란히 앉아 탄탄한 울산가도(蔚山街道)를 남하했다. 이날은 쾌청해 드라이브를 즐기기에 더할 나위 없는 날씨였으나, 이별의 순간을 생각하며 누구도 말을 하려 하지 않았다.

　　우리 지프차는 11시까지 부산거리에 들어가 부두로 직행, 깃화아드(Giffard) 대위 등은 내 짐을 트레일러에 실은 채로 내 귀환수속이 끝나기를 기다려 주었다. 나는 일본인회본부(日本人會本部)로 출두해 전재증명서(戰災證明書)를 교부받고는, 이 날 오전에 출항할 「고가네마루(黃金丸)」

에 승선을 허가받았다.

이「고가네마루(黃金丸)」를 미리 보러 갔더니 이미 귀환자들이 장사진을 이루고는 속속 올라타고 있었다. 김재원(金載元) 관장은 나를 돌아보고는 안됐다는 얼굴을 했으나, 여기까지 오면 당연히 나는 일개 귀환일본인에 지나지 않고, 전날까지 미군정의 요원이었던 경력 등은 아무런 도움도 안 된다는 각오가 되어 있었다.

점심식사를 마치고 부두로 돌아왔더니 아까 봤던 줄은 거의 대부분 승선을 끝마쳤다. 트레일러에서 내려진 내 짐은 특대(特大) 사이즈의 배낭과 대형 트렁크에 집어넣은 것으로, 물론 나 자신이 혼자서 어떻게든 짊어질만한 분량이었다. 사실은 어제 경주박물관에서 발굴대 동료들의 격려와 조언을 받으면서 몇 번이나 훈련을 했었지만, 여기에 이르러 막상 짊어지고 보니 하체가 안정되지 않아 똑바로 걸을 수가 없었다. 깃화아드(Giffard) 대위와 김재원(金載元) 관장은 돕지도 못하고 걱정스러운 얼굴로 지켜보고만 있었다. 힘이 없는 나 자신의 무력함이 한심하게 느껴졌다.

「고가네마루(黃金丸)」가 맨 앞의 선창에 정박해 있어 고마웠다. 그 얼마 되지 않는 거리를 나는 비틀거리면서 간신히 승선구(乘船口)에 도착했다. 거기에서 짐은 물론이려니와 전신에 이르기까지 DDT를 잔뜩 뒤집어썼으나, 미군병사에 의한 소지품 검사는 전송하는 깃화아드(Giffard) 대위를 의식해서인지 거의 무사통과였다. 나는 다시금 가방을 등에 메고 트렁크를 다잡고는 마지막 힘을 짜내 트랩을 건너 선내(船內)에 수용되었다.「고가네마루(黃金丸)」에는 38도선 이북에서 온 귀환 일본인들로 넘쳐났다. 그 수는 700여 명이라고 들었다. 나에게 할당된 5호 선실에도 함흥에서의 전재자(戰災者)들로 만원(滿員), 발 디딜 틈조차도 없었으나 나는 우선 짐을 끌어당겨 넣고는 곧바로 갑판으로 올라가, 깃화아드

(Giffard) 대위와 김재원(金載元) 관장에게 손을 흔들었으나, 서로 가슴이 벅차올라 목소리는 나지 않고 단지 손을 서로 흔들어 댈 뿐이었다. 짐이 마음에 걸려 선실로 돌아온 후 얼마 시간이 지나 다시 한 번 갑판에 올라갔을 때에는, 두 사람의 모습이 이미 선창에 없고 지프차도 보이지 않았다. 망연히 난간에 기대어 서 있었더니 오늘의 피로가 순식간에 밀려왔다.

김재원(金載元) 관장은 그의 「博物館長 25年」(『週刊韓國』1970년 3월 1일호)에서 이 날의 일을 다음과 같이 적었다.

「이 발굴은 5월 말에 끝나고 나는 有光이를 美軍지프에 태워서 釜山부두에까지 데려다주었다. 그곳에는 滿州에서 넘어온 수백명의 더럽고 여윈 일본인이 배에 올라타려고 장사진을 치고있었다. 日本과 우리의 관계를 초월하여 우리는 그새 한 명의 포로와도같이 나에게 붙잡혀 日本으로 못가고 있던 어제까지의 우리의 發掘隊員의 하나인 有光이를 보내면서 섭섭한 생각을 금하지 못하였으며 떠나는 有光이도 헤어질때 눈물을 흘리면서 나의 얼굴을 바라보지못하였었다.」

「고가네마루(黃金丸)」는 오후 7시가 지나 겨우 선창을 떠났다. 조선에 마지막 이별을 하고자 나는 갑판으로 뛰어 올랐다. 어스럼한 속에서 멀어지는 부두에는 사람의 그림자도 뜸하고 부산의 거리는 실루엣처럼 산줄기를 등에 업고 어슴푸레하며, 집집마다의 등불이 드문드문 보일 뿐이었다. 항구 바깥으로 나와 배의 속도가 빨라지자 엔진의 울림소리만이 높아져, 하얀 항적은 자꾸자꾸 어둠속으로 빨려 들어갔다. 이 어둠의 저편을 바라보면서 나는 생애를 건 연구 필드인 한반도가 영원히 사라져가는 것을 실감했다.

다음 날인 5월 29일의 아침 8시 경에 「고가네마루(黃金丸)」는 일단 하카타(博多) 항에 들어갔으나, 얼마 지나지 않아 항구의 바깥으로 나와 방파제의 바로 바깥에 정박했다. 동승하고 있던 십 수 명의 미군장병들은 정오 전에 작은 배로 상륙했으나, 귀환일본인인 우리들은 천연두와 콜레라의 검역을 위해 상륙할 수 없어, 결국 배는 부산에서 출항한 지 6일째인 6월 3일 오후 늦게서야 하카타(博多) 항에 접안했다.

나는 눈앞에 펼쳐진 폐허 같은 후쿠오카(福岡) 시가지의 참상에 귀국의 기쁨도 사라져 침통한 기분으로 비에 젖어가며 상륙했다. 그리고 등불도 뜸한 땅거미 속에서 나는 처가에 도착해 10개월 만에 처자식과 재회했지만, 여기도 공습으로 불타 임시로 지은 오두막살이였다.

내 경우에는 가족들을 재빨리 일본으로 돌려보내 가벼워진 몸이었으므로, 앞서 서술한 바와 같이 마음대로 활동할 수 있었다. 그러나 작년 9월에 아홉 살짜리를 비롯한 네 명의 아이들을 데리고 귀환한 처는 이만저만한 고생이 아니었다. 모든 의식주가 극심하게 빈곤한 패전직후의 혼란 속에서 여기저기 거처를 옮기던 중에 병으로 쓰러져, 혼자 사는 늙은 아버지에게 몸을 의지하고 있었다.

나는 먼저 취직해서 수입을 얻어야만 했다. 그러나 당시의 세상은 냉엄해 귀환자가 정상적인 일거리를 찾는 것은 매우 힘든 일이었다. 따라서 3개월 후에 같은 후쿠오카(福岡) 시내에 있던 점령군의 규슈(九州)지구 군정사령부(軍政司令部)에서 일자리를 얻었을 때에는 안심했다. 더군다나 그 일은 지금까지의 내 경력에 상응하는 것이었다.

그 일이라 함은 오키나와(沖繩)를 제외한 규슈(九州) 각 현(県)의 문화재 현상을 실지 조사해, 소견을 도쿄(東京)의 SCAP(연합군 최고사령부)에 보고하는 것이었다. 답사의 기록을 1건 당 영문으로 정리해 매월 2회, SCAP 앞으로 제출하는 것은 쉬운 일이 아니었지만, 조선에서의 이래로 군정관(軍政官)과의 절충에서 요령을 알고 있었으므로, 1949년 10월 30일에 직제가 폐지될 때까지 근무를 계속할 수 있었다.

일본 전체가 극심하게 곤란했던 전쟁직후의 시기에 나는 내게 어울리는 직장에서 일을 할 수 있었고, 그 덕분에 나와 가족들은 최소한의 생활을 보장받아 굶어죽지 않을 수 있었다. 이때의 취직이, 경주 호우총의 발굴을 통해 나를 알아준 SCAP 관계자의 추천에 의한 것이라는 것을 생각하면, 조선에 머무르고 있었던 10개월 간의 고생은 충분히 보상받았다고 말할 수밖에 없다.

그러나 이 시기를 포함해 1952년에 교토대학(京都大學)의 문학부 고고학연구실에서 근무하기까지의 5년 여간, 직장관계도 있어 나의 조선 고고학 연구는 중지할 수밖에 없었다.

26. 미국 UCLA에 출강

앞서 기술한 바와 같이 1949년 10월을 기한으로 내가 점령군의 규슈(九州)지구 군정사령부(軍政司令部)를 그만둔 것은 미술공예 및 기념물계가 폐지되었기 때문이다. 이를 9월 초에 이미 알고 있었으므로 나는 은사나 선배들에 의지해 다음 직장을 찾기 시작했다. 교토대학(京都大學) 문학부의 우메하라 스에지(梅原 末治) 교수로부터 미국행 이야기가 있었던 것은 그런 때였다.

당시 켈리포니아주립대학 로스엔젤레스 캠퍼스(통칭 UCLA) 동양어학과의 주임교수는 중국어 및 중국문학이 전공인 루돌프(R.C. Rudolph)박사였다. 박사는 중국고고학에 관심이 있어서 우메하라(梅原) 교수와 친했지만, 일본어를 이수하는 동양어학과의 학생들을 위해 일본문학과 일본문화의 강사를 일본에서 데려오려고 생각해, 그 추천을 우메하라(梅原) 교수에게 의뢰했다.

내 처신을 걱정하고 있었던 우메하라(梅原) 교수는 나를 추천하려고
했다. 나는 자신의 학식이나 경험이 얕아서 도저히 그 적임이 아니라고
일단은 사퇴했으나, 당장 재취직할 곳이 없었기 때문에 우메하라(梅原)
교수의 권장에 따라 직접 루돌프 박사와 항공편(航空便)을 이용한 교섭에
들어갔다. 그리고 다음 해인 1950년 1월에 UCLA당국의 선발에 필요한
이력서·가족조서·업적표, 여기에 SCAP의 추천장 등을 요청받은 대로
보냈지만, 정식으로 채용이 결정된 것은 6월이 되어서였다.

그 사이에 은사나 선배들의 온정에 힘입어 전쟁후의 가혹한 환경 속
에서도 길거리를 헤매지 않고 지낼 수 있었던 것은 다행스러운 일이었
다. 즉 규슈(九州)지구의 군정사령부(軍政司令部)를 그만둔 다음 달부터 후
쿠오카현(福岡県) 교육위원회의 사회교육과 문화재계의 촉탁이 되어, 지
역은 후쿠오카현(福岡県)으로 좁았지만 전직(前職)과 같은 일을 계속할 수
있었다. 그리고 다음 해인 1950년 3월에 교토대학(京都大學)의 강사로 임
명되어, 문학부(사학과 고고학 강좌)에서 근무하게 되어 가족들을 후쿠오카
(福岡)에 남긴 채로 교토(京都)에 단신부임했다.

UCLA 본부에서 「1950년 7월 1일부터 51년 6월 30일까지, 인스트럭
터(강사)로 채용」이라는 통지가 있어서, 가을학기(Fall Semester)의 개강(9
월)에 늦지 않도록 미국으로 건너갔다. 그러나 점령하의 일본인의 해외
여행에는 엄격한 제약이 있어서, 지금처럼 가볍게 항공노선을 이용할
수는 없었다. 번거로운 수속을 마치고 고베(神戸)에 기항중인 아메리칸
프레지던트(American President) 사의 객선인 「클리브랜드(Cleveland) 호」
에 승선한 것은 9월 4일이었다.

미국 화폐의 입수가 허락되지 않은 나는 완전 무일푼이었으나, 타 보
았더니 배의 운임은 식비를 포함해 UCLA가 선박회사에 이미 지불했다
고 한다. 이에 더해 배 안에서 쓸 적은 금액까지 건네받아 글자그대로

마음 든든한 기분이 들었다. 하지만 이는 UCLA가 여비를 지출해 준 것이 아니라, 내 강사료에서 지불된 것임을 나중에 알게 되어 김이 빠졌던 기억이 있다.

내가 들어간 배 바닥의 큰 방은 필리핀에서의 단체객들로 가득했다. 따라서 샌프란시스코까지의 배 여행은 영어회화의 실습은 되었지만, 강의준비가 되지 않아 미국에 가까워질수록 우울해졌다. 여기에 더해 내 마음을 어둡게 한 것은 매일 선내에 게시되는 한국동란의 뉴스였다. 전쟁의 불길이 대구·영천부근까지 이르러 부산이나 경주도 위험한 듯한 전황에는 가슴이 아팠다.

클리브랜드(Cleveland) 호는 고베(神戸)를 덮친 태풍 젠(Jane)을 피해 하루 늦게 출발했지만, 태평양으로 나와서는 온화한 항해를 계속해 13일째인 9월 17일의 이른 아침에 샌프란시스코에 도착했다. 항해 중에는 하복이었던 선원들이 동복 차림으로 갑판에 정렬해, 아침 아지랑이가 피어오르는 금문교 밑을 지나는 것은 인상적이었다.

선내에서 받은 UCLA로부터의 전보지시에 따라, 나는 곧장 비행기로 로스엔젤레스에 날아갔다. 공항에는 루돌프(Rudolph) 교수가 마중을 나와 있었는데, 대학까지 가는 자동차 안에서 오늘 오후부터 강의를 하도록 요청받았다. 만약 일본이었다면 먼 길 오시느라 수고하셨으니 오늘은 편히 쉬시라고 위안해 주었을 것이다. 그러나 나는 조선에서부터 이후로 5년간의 경험으로 미국류의 엄격함을 알고 있었기 때문에, 할 수 밖에 없다고 배짱을 부리며 교실에 들어갔다.

교실에는 약 30명의 학생들이 있었다. 유럽계가 약 3분의 1, 일본계 2세를 포함한 아시아계가 3분의 2 정도였다. 이 시간은 고문(古文)의 강독으로 되어 있었서, 텍스트로는 『오오카가미(大鏡)』에서 발췌한 프린트가 준비되어 있었다. 더 이상 뒤로 물러날 수도 없다. 나는 텍스트를 낭

독하고 영어로 해석하며 강의했다. 내 쪽이 테스트 당하고 있는 것 같은 묘한 기분이었으나, 오래 전에 예전 고교의 교실에서 배웠던 기억이 되살아나 내가 생각해도 잘 했다고 생각되었다. 학생들은 일본에 대해 아무것도 알지 못한다고 생각하며 가르치라고 조금 전에 루돌프 박사로부터 듣고는, 그렇게 마음먹고 있던 참에 수강생 중에서 나라여자고등사범학교(奈良女子高等師範學校 : 역자 주-현재 나라여자대학의 전신)에서 국문(國文)을 전공했다는 귀국자녀 2세가 이름을 대고 나왔기 때문에 깜짝 놀랐다.

UCLA에서의 내 강사생활은 이렇게 시작되었다. 내 담당은 고문강독·일본어작문·상급 현대일본어·일본문화사(다음 학기에는 일본 문학사)의 4코스로, 월요일부터 금요일까지 매일 2교시씩을 해야 하는 시간표였다.

나는 그때까지 영어로 스피치를 한 적도 영어강의를 들어본 적도 거의 없었다. 시작하는 말이나 바꿔 말할 수 있는 표현조차도 제대로 알지 못했다. 이에 UCLA 안에서 내 전공과 가까운 인류학과와 사회학과의 강의를 가능한 한 많이 듣고, 스피치의 스타일을 배우고자 했다. 그러한 와중에 인류학과 교수인 브레이너드 박사(Dr. G. W. Brainerd)의 강의는 말하는 방법에서도 참고가 되었지만, 내용이 고고학에 입각하고 있어서 거의 전부를 청강했다.

나는 전쟁 중부터 전쟁 후까지의 10년간, 세계 고고학계의 사정을 알지 못한 채로 지내왔다. 따라서 구미(歐美)의 학자들이 구대륙(舊大陸)의 각지에서 행한 고고학적 발굴조사의 성과에 감탄했다. 또한 신대륙의 고고학에 관해서도 마야족이나 잉카의 유적과 유물, 또한 합중국 사우스웨스트의 건조지대에 있어서의 아메리카 원주민에 대한 고고학적 조사연구에 관해서 처음으로 학습할 수 있었다.

브레이너드(Brainerd) 교수의 「북미의 고고학」, 「고고학의 제문제」를 통해 나는 미국의 자연과학자들에 의해 창안·개발된 2가지의 연대측정법이 고대학·지질학 등의 협력으로 인해 확인되어, 고고학적 연구에 기여하게 된 경과를 알게 되어 흥미를 느꼈다.

그 하나는 금세기(今世紀) 초에 천문학자인 A.E.더글러스(Douglas) 박사가 시작한 수목의 연륜에 의한 연대측정법이었다. 전술한 사우스웨스트(아리조나·뉴멕시코·콜로라도·유타 4주에 걸쳐 있음) 건조 지구에 적용되었는데 콜롬부스(Colombus) 이전 원주민들의 유물과 유적에 A.D. 몇 년이라고 하는 실연대를 부여하는 것이 가능하게 되었다. 고고학적 발굴에서 나타난 주거지의 목재 등을 시료(試料)로 해, 약 반세기가 지난 1950년에는 B.C. 59년까지 거슬러 올라갈 정도로 진보해 있었다.

다른 하나는 제2차 세계대전 후에 물리학자인 W.F.리비(Libby) 박사가 고안한 방사성탄소에 의한 연대측정법이다. 유기체물질 속에 잔류하는 방사성탄소의 양을 계측해 절대연대를 알아내는 이 방법은, 원래 생물이었던 유물이라면 지구상의 어디에서 채집된 것이라고 하더라도 적용될 수 있으므로, 고고학계에 획기적인 진보를 가져왔다. 내가 도미(渡美)한 1950년은 이 연대법이 겨우 학계에서 용인되기 시작한 해에 해당한다. 다시 말해 1948년, 49년에는 문헌 등에 의해 실연대를 판별할 수 있는 유물을 시료로 해 이 방법의 정확도를 확인하고 있었지만, 1950년이 되면서 역사이전의 유물에도 연대를 부여할 수 있게 되었다.

나는 자연과학자와 고대학 연구자들의 협력으로 확립된 이러한 2가지의 연대측정법에 강한 관심을 품어, 일본으로 귀국하기 직전인 1952년 여름에는 아리조나주립대학의 연륜(年輪)연구소와 시카고대학의 원자핵연구소 등을 방문해 각각의 측정법의 구조를 견학했다. 그리고 귀국하자마자 견문록을 발표했다.

그러나 나는 원래 임무인 강의준비에 많은 시간을 할애할 수밖에 없었다. 일본어 텍스트를 사용하는 코스는 비교적 쉬웠으나, 문학사와 문화사의 강의는 영어 원고의 제작에 많은 어려움을 겪고 고뇌를 거듭해 밤을 새어도, 시간에 맞출 수 없는 경우가 이따금씩 있었다. 40세를 넘기고 단신으로 아파트에 살고 있던 나는 연속된 무리로 완전히 몸이 엉망이었지만, 루돌프(Rudolph) 교수나 같은 동양어학과의 아시카가 엔쇼(足利 演正) 교수 가족 모두의 따뜻한 배려에 힘입어, 이어서 1년 더 열심히 하게 되어 52년 6월까지 UCLA에서의 강의를 계속했다.

52년 7월 중에는 동해안 왕복의 횡단버스여행을 2번에 나누어 갔는데, 각지의 박물관, 국립공원, 연구소 등의 시설을 시찰했다. 그리고 8월 4일에 로스엔젤레스 항을 출항한 오사카(大阪)상선회사의 화물선인 「안데스마루(アンデス丸)」에 승선했다. 선내에 비치해 둔 일본의 문예서(文藝書)를 탐독하거나, 고시엔(甲子園)의 고교야구 라디오방송에 귀를 기울이는 등, 오랜만에 편안한 배 여행을 하고는 8월 19일에 요코하마(橫浜)로 상륙해 귀국했다.

27. 우메하라(梅原) 고고자료의 정리

일본으로 돌아온 1952년 9월부터 나는 교토대학(京都大學)의 문학부 사학과 고고학강좌에서 조선고고학의 강의와 연구를 시작했다. 그리고 어찌되었던간에 정년퇴직을 하게 되는 1971년까지 교토대학(京都大學)에서 조선고고학 연구를 계속할 수 있었다. 이는 주임교수·우메하라 스에지(梅原 末治) 선생의 은혜 덕이었는데, 특히 소위 「우메하라 고고자료(조선의 부)(梅原考古資料(朝鮮之部))」의 정리가 재출발의 계기가 되었다.

우메하라(梅原) 선생은 1918년부터 패전의 해(1945년)까지 구(舊) 조선총독부의 고적조사사업에 깊이 관여했다. 당초에는 교토제국대학(京都

帝國大學) 문과대학 고고학연구실의 교무촉탁(教務囑託)이었는데, 하마다 고사쿠(濱田 耕作) 교수가 총독부의 고적조사위원으로 행한 경상남북도의 고분군(1919년), 김해패총(1920년), 경주 금관총(1921년)의 조사에 따라가서 협력해, 각각의 보고서를 공저(共著)했다. 1924년의 경주 금령총·식리총 발굴조사를 주도해 금관총에 버금가는 성과를 올렸다.

3년여의 구미(歐美) 유학 후(1929년), 선생은 고고학강좌의 강사·조교수로 승진했고, 하마다(濱田) 교수의 뒤를 이어 1939년에 교수로 승진했는데, 조선과의 관계는 변함없었고, 1931년에 총독부의 고적조사사업을 대신해 조선고적연구회가 설립되자 연구원으로서 활약, 약 10년간에 많은 낙랑고분이나 백제의 고적을 발굴 조사해 학계에 공헌했다.

이상의 공적인 발굴조사 이외에도, 선생은 가능한 한 각지의 박물관이나 수집가들을 방문해 제각각인 수장품들에 대해 실측, 사진, 탁본 등에 의한 기록 작성에 정성을 다하는 등, 무척이나 근면했다. 선생의 민첩하고 빠르면서도 정교한 실측이나 탁본의 기술에는 연구자들조차 감탄했다.

그 덕에 우메하라(梅原) 선생이 패전 이전에 만든 조선고고학의 연구자료가 족히 1만점이 넘었다. 이만큼의 내용과 수량의 자료집은 패전직후의 일본에서는 상상할 수 없었다. 게다가 이 당시는 일본인이 조선으로 가서 유적을 답사하거나 출토품과 접하는 것을 기대할 수 없는 정세였다.

이에 선생은 이것을 공개해 연구자들이 이용할 수 있도록 계획했다. 때마침 한국전쟁으로 인해 조선에서는 박물관이나 연구시설들이 완전히 폐쇄되었고, 연구자료들이 산실된 것 같다는 소문이 나돌았다. 이러한 사태를 연구자로서 우려한 선생은, 자신의 손에 쥐고 있던 자료들을 먼저 정리해 카드를 만들고, 사진·도면·탁본·설명문도 전부 3통씩 복제해 일본(교토대학(京都大學) 문학부), 한국(중앙국립박물관), 미국(하버드·엔칭연구소, Harvard-Yenching Institute)에 기증한다고 하는 안을 세웠다.

이 안을 실현하기 위해 선생은 미국의 록펠러(Rockefelloer)재단에 원조를 요청, 동 재단은 교토대학(京都大學)에 1953년 9월부터 56년 12월까지 연구조성금을 지불했다. 이 때문에 문학부 고고학연구실에서는 연구실원인 히구치 타카야스(樋口 隆康 : 현 센오쿠박고관장(泉屋博古館長)), 니시타니 신지(西谷 真治 : 전 텐리대학(天理大學) 교수)와 내가 협력해 자료의 정리와 연구를 추진했다. 그리고 다나카 시즈(田中 しず) 씨가 목록카드를 쓰고, 복제한 사진·도면·탁본 등에 캡션을 다는 작업을 담당했는데, 당시에는 아직 지금과 같은 복사기처럼 편리한 도구가 없었기 때문에 손으로 쓴 것이다.

당초 우메하라(梅原) 선생은 이 기회에 한국에서 젊은 연구자를 초청해 공동연구를 계획했으나 실현되지는 못했다. 그러나 3통의 복제자료들은 원안대로 3곳에 기증되었다. 또한 원본은 사진원판 및 미 정리 자료와 아울러 도쿄(東京)의 동양문고(東洋文庫)에 보관하게 되었다. 동양문고(東洋文庫)는 상기의 목록카드를 번호순으로 배열, 영인(影印)을 붙여서 발행했다. 『우메하라 고고자료목록-조선지부(梅原考古資料目録-朝鮮之部)』(東洋学術協会, 1966년)이 그것이다.

따라서 동양문고(東洋文庫)에서는 일반도서와 같은 수속을 통해 자료를 열람할 수 있다. 우메하라(梅原) 선생의 희망대로 연구 자료가 공개된 것이다.

패전 후 조선에서 몸 하나로 귀환한 나에게는 이 일에 참가할 수 있는 것이 더없는 기쁨이었다. 조선에 머물러 산 15년간의 경험을 살릴 수 있는 기회를 맞이한 것이다. 더구나 우메하라(梅原) 선생은 나를 단순한 자료정리 뿐만이 아니라, 자료를 완벽하게 활용해 자신의 연구를 진행할 수 있도록 하라고 격려해 주었다. 나는 이러한 은사에 보답해야만 한다고 결의했다.

그런데 나는 학생 때부터 문헌 이전의 문화에 흥미를 가져, 졸업논문으로「야요이식 토기를 표식으로 한 문화에 관해(弥生式土器を標識とする文化に就いて)」(1931년)를 써, 문화의 전파, 문화수용의 문제를 언급했다. 조선에 부임하고서도 처음 수년간이야 고분의 발굴조사에 전념할 수밖에 없었지만, 총독부박물관에 상근하게 된 이후부터는 종종 시간을 할애해 박물관 소장의 선사유물들을 조사했다.

그러한 유물들 중에서도 가장 특색이 있다고 생각한 것은 마제석검(磨製石劍)과 빗살무늬토기(櫛目文土器)였다. 구(舊) 경복궁(景福宮)의 천추전(千秋殿)이 선사유물의 격납고였다. 나는 그 어두침침한 전각 안에서 엷게 쌓인 먼지를 털어내면서 석검 실측도를 그렸고, 토기 문양의 탁본을 떴다. 우메하라(梅原) 선생의 조선고고학 연구 자료의 태반은 낙랑군시대부터 삼국시대에 걸친 고분에 관한 것으로, 선사시대의 자료는 전체 숫자의 1할보다 많은데 지나지 않았지만, 그 중에는 마제석검(磨製石劍)과 빗살무늬토기(櫛目文土器)의 사진·실측도·탁본이 포함되어 있었다. 이것들을 다루는 와중에 내 젊은 날의 정열이 다시 타올랐다.

졸저인『조선 마제석검의 연구(朝鮮磨製石劍の研究)』(京大文学部考古学叢書 第二冊, 1959년)과『조선 빗살무늬토기의 연구(朝鮮櫛目文土器の研究)』(京大文学部考古学叢書 第三冊, 1961년)는 우메하라고고자료(梅原考古資料)를 정리할 때 연구성과의 일부이다. 전자의 도판과 삽도 대부분은 우메하라고고자료(梅原考古資料) 중의 사진에서 복사한 것이고, 후자의 도판과 삽도 또한 선생의 자료에서 만든 것이 적지 않다.

고분조사보고를 제외하면 상기의 두 책이 나의 주요한 저서가 되었다. 패전과 함께 갑자기 필드도 자료도 잃어버려, 물에서 올라온 물고기처럼 된 「나의 조선고고학」이 우메하라고고자료(梅原考古資料)의 정리로 인해 잠시 소생할 수 있었다. 우메하라(梅原) 선생에게 입은 학문적 은혜는 글로서 다하기가 어렵다.

28. 우정에 힘입어

1950년 9월에 도미(渡美)할 당시 나는 겨우 4, 5권의 참고서를 지참한데 지나지 않았다. 그러나 2년이 지나 귀국할 때에는 삼백 수십 권의 서적을 배편에 부쳐서 가지고 돌아왔다. 그 내역은 미국에 있을 당시에 구입한 구미(歐美)에서 출판된 고고학·인류학의 전공서 이외에도, 한국의 김재원(金載元) 박사가 보내준 조선고고학 관계의 출판물 한 질이 있었다.

김재원(金載元) 박사에게서 도착한 것은 조선총독부가 발행한 『조선고적도보(朝鮮古蹟圖譜)』(전체 15권 중의 13권), 연도별 『고적조사보고(古蹟調査報告)』(17권), 『고적조사특별보고(古蹟調査特別報告)』(12권), 『조선보물고적도록(朝鮮宝物古蹟図録)』(2권), 여기에 조선고적연구회가 발행한 연도별 『고적조사보고(古蹟調査報告)』(8권) 등으로, 2개의 큰 상자에 들어있었다. 김재원(金載元) 박사가 재한미국공관을 통해 UCLA의 내 사무실로 보내준 것이었다.

일본의 패전 후 내 모든 장서(藏書)를 김재원(金載元) 박사가 매수해 주었다. 보내온 것은 그 일부로, 패전 전에는 내 곁에 비치해 두던 것들이었다. 적어둔 글자나 손때도 옛날 그대로인 보고서를 손에 들었더니 그리움이 북받쳐 올랐다. 동시에 나는 김재원(金載元) 박사의 온정에 감동을 금할 수 없었다.

이 보고서들은 나의 조선고고학에 있어서 필요 불가결한 문헌이다. 그러나 처음부터 발행부수가 적어 희소본으로 취급되었다. 따라서 패전

후가 되자 한층 입수가 곤란해져 귀환자인 나로서는 동경만 할 뿐 도저히 살 수 없는 것이라고 포기하고 있었다.

김재원(金載元) 박사는 패전 후의 비참한 일본의 참상을 알고 있었고, 거기에 귀환한 나의 학문 연구에서의 고뇌를 헤아려 예전의 장서(藏書) 일부를 보내주려 했음에 틀림없다. 그러나 한국에서 점령하의 일본에 물자를 보내는 것은 허락되지 않았을 것이다. 또한 당시 한국의 대일감정은 매우 나빴다. 그러한 험악한 정세 아래에도 불구하고, 성가신 짐꾸리기나 재한미국공관에 의뢰하는 등의 번거로운 수속도 마다하지 않고, 아득히 먼 미국의 내 앞으로 발송해 준 김재원(金載元) 박사의 심후한 우정과 주도면밀한 배려에 머리가 숙여지기만 했다.

귀국한 이래로 나는 이 한 질의 보고서를 항상 서가의 한 가운데에 놓아두었다. 그리고 현역에서 물러난 지금도 이것을 머리맡에 두고 연구를 계속하고 있다. 나의 조선고고학은 은사와 학우들에게 도움을 받아 여기까지 왔다고 가슴 가득이 느끼고 있다.

무엇보다 김재원(金載元) 박사와는 1945년 일본 패전 직후부터의 친분이므로, 박사 및 박사의 가족에 관한 추억이 많다. 그 중에서도 잊을 수 없는 것은 내 환갑 축하연이 서울에서 개최된 1967년의 여행이었다. 그 해에 나는 10월 29일부터 12월 3일까지 5주간에 걸쳐 서울·경주·양산·대구·파주·공주·부여를 돌았다.

처음 5일간은 서울에서 김재원(金載元) 박사 댁에 머물면서 서울대학교 문리과대학의 고고학연구실을 방문해 새로 나온 고고자료를 볼 수 있었고, 다음으로 국립박물관과 덕수궁미술관 등의 진열을 견학했다. 11월 4일부터는 경주로 이동해 불국사·석굴암을 관람했고, 또 경주의 국립박물관분관의 진열품을 조사했다. 6일에는 남하해 경상남도 양산으로 가서 서울 국립박물관 고고과의 스탭들이 발굴조사 중인 양산패총

그림 11. 필자의 환갑 축하연(서울 국제호텔)

을 보고 설명을 들었다. 8일에는 북상해 대구로 가서 경북대학교의 박물관을 방문, 대학박물관의 충실함에 감복했다.

　9일 다시 경주 근교의 고분을 돌고 오랜만의 남산답사에 지쳐 숙소로 돌아왔더니, 서울의 국립박물관에서 나에게 10일 오후 일찍 서울에 도착하도록 연락이 왔다고 한다. 이에 10일 아침 경주발의 열차로 북상, 대구에서 특급으로 갈아탔더니 거기에 양산패총을 발굴 중이던 국립박물관 고고과의 스탭들이 함께 타고 있었다. 수일 전에 현장에서 만난 지 얼마 지나지 않은 사람들이었다.

　내가 의아해 했더니 「선생을 위해 우리들은 발굴을 중단하고 서울로 가고 있어요」라고 한다. 더욱이 내가 이해할 수 없는 얼굴을 하고 있었더니 「오늘은 선생의 생일이지 않습니까?」라고는 웃는다. 여기서 나는 겨우 내가 불려 올라가는 이유를 알았다.

　이날은 내 생일로 마침 환갑에 해당하는 것을 잊고 있었던 것은 아니다. 그러나 이국 땅 서울에서 이러한 축하를 받게 될 것이라고는 꿈에도 생각하지 못했다. 당시 일본에서는 대학분쟁(1968-69년)의 전야(前夜)이었기에, 학원가에는 험악한 분위기가 감돌기 시작했다. 그렇지 않더라도 나는 자신의 환갑을 축하받을 생각이 없었다.

따라서 10일의 저녁, 회장인 국제호텔에 들어가 호화로운 환갑축하연이 나를 위해 준비되어 있는 것을 보고는 그냥 감탄할 수밖에 없었다. 그 위에 이병도(李丙燾)·이희승(李熙昇)·이숭녕(李崇寧)·유홍렬(柳洪烈)·이기백(李基白) 등 노장의 대 선생들이 참석해 주신 것에 그저 황송할 따름이었다. 국립박물관이나 여러 대학에서 20여 명의 연구자들이 참가해 연회는 고조되었고, 나는 감격에 젖었다.

김재원(金載元) 박사 부처(夫妻)가 시중을 들어주어 촛불을 불고, 호화로운 케잌을 자르고, 꽃다발을 받는 등, 격식에 맞는 행사도 화기애애한 가운데 진행되어 아무 문제없이 연회를 즐길 수 있었다. 한국에서, 그것도 한국의 대표적인 석학의 여러 선생들을 비롯해, 신진기예의 여러 연구자들에게 둘러싸인 환갑축하연은 내 생애 최고의 추억이 되었다.

이 행사가 김재원(金載元) 박사의 재량으로 행해진 것을 바로 알아챘다. 내 생일은 박사 부처(夫妻)의 차녀인 신나(信那) 씨와 같다. 이것이 우리들 사이에서 화제가 된 것은 1945년의 만남에서 얼마 지나지 않은 무렵이었다. 그 이후로 생일 축하카드를 주고받기도 해, 부처(夫妻)의 기억에 남아있었을 것이다. 그러나 환갑축하에 관해서는 언급하지 않고 나를 서울로 불러 올린 것은, 내 성격을 익히 잘 알고 있던 박사 나름의 배려였다고 생각한다.

이 해(1967년)는 11월 후반에 서울대학, 고려대학, 이화여자대학, 숭실대학, 단국대학의 각 대학박물관을 시찰하고, 서울대학에서는 짧게 강의도 했다. 국립박물관에서도 새로 출토된 자료를 촬영하거나 실측을 하기도 했다. 게다가 파주군에서 국립박물관이 발굴조사한 유적을 견학했고, 또한 유명한 암사리의 선사유적을 답사했다. 월말부터 12월 초에 걸쳐서는 공주와 부여를 재방문했다.

1972년 10월에는 단국대학교부설의 동양학연구소가 주최하는 제2회 동양학술회의에 출석, 「한반도의 지석묘(韓半島の支石墓)」에 관해 강연했다. 그러나 그 후 나 자신의 컨디션이 좋지 않았고, 최근에는 병든 아내를 거느리고 있어 장기간의 외박이 곤란했기 때문에, 한국방문의 여행은 반쯤 단념하게 되었다.

29. 이전(移轉) 개관의 국립중앙박물관

그런데 『계간 삼천리(季刊 三千里)』에 연재한 졸고인 「나의 조선고고학(私の朝鮮考古学)」이 연이 되어, 나는 1986년 8월 18일부터 4박 5일간의 일정으로 14년 만에 한국을 방문했다.

이 잡지 제41호(1985년 2월)에 게재된 구(舊) 조선총독부박물관의 제2차 세계대전말기 「진열품의 소개(陳列品の疎開)」라는 내 기사를 읽은 NHK사회교양부의 홋타 긴고(堀田 謹吾) 씨는, 김재원(金載元) 박사의 한국전쟁 당시 박물관 소장품 대피의 고심담과 함께 이번 국립중앙박물관의 이전개관식전(移轉開館式典)에 얽힌 TV프로그램의 프롤로그로 삼을 기획을 세웠다.

서울에서 내려온 김재원(金載元) 박사 부처(夫妻)와 오사카(大阪)에서 김해공항으로 날아온 우리들은, 18일 오후에 대본대로 경주 불국사 경내의 연못 언저리에서 서로 만났다. TV의 녹화는 그 장면부터 시작되었다. 다음날인 19일, 경주박물관의 앞뜰에서 박사와 나의 1시간에 걸친 대담이 녹화되었는데 찌는 듯한 여름 날씨에 둘 다 땀에 흠뻑 젖었다. 계속해서 고분군 중에서도 특히 추억이 있는 호우총 근처를 카메라맨과

그림 12. 국립경주박물관의 앞 정원 1986년 8월 19일

함께 걸었으나, 완전히 공원화되어 40년 전의 호우총을 특정하는 데 시간이 걸렸다.

　오후는 TV에서 해방되어 황복사지(역자 주 : 황룡사지의 오기로 보임)의 발굴현장과 안압지의 복구상황을 살펴보았고, 대릉원(옛 고분공원) 안의 천마총을 견학, 발굴조사가 끝난 유적지의 정비에 여러 가지 고안된 것을 보고 감탄했다. 관장의 안내로 경주박물관의 진열을 한 바퀴 돌았는데, 10년만의 나에게는 처음 보는 것이 많아 공부가 되었다.

　20일은 이동일로 김재원(金載元) 박사 부처(夫妻)와 함께 9시 5분 경주역발의 특급 새마을호에 승차, 13시에 서울역에 도착했다. 호텔에서 약간의 휴식을 취한 후, 김재원(金載元) 박사의 안내로 서울 시내를 한 바퀴 돌고, 박사 댁에서 가족들 모두와 만나 서로의 건강을 축하하며 환담,

가족 간의 옛 정을 다졌다.

21일은 국립중앙박물관 이전개관식전의 날이었다. 9시가 지나 숙소를 나와 NHK의 차로 박물관으로 향했다. 박물관은 구(舊) 조선총독부 청사로 이전해 있었다. 한병삼(韓炳三) 관장에게서 도착한 초대장을 제시하고 삼엄한 경비의 입구를 지났더니, 현관 앞의 식장에는 약 1,000명의 참가자들이 줄을 지어 있었다. 10시가 지나 식전은 전두환 대통령 부처(夫妻)의 테이프 커팅을 시작으로 새로 장식된 관내(館內)의 진열을 감상하고 리셉션이 이어졌다. 그 사이에 나는 구면의 학자들과 환담하며 한국학계의 근황을 들을 수 있었다.

이번에 새로 박물관으로 탄생한 구(舊) 총독부청사는 동서로 128m, 남북으로 69m, 외벽을 화강암으로 마무리 한 5층 건물인 부흥식(復興式) 건축이었다. 조선왕조 경복궁(景福宮)의 정전(正殿)인 근정전(勤政殿)의 코앞에 위치하는데, 1916년에 착공해 26년에 완성되었다. 그 이후로 20년간 총독정치의 상징으로서 위용을 자랑했으나, 일본패전 후에는 진주군(進駐軍)의 군정청(軍政廳)이 되었고, 한국전쟁의 뉴스영상에는 이 건물의 창에서 화염이 피어오르는 무시무시한 광경이 찍혀 있었다. 그 후에는 한국정부의 중앙청(中央廳)으로 존속해 왔으나, 이번에 박물관으로 전용(轉用)하게 되었다. 하지만 내부를 박물관용으로 보수 개선하는 공사에만 3년 3개월이 걸렸다.

진열실은 2층·3층·4층에 두었고, 모두 23개실에 7,500점을 진열할 수 있다고 한다. 원래 집무실이었던 것을 진열실로 개장한 것이었으므로, 채광이나 전시케이스에는 고심했음에 틀림없다. 훌륭하게 새로 태어났다고 평가하고 싶다.

진열품에 관한 코멘트는 다른 기회로 미루겠지만, 4층 중앙아시아실의 오타니(大谷) 컬렉션에 대한 감상을 적어보고자 한다. 일본의 오오타니 고즈이(大谷 光瑞 : 역주 정토진종 혼간지파(淨土眞宗本願寺派)의 제22세 법주(法主)) 탐험대가 1902년부터 14년 사이에 3회에 걸쳐 중앙아시아를 조사할 당시의 수집품 중, 미술고고학적으로 우수한 벽화나 부장품 등 373점이 1915년에 구(舊) 조선총독부박물관의 개관에 맞춰 기증되었다. 구(舊) 조선총독부박물관은 이것을 경복궁(景福宮) 경내의 수정전(修政殿)에 수납, 전시했으나 본관에서 떨어져 있었고 일반 내관자에게는 익숙하지 않은 유물이었기 때문인지 찾는 사람들이 극히 적었다. 일본패퇴 후, 한국동란 때에 국립경주박물관으로 옮겨져 가설창고에 격납 보존되어 있었다. 그랬던 것이 이번에 넓고 밝은 전시실에서 느긋하게 진열되어 있었다.

패전 전, 어두침침한 수정전(修政殿) 속의 비좁은 곳에 진열되어 있던 부장품, 무겁게 드리워진 검은 커튼의 뒤에 세로로 걸쳐 세워져 있던 벽

그림 13. 구(舊) 조선총독부 본청사
(한국 국립중앙박물관이 되었으나, 1996년 8월에 철거)

그림 14. 상 : 국립중앙박물관(구(舊) 조선총독부 본청사)의 정상부
　　　　하 : 구(舊) 조선총독부박물관 본관 해체현장

화, 이것들이 지금은 장소를 얻어 훌륭한 전시실을 형성하고 있는 것을 바라보면서, 이 오타니(大谷) 컬렉션이 지나온 우여곡절의 여정을 회상하며 감개무량해 했다.

또한 별도로 박물관 소장품의 수리·복원·세정하는 작업실이 설치되어 있는 것에도 감동을 느꼈다. 내가 방문했을 때에는 경주 황남대총 북분의 금관을 세정하고 있었다.

작별인사를 하고 박물관을 나왔을 때 수많은 관람자들이 군집해 있었다. 그 중의 한명이 TV의 인터뷰에 응해 「총독부의 청사였을 때에는 가까이 가는 것도 무서웠던 이 거대한 건물이, 우리의 오랜 문화재를 공개하는 박물관이 되어 정말 잘됐다」라고 하는 것을 듣고, 나는 「나의 조선고고학」의 모든 것이 현대사인 것을 새삼 실감했다.

제2부

은사의 추억

2

하마다(濱田) 선생의 추억

1. 들어가며

제가 이야기하는 것은 쇼와(昭和) 초(1928-1931년)의 일이므로 만사가 지금과는 모습이 달랐습니다.

그 당시에 교토제국대학(京都帝國大學)의 학생은 남성뿐이었습니다. 그들은 「대학」이라는 휘장을 단 각모(角帽)를 쓰고, 금단추에 츠메에리(詰襟)의 검은 제복을 입었습니다. 이러한 복장의 학생들이 오가는 캠퍼스 풍경을 지금 생각해보면 이상합니다만, 거리로 나가면 허리에 양도(洋刀)를 찬 순사나, 카키색의 군복을 입은 병사가 눈에 띄는 시대였습니다.

정치·경제적인 면에서는 1930년부터 32년경에 걸쳐서 지독한 불황이 계속되었습니다. 세계대공황이 일본으로 파급되어 산업계에서는 조업단축이 성행했습니다. 「대학은 나왔지만」이라는 유행어가 있었듯이, 갓 졸업한 학생들이 취직할 곳을 쉽게 찾을 수 없는 것이 시대의 추세였습니다. 전국적으로 교원(教員)의 봉급 미지급이나 해고가 있었던 것도 이 무렵이었습니다.

당시는 아직 고고학 연구에 대한 사회적 관심이 저조해, 고고학 전공의 직장이 극히 한정되었습니다. 고고학 붐이라고 불리는 현재의 성황인 모습과는 그야말로 격세지감이 있습니다. 지금은 대부분의 문과계 대학에서 고고학 강의가 행해지고 있고, 독립된 고고학 강좌나 고고학연구실을 가진 대학이 드물지 않습니다. 그러나 패전 전(1945년 이전)은 교토제국대학(京都帝國大學) 문학부 사학과에 고고학 강좌가 있었을 뿐입니다.

하마다 고사쿠(濱田 耕作) 선생이 1916년의 창설 당초부터 강좌의 담임을 명받고는, 육성발전에 힘써 폭넓게 일본 고고학계의 진보에 공헌한 점은 이미 잘 알려진 대로입니다. 선생은 1937년 6월에 교토제국대학(京都帝國大學)의 총장으로 취임했습니다만, 다음 해 7월 25일, 병으로 인해 향년 58세로 영면했습니다.

나는 1928년 4월에 교토제국대학(京都帝國大學) 문학부 사학과에 입학했고, 다음 연도부터 고고학 전공학생이 되어 1931년 3월에 졸업, 4월에 대학원으로 진학해 문학부의 후쿠슈(副手 : 교무 보조원)으로 고고학 연구실에서 근무했습니다. 그렇지만 같은 해 8월에는 선생의 슬하를 떠나 조선으로 부임했기 때문에 교토제국대학(京都帝國大學)에서 선생의 훈도를 받은 시기는 3년 반에 지나지 않습니다.

그러나 마침 선생이 50세 전후인 무렵에 해당하는, 학자로서 가장 원숙한 때에 계셨다고 생각합니다. 선생은 내가 3학년이었던 1930년에, 마침 50세로 문학부장(文學部長)이 되셨고, 다음 해 6월에는 제국학사원(帝國學士院)의 회원이 되셨습니다. 이는 선생이 얼마나 학식이 풍부하고 인덕이 있으셨는가를 알려주는 증거임에 틀림없습니다.

이 무렵의 하마다(濱田) 선생에 대한 추억을 이야기하려고 해도 기억에는 상당히 불안한 부분이 있습니다. 이에 아래의 문헌들을 참조하면서 정확을 기하고자 합니다.

(1) 濱田博士追悼号(이하『追悼号』로 약기)(『考古学論叢』第8輯 1938年 8月 考古学研究会)

(2)『濱田先生追悼録』(이하『追悼録』로 약기) (1939年 10月 京都帝国大学文学部 考古学教室)

(3) 先学を語る-濱田耕作博士-(이하『座談会』로 약기) (『東方学』67輯 昭和1984年 1月 東方学会)

(4)『考古学京都学派』(角田文衛編)(이하『京都学派』로 약기) (1994年 5月 雄山閣 出版)

2. 유일한 전공 학생

나는 구(舊) 후쿠오카(福岡) 고등학교에 재학 중에 10명도 채 되지 않는 생도들이 「고고학 연구회(考古學研究會)」를 자칭하는 동호회에 참가했습니다. 고문(顧問)인 다마이즈미 다이료(玉泉 大梁) 교수에게서 토기나 석기의 이야기를 듣거나, 유적순례 등에 따라가거나 하곤 했습니다. 이 다마이즈미(玉泉) 선생의 조언으로 고고학 코스가 있는 교토제국대학(京都帝國大學)의 문학부 사학과를 지원했습니다. 따라서 입학하자마자 고고학에 이끌려 연구실이나 진열실에 출입했습니다.

그 무렵 교토제국대학(京都帝國大學) 주최의 교수진에 의한 특별강연회가 구내의 큰 교실을 회장(會場)으로 삼고 행해졌는데, 학내의 교관·학생 이외에도 일반시민들에게까지 폭넓게 공개되었습니다. 이 기획의 하나로서 하마다(濱田) 선생이 1928년 11월에 『고고학상으로 본 동아문명의 여명(考古学上より見たる東亞文明の黎明)』이라는 제목으로 강연을 3회에 나누어 실시했습니다. 1회 약 2시간씩 도합 6시간에 걸쳐 행해졌는데, 많은 슬라이드 상영 이외에도 특히 고고학 진열실에서 가져온 토기나 석기의 실물을 보여주면서 이야기를 진행했습니다. 이런 종류의 학술강연에서는 보기 드문 실연(実演)이었으므로 청중들은 흥미진진한 모습이었습니다.

사학과 1학년에 지나지 않은 나였지만, 광대한 동아시아에서 전개된 문화의 흥망과 교류를 동서의 고고미술자료를 구사하며 시종 논하는 것에 매료되어, 이런 연구를 해 보고 싶다고 격에 맞지 않게 동경해 마침내 하마다(濱田) 선생의 고고학에 경도(傾倒)되었습니다.

교토대학(京都大學) 문학부의 규정에 의하면 2학년에 올라갈 때 전공학과를 정하게 됩니다. 나는 고고학이야말로 자신에게 적합한 코스라고 마음먹고 있었습니다만, 일단 고고학연구실의 스텝들 중 누군가와 상의해야겠다고 생각했습니다. 하마다(濱田) 선생에 대해서는「고고학으로는 밥은 못 먹는다」가 지론이라는 소문이 있었고, 1학년에게 있어서 주임교수는 마치 구름 위의 존재, 느닷없이 여쭤보는 것은 꺼려지는 일이었습니다. 우메하라 스에지(梅原 末治) 선생은 해외유학 중이셨고, 스에나가 마사오(末永 雅雄) 씨는 지방의 유적조사로 바빠서 천천히 이야기 할 상황이 아니었습니다.

그래서 항상 고고학연구실의 일을 도맡아 하고 계셨던 조수인 시마다 사다히코(島田 貞彦) 씨에게 상담했습니다. 전공과목의 신고기한이 절박한 겨울 밤, 댁으로 찾아뵙고 말씀드렸습니다. 시마다(島田) 씨는 내 이야기에 귀를 기울여주셨고, 발굴조사의 흥미 있는 경험담이나 고고학계의 전망 등을 섞어가며 나에게 고고학을 권유하는 듯한 말투였습니다.

시마다(島田) 씨의 이야기에 용기를 얻은 나는 희망대로 고고학전공 코스를 선택했습니다. 1929년도 신입의 고고학 전공생으로 결정되었을 때에 하마다(濱田) 선생은 시마다(島田) 씨에게서 나에 대한 이야기를 들으신 듯,「전공하는 이상은 똑똑히 공부하도록」이라고 말씀하셨지만「고고학으로는 밥은 못 먹는다」라거나「취직 알선은 안 한다」라거나 하는 등의 소문으로 들었던 그런 말은 전혀 없었습니다.

고고학 강좌의 설치는 1916년 9월로 거슬러 올라가지만, 사학과 공통의 보통강의로서의 고고학개설, 전공학생을 위한 특수강의, 연습, 실습 등이 시작된 것은 1926년도부터였습니다. 최초의 전공학생은 4명으로 1929년 3월에 졸업이었습니다. 엇갈리게 같은 해 4월에 내가 전공학생이 되었습니다만, 상급생도 동급생도 없었기 때문에 고고학강좌에서 한 명 뿐인 제2회 전공학생이 되었습니다. 다음 연도에도 전공생은 제로였습니다.

교토대학이문회(京都大學以文会)에서 발행한 1959년도 판『교토대학 문학부 졸업생 명부(京都大學文學部卒業生名簿)』에 의하면, 1931년 3월에 교토대학(京都大學) 문학부 사학과를 졸업한 사람은 43명으로, 그 내역을 살펴보면 국사학 15명·동양사학 10명·서양사학 13명·지리학 4명·고고학 1명입니다. 고고학전공의 코스가 얼마나 경원시되고 있었는지를 알 수 있습니다. 그 이유는 취직난이었습니다. 고고학 이외의 학과를 전공해 졸업하면, 구(舊) 제도의 고등학교 교수, 중등학교의 교론(教論)이 될 자격이 인정되었습니다. 그러나 고고학전공의 코스를 졸업하더라도 그것만으로는 교원이 될 자격이 없었습니다. 다만 지리학의 학점을 취득한 사람만은 중등학교 지리역사의 교론(教論)이 될 수 있었습니다.

또한 지금처럼 국가나 지방자치체에 문화재 조사기관이나 박물관 시설이 있는 세상이 아니었으므로, 고고학연구자에 대한 수요는 생각할 수도 없었습니다. 따라서 사학과 속에서 고고학 전공의 코스는 경원시되는 것이 당연했겠지요. 나 같은 사람은 상당히 괴짜로 보였을 것입니다.

전공학생이 한 명뿐이었더라도 쓸쓸하다고 생각한 적은 없습니다. 다른 사학과의 학생들과는 함께 모든 보통강의와 몇 개의 특수강의를 들었고, 고고학실습과 부(副)과목의 양서(洋書)강독에는 고고학 이외의 여러 학과 학생들과 대학원생도 참가하고 있어서, 자연스럽게 학우도 늘어 고독감은 없었습니다. 그 뿐만이 아니라 내가 전공학생이 된 해에 미츠모리 사다오(三森 定男) 군이 전과(專科)해 들어와 곧 친해졌습니다. 전과(專科)라고 하는 것은, 구(舊) 제도의 고등학교에서 제국대학(帝國大學)의 학부로 진학하는 정규루트를 취하지 않고 하나의 학과를 전문(專門)으로 연구하는 제도입니다. 그는 니혼(日本)대학의 예과(豫科)에서 왔다고 들었습니다. 전공학생들과 다른 점은 학점을 취득해 졸업논문을 제출할 필요가 없었고, 학부를 졸업해도 학사가 되지 않는 것 뿐으로 전공학생들과 같이 문학부의 강의를 듣거나 도서를 열람할 수 있는 등 자유로웠습니다. 미츠모리(三森) 군은 나와 동갑(1907년생)이었습니다만, 시골출신인 나보다도 상식이 풍부하며 경험도 많고 나이에 걸맞지 않는 풍류객이기도 했습니다. 일찍부터 소설가 지망이었다고 해서, 『古代文化』 41·42권에 연재(나중에 『京都学派』에 수록)된 「고고태평기(考古太平記)」에서도 그의 글재주 편린(片鱗)을 엿볼 수 있습니다. 그 1절에 미츠모리(三森) 군과 나의 동기생 모습이 그려져 있습니다. 선과생(選科生)이었기 때문에 미츠모리(三森) 군의 이름은 교토대학(京都大學) 문학부의 졸업생 명부에는 올라가 있지 않습니다.

츠노다 분에이(角田 文衞) 박사의 「미츠모리 사다오 교수의 생애(三森 定男教授の生涯)」(『京都学派』에 수록)에 의하면, 미츠모리(三森) 군은 1932년 7년에 선과(選科)를 마친 후에도 1940년까지 고고학교실에서 연구를 계속했고, 1941년에 『일본 원시문화(日本原始文化)』(四海書房)를 출판했습니다. 1952년부터 1972년까지 삿뽀로(札幌)의 홋카이 가쿠엔(北海学園)대학에서 교수로 근무한 후, 도쿄(東京)로 옮겼고 1977년에 병으로 사망했습니다.

또한 고고학교실에는 정규직원이나 학생들 이외에도, 몇몇 독지(篤

志 : 역주 원문에서는 特志로 되어있지만 오기로 보임)의 연구자들도 와 있었습니다. 『추도호(追悼号)』와 『추도록(追悼録)』에 추도문을 보내신 요시다 토미오(吉田 富雄) 씨, 나카가와 사다오(中川 貞雄) 씨 등은 내 기억에 남아있습니다. 『추도호(追悼号)』에 적혀있는 소개에 의하면, 요시다(吉田) 씨는 도쿄고고학회원(東京考古學會員)이고, 나카가와(中川) 씨는 리츠메이칸(立命館)대학의 법과(法科)출신이었으나, 하마다(濱田) 선생은 차별을 두지 않으셨습니다. 지방에서 가끔 찾아오는 독학(篤學)자들에게 각별한 편의를 제공해 주었던 것은, 앞서 기술한 미츠모리(三森) 군의 「고고태평기(考古太平記)」에 적힌 대로였습니다.

나는 이제 막 고고학전공 학생이 된 1929년의 9월에, 교실에서 행한 후쿠오카현(福岡県) 치쿠시군(筑紫郡) 가스가무라(春日村)의 스구오카모토(須玖岡本)(지금의 가스가시 오카모토쵸5쵸메(春日市岡本町5丁目))의 야요이식 옹관유적의 발굴조사에 참가했습니다. 여기에는 조수인 시마다(島田) 씨가 현장책임자가 되어, 그 결과를 『교토제국대학 문학부고고학연구보고 제11책(京都帝国大学文学部考古学研究報告第11册)』(1930년)에 「치쿠젠 스구 사전유적의 연구(筑前須玖史前遺跡の研究)」라는 제목으로 발표했습니다. 11기의 옹관을 발굴했는데 그 제1호에서 세형동검 1점이 검출되었습니다. 야요이식 옹관 안에서 발견된 청동유물에 관한 최초의 학술적 기록으로, 중기 야요이식 토기에 붙여진 스구식(須玖式)의 명칭은 지금도 관용어로 되어 있습니다.

시마다(島田) 씨는 이 당시 국사학 전공의 대학원생인 히고 가즈오(肥後 和男) 씨, 교토부립의과대학(京都府立醫科大學)의 학생인 미야케 무네요시(三宅 宗悦) 씨, 여기에 이제 막 전공학생이 된 나를 넣어 팀을 편성했습니다. 히고(肥後)·미야케(三宅)의 두 사람은 이미 학술적 발굴의 경험이 있는 고고학연구실의 단골들이었습니다. 나는 고등학교 시절에 유적을 둘러본 적은 있었지만, 유적을 본격적으로 발굴 조사해 보는 것은 처음이었습니다. 무엇보다도 나는 학생의 신분으로 교실의 연구 활동에 참가할 수 있어서, 다른 사학과 학생들에 비해 혜택받았다고 생각하며 의기양양했습니다.

시마다(島田) 씨의 보고서, 특히 도판을 보면서 새삼스레 떠오르는 것은 팀의 화기애애한 분위기였습니다. 히고(肥後)·미야케(三宅)의 두 사람은 정규의 교실사람이 아님에도, 적극적으로 시마다(島田) 씨에게 협력하며 지칠 줄 몰랐습니다. 고고학 연구에서 열심이기만 하면 부(部) 외의 사람이든 누구든 연구실에 출입을 허락한 하마다(濱田) 선생의 교실운영 방침이 드러난다고 생각합니다.

또한 이것은 『史林』15卷3号의 휘보란에 보낸 졸고인 「야마토 각지의 고고학연구 여행기(大和各地考古学研究旅行記)」에 적은 것입니다만, 1930년 3월 9일부터 11일까지 사학과 고고학과 학생 등 10명이 하마다(濱田) 교수·우메하라(梅原) 강사의 지도하에 야마토(大和) 각지의 고고학적 유적 유물의 견학여행을 시도했습니다. 그 첫날에 미도로(水泥)의 석관(石棺) 등을 견학하고 요시노구치역(吉野口駅)으로 돌아가던 도중에, 경사면의 밭에서 1점의 타제석촉을 하마다(濱田)교수가 발견하고는 사누카이트제인 석기가 야요이식(弥生式) 계통의 토기 편과 함께 산포하는 유적으로 판단한 것과 같이, 야외관찰의 흥미를 여실히 가르쳐주었습니다. 다음날도 도유라노미야(豊浦宮) 유적 부근부터 야마다데라(山田寺) 유적으로 향하던 도중에, 하마다(濱田) 교수는 또다시 타제석촉을 발견하고는 일행들에게 보여주었습니다. 그날 저녁에 공무(公務)로 인해 교토(京都)로 돌아가시는 선생을 배웅했습니다.

앞의 졸고에서는 개인적인 것을 적지 않았습니다만, 9일 밤은 오카(岡)에 있는 「구스리야(薬屋)」라는 숙소에서 선생과 함께 머물렀습니다.

그때 스에나가(末永) 씨와 나는 선생의 분부로 양동이에 한가득 게를 사 왔습니다. 「아리미츠(有光) 군은 하숙생활의 단신이니까 어쩔 수 없다지만, 스에나가(末永) 군까지도 게의 자웅을 모를 줄이야」라고 하시며 파는 사람이 말하는 대로 사 온 것을 나무라셨습니다. 그런데 이 연수여행에 참가한 나카가와 사다오(中川 貞雄)씨가 『추도록(追悼錄)』에 기고한 「에피소드」 중에서, 「자주 화제에 오르는 게의 자웅을 스에나가(末永) 씨와 아리미츠(有光) 씨에게 알려준 것은 이때다」라고 피력하였습니다. 나카가와(中川) 씨는 계속해서 「선생은 매일 밤 반주로 1병을 드시는 것을 알았다」라거나 「밤에 주무시기 전에 (중략) 수면제를 드시는 것도 (중략) 처음 알았다」 라는 등의, 선생의 있는 그대로의 모습에 가까운 묘사를 하고 있습니다. 여기에 덩달아 연구실에서의 선생에 관한 추억을 적어보고자 합니다.

3. 하마다(濱田) 선생의 훈도(薰陶)

선생은 강건해 보이지는 않았지만 병으로 휴강한 적이 거의 없었다고 생각됩니다. 더구나 강의의 유무와 상관없이 매일같이 교수실에 나와 계셨습니다. 7, 8월의 한여름에도 쉬지 않고 발굴보고서 작성에 집중하셨기 때문에 여름방학 중이 오히려 바빴다는 것이 조수인 시마다 사다히코(島田 貞彦)씨의 술회(述懷)였습니다.

선생이 대학에 오실 때에는 항상 일본 옷차림이었습니다. 하오리(羽織)·하카마(袴)에 중절모(여름에는 파나마모자)를 쓰시고, 검은색 타비(足袋)에 게타(下駄)를 신었습니다. 가방을 싫어해 보자기를 애용하셨습니다. 그 당시의 일본인 남성은 집에 돌아가면 일본 옷으로 갈아입지만, 근무처 등의 공공장소에서는 양복을 입고 있는 것이 보통이었습니다. 따라서 대학에서 일본 옷으로 다니는 선생은 소수파였습니다.

그러나 여행이나 격식을 차린 곳으로 가실 때에는 양복이었습니다. 유럽 유학이 길었던 만큼 선생의 양복 모습은 시원시원해 보였습니다. 스타일뿐 만이 아니라 언동이나 몸짓을 포함해 영국형 신사라는 평판이 높았던 한편으로 일본 옷 애호가로서도 알려져 있었습니다.

선생의 교수실에는 서랍이 달린 보통의 사무책상이 아닌 타원형의 테이블이 있었습니다. 테이블 위의 한쪽 끝을 치우고 거기서 집필·독서 등을 하고 계셨습니다. 특히 영자타자기를 두들기는 일본 옷 모습의 선생이 정겹게 떠오릅니다.

당시 고고학교실의 방 배치는 조수들인 교실원이 있는 연구실에서 선생의 교수실을 통해 실습실로 갈 수 있도록 칸막이 문이 활짝 열려있었습니다. 일일이 복도로 나가야 하는 귀찮음을 생략할 수 있어서, 우리들도 교수실을 지나 실습실이나 여기에 이어지는 진열실에 드나들었습니다. 따라서 재실(在室) 중의 하마다(濱田) 선생 옆을 통과하게 됩니다만, 선생은 별로 개의치 않고 일에 전념하고 계셨습니다. 하지만 안경 너머로 보실 때에는 이쪽도 약간 긴장했습니다. 또한 고고학 관계의 양서(洋書)가 교수실의 서가에 배치되어 있었으므로, 필요한 때에는 찾으러 가게 됩니다만 선생은 시끄러워하지도 않으시고 어떤 때에는 함께 찾아주셨습니다.

선생은 학생이나 연구실원들이 항상 오가는 분위기가 개인 방에 틀어박혀 있는 것보다도 좋으셨던 것 같습니다.

저녁 5시가 지나 귀가하는 것이 보통이었습니다만, 4시 경이 되면 모두가 있는 연구실에 나오셔서 서로 편안하게 이야기를 나누셨습니다. 선생에게 있어서는 편안한 시간이었던 것 같습니다. 이따금 연구실에 과자 같은 것이 어디서 와 있으면 다과회는 고조되었습니다. 학부장(學部長)이셨고 여러 학회나 위원회에 관여하고 계셨기 때문에, 선생에게는 찾아오는 손님이 많은 편이었습니다. 종종 이 다과회에 와서 합류한 내방자들 사이에서는 카페·아키올로지라는 호칭으로 친숙했습니다. 취재를 위해 발이 닳도록 하마다(濱田) 선생의 방으로 다니던 마이니치(每日) 신문사의 교토(京都) 지국장인 이와이 타케토시(岩井 武俊) 씨가 신문에 적은 것이 시작이라고 들었습니다.

선생도 모두와 차를 마시면서 서로 이야기하는 것을 좋아하시는 것 같았습니다. 선생 자필의 「이화위귀(以和為貴)」라는 편액이 연구실에 걸려 있었으므로, 그런 마음도 있으셨던 것 같습니다. 이런 자리에서의 선생의 발굴 경험담이나 해외 유학중의 에피소드 속에는 강의 이상으로 흥미롭고 많은 것을 시사해 주는 것들이 있었습니다. 선생의 수필집에 나와 있는 이야기라도 직접 여쭤보면 한층 흥미가 솟아오르는 것은 신기했습니다.

무심코 하는 선생의 이야기 중에서 내가 지금까지도 확실히 기억하고 있는 에티켓에 관한 이야기가 있습니다. 당시 국사(國史)연구실에 들어오는 사람들은 구두를 벗고 슬리퍼로 갈아 신어야만 했습니다. 선생은 이것을 거론하시며 슬리퍼라고 하는 것은 베드룸에서 신는 것이지 공공의 장소에서는 적합하지 않다고 말씀하셨습니다. 나는 그런 건가? 라고 생각했던 것이 잊혀지지 않습니다.

선생은 우리들에게 분주하게 말을 하거나 소리 높여 꾸짖거나 하지 않으셨습니다. 소곤소곤하듯 입안에서 맴도는 어조의 저음이었습니다. 선생의 강의를 들을 때에는 교단 가까이에 앉아 귀를 쫑긋 세우고 있었습니다. 이런 선생의 강의였으므로 미츠모리(三森) 군의 「고고태평기(考古太平記)」에서도, 『동방학(東方學)』의 「좌담회」에서도, 재미없었다는 평들로 일치합니다. 나 자신에게 그런 정도의 비판력은 없었습니다만, 좌담이나 강연에서의 눌변인 말투가 가벼운 유머나 풍자를 곁들여져 상당히 듣는 사람을 매료시켰다고 생각합니다. 선생도 형식적인 수업보다는 구속되지 않는 쪽을 좋아하셨음에 틀림없습니다.

『추도록(追悼録)』과 『추도호(追悼号)』에 기고된 추도문들 속에는 하마다(濱田) 선생이 이성과 인정미, 세심함과 대담함, 근엄함과 해학의 그 어느 한 쪽으로 치우치기 쉬운 양극을 겸비하셨다고 지적한 것이 몇 편인가 있습니다. 당시 이미 선생의 연령에 가까웠던 분들의 소견입니다. 학생이었던 내가 그 정도로 깊은 분석이 될 리가 없었다고 생각합니다.

다만 내 추억 속의 선생은, 중절모에 하오리(羽織)·하카마(袴)·검은 타비(足袋)에 게타(下駄)를 신은 일본 옷의 모습으로, 복장에는 구애받지 않는 듯이 보였으나 항상 머리와 수염은 단정하게 다듬었고 몸가짐을 조심하고 계셨습니다. 선생은 방의 모자걸이에 붙어있던 거울 앞에서 머리를 고치고서 회의 등에 나가셨습니다. 따라서 다박수염이나 봉발을 불쾌하게 생각하셨고, 그 무렵에 유행하기 시작한 노타이 셔츠를 싫어하셨습니다.

나는 모든 점에서 불초(不肖)한 제자입니다만, 적어도 몸가짐만이라도 선생을 닮으려고 마음을 쓰고 있습니다.

4. 일대 일의 연습

왕년의 고고학과 강의제목을 복사한 것이 손에 있습니다. 1929년도에 한해서 강의·담당교관·제목을 적어보면 다음과 같습니다. 1주일에 2시간씩이었습니다.

1929년도

　　　　보통　　　하마다(濱田) 교수　　　고고학개설

　　　　특수　　　하마다(濱田) 교수　　　그리스고고학

　　　　　　　　　미정　　　　　　　　　동양고고학

　　　　연습　　　미정　　　　　　　　　고고학실습

(아리미츠(有光) 주 : 여기서의 미정은 4월에 유럽 유학에서 귀국한 우메하라(梅原)강사로 됨)

　　1930년도

　　　　보통　　　하마다(濱田) 교수　　　고고학개론

　　　　특수　　　하마다(濱田) 교수　　　로마고고학

　　　　　　　　　우메하라(梅原) 강사　　동양고고학

　　　　연습　　　하마다(濱田) 교수　　　동양고고학의 제 문제

　　　　실습　　　우메하라(梅原) 강사　　고고학실습

　　두 해 모두 부(副) 과목으로 하마다(濱田) 교수의 고고학강독(고든 차일드(Golden Childe) : 유럽 문명의 여명(The Dawn of European Civilization))이 있었는데, 의학부 가나세키 다케오(金関 丈夫) 조교수의 인류학과 더불어 고고학 전공학생의 필수과목이었습니다.

　　보통강의는 국사·동양사·지리·고고의 다섯 학과의 주임교수들이 담당했는데, 모든 사학과 학생들의 필수과목이었습니다. 학생들은 1학년생 때에 청강해 학점을 땄습니다. 특수강의와 연습은 2학년생 이상의 전공생들을 위해 개설되었습니다. 고학의 경우에는 「고고학실습」도 필수였습니다.

　　특수강의는 다른 학과의 전공학생들도 청강할 수 있습니다. 하마다(濱田) 선생의 그리스고고학이나 로마고고학에는 서양사의 학생들이나 철학과의 미학미술사 학생들도 당연히 출석했습니다. 그러나 연습은 전공학생으로만 한정되었습니다. 제 경우에는 전공학생이 한 명이었기에 1929년도(전공학생이 된 때)는 하마다(濱田) 선생이 직접 실습부터 시작했습니다.

고고학 진열실에 있는 유물들을 교재로 삼아 관찰의 요령, 실측도의 작성법, 사진 촬영법 등, 고고학연구의 기초부터 시작해 유물 각각의 특색을 글로 나타내는 것까지 지도받았습니다. 그 중에서도 선생 자신이 허난성(河南省)의 안양(安陽)에서 구입한 대형 석경(石磬)의 사진 촬영과 실측도 작성을 하명 받아 고심했던 것을 잊을 수 없습니다. 그때의 사진과 실측도가 선생의 논문인 「은허발견의 대석경(殷虛発見の大石磬)」(『三宅博士古稀祝賀記念論文集』1929년)의 삽도로 채택되었기 때문입니다. 얼마 후에 시작된 우메하라 스에지(梅原 末治) 선생(당시 강사)의 실습이 탁본과 실측도의 엄한 지도였던 것과는 느낌이 다른 연습이었습니다.

앞서 적은 1930년도의 강의제목에서는 하마다(濱田) 선생의 연습을 「동양고고학의 제 문제」라고 했으나 실제로는 「유럽고고학의 제 문제」였습니다. 수강생이 나 혼자였기 때문에 선생의 방에서 서로 마주보며 했습니다. 전년도의 연습은 넓은 실습실에서 내가 작업하고 있는 사이에는 선생이 곁에 계셨던 것은 아니어서 서로 마주본다는 느낌은 없었습니다.

선생은 서가에서 관계된 원서를 내어 와 그것을 텍스트로 삼고 이야기를 진행했습니다. 그 중에서 1권을 골라 다음 시간까지 읽어오도록 숙제를 내시는 것이었습니다. 영어 이외에도 독일어, 프랑스어인 경우도 있어서 원서의 독해력 향상에는 도움이 되었지만, 내용에 대해 보고하고 선생의 질문에 대답해야만 했기 때문에 밤을 새워 준비해도 늦을 경우가 있었습니다. 무엇보다 전공생이 나 혼자였기 때문에 교대도 없이 맹렬히 훈련받았습니다.

　이를 선생도 알고 계서서 가끔 졸업논문에 관한 질문이나 조언을 해주셨고, 나에게 숨 돌릴 시간을 부여해 기분전환을 꾀하셨습니다. 슬슬 졸업논문을 정리하려고 하던 때에 국사학의 니시타 나오지로(西田 直二郎) 교수가 인솔하는 만선(滿鮮)연수여행을 권유받았으나, 졸업논문과 연습이 마음에 걸려 거절하려던 참에 이를 아신 하마다(濱田) 선생께「그렇게 소극적어서 어떻게 하나? 이런 좋은 기회는 다시 없으니 꼭 참가하도록」라고 권유받았습니다. 나는 여기에 참가해 기분전환을 할 수 있었습니다.

5. 연구실의 활기

　내가 재학 중일 때, 고고학연구실은 요동반도의 여러 유적들에 대한 발굴조사보고서의 작성으로 활기에 차 있었습니다.

　하마다(濱田) 선생의 동아고대문화(東亞古代文化)에 대한 관심은 젊었을 때부터로,「지나의 청동기에 관해(支那の古銅器に就いて)」를『국화(國華)』163호에 발표한 것이 1903년, 아직 도쿄제국대학(東京帝國大學) 문과대학 사학과(서양사 전공)에 재학 중이었습니다. 1905년의 졸업 당시 논문은「희랍적 미술의 동점을 논함(希臘的美術の東漸を論ず)」이었습니다.

　선생은 교토제국대학(京都帝國大學) 문과대학 강사로 취임한 다음 해인 1910년 30세 되던 해에, 같은 문과대학의 나이토 토라지로(內藤 虎次郎)·가노 나오키(狩野 直喜)·오가와 다쿠지(小川 琢治)·도미오카 겐죠(富岡 謙蔵) 등의 저명한 동양학자 여러 선생들을 따라 청나라로 출장을 가서 베이징(北京)에서는 둔황(燉煌)에서 온 자료를 조사하고, 뤼양(洛陽)을 방문해 출토품을 채집했으며, 귀국하는 도중에 만주(滿洲)의 유적을 답사했습니다. 1912년에도 청나라로 출장을 가서 펑톈(奉天)과 뤼순(旅順)근처에서 유적을 발굴조사했습니다. 선생이 일찍부터 중국대륙을 연구 필드로 생각하고 있었던 것을 알 수 있습니다.

내가 고고학전공을 결의하게 된 계기가 된 1928년 가을 선생의 특별강연도, 중국대륙을 중심으로 한 광대한「동아(東亞)」에서 펼쳐진 문명의 원류와 변천을, 구석기시대 문제에서부터 시작해 한대(漢代) 문화의 동점(東漸)까지를 논한 것이었습니다. 1920년대 말까지의 중국·일본·유럽·미국의 학계 정보에 정통한 선생 특유의 폭넓은 깊이가 있는 말씀이었습니다. 이때의 강의를 바탕으로 단행본인『동아 문명의 여명(東亜文明の黎明)』이 도쿄(東京)의 도코서원(刀江書院)에서 1930년 2월에 간행되었는데, 나는 교정을 도왔다는 명목으로 1권을 받고 감격했습니다.

이미 선생은 1926년, 중일(中日) 양국학자의 공동연구를 표방한《동아고고학회(東亜考古學會)》의 설립에 일본측 학자의 대표로 헌신해 스스로 현지에 가서 발굴조사를 지휘했습니다.

즉 설립 다음 해(1927년) 4월에 동아고고학회(東亜考古學會)의 제1회 사업으로 랴오뚱반도(遼東半島) 남안(南岸)의 비자와(貔子窩)유적의 학술발굴이 행해졌는데, 선생은 조사단을 지휘하고 학교로 돌아온 후에도 보고서 작성을 책임져, 1929년에『비자와(貔子窩)』(東方考古学叢書 甲種 第一冊)라는 거작(B4판)을 출판했습니다.

같은 해인 1929년, 뤼순(旅順) 시외에 있던 후한(後漢)의 전실분(塼室墳) 수 기를 동아고고학회(東亜考古學會)가 관동청(關東廳)박물관과 공동으로 발굴했을 때에도, 선생은 현지로 가서 주도하고 1933까지에는 조수인 시마다 사다히코(島田 貞彦)씨와 공저인 보고서『남산리(南山裡)』(東方考古学叢書 甲種 第三冊)를 공간(公刊)했습니다.

내가 재학 중(1928년부터 1931년까지 사이)의 연구실에서는 이상의 여러 유적 출토품들을 정리하거나 수리 복원하는 이외에도, 전실분 등의 모형제작에도 한창이어서 우에노제작소(上野製作所)의 니이야 요시오(新谷 芳雄 : 역주 성씨가 정확히 니이야인지는 알 수 없다. 그밖에도 아라야, 신타니, 아라타니 등으로 부르는 인물들도 있기 때문이다) 씨와 같은 전문가가 와 있었습니다.

하마다(濱田) 선생은 강좌개설의 다음 해(1917년)에 『京都帝国大学文科大学(1919년 文学部로 개칭)考古学研究報告』第一册을 출판, 1927년의 제10책까지 1년에 한 권의 템포로 연구실이 일본 국내에서 행한 학술적 조사의 성과들을 발표했습니다. 선생의 이러한 열정과 책임감은 이제 막 발족한 동아고고학회(東亜考古學會)의 경우에도 유감없이 발휘되었습니다.

조수인 시마다(島田) 씨는 사진, 실측, 제도, 레이아웃 등 대략적인 보고서 작성의 기초가 되는 일에 열심이었습니다. 교토공예전문학교(京都工芸専門学校) 도안과를 졸업한 후 곧바로 고고학연구실의 조수가 된 분으로, 전술한 『고고학연구보고(考古学研究報告)』 시리즈에서 발휘된 역량과 훌륭한 센스가 하마다(濱田) 선생에게 높이 평가받고 있었다고 생각합니다.

1928년에 동양사학과를 졸업하고 동아고고학회(東亜考古學會)의 현지조사(목양성(牧羊城))에 참가하고 있던 미즈노 세이이치(水野 清一) 씨도 연구실의 긴 책상에 도면을 펼치고 채색을 하고 있었습니다만, 얼마 안 있어 이 학회의 제1회 유학생으로서 베이징(北京)에 떠나게 되어 어수선한 듯 했습니다.

가장 노력하고 고생한 것은 하마다(濱田) 교수였습니다. 무엇보다도 본문의 원고작성과 그 영문번역은 그 자신이 아니면 할 수 없었고, 도판의 배치와 대조, 완성된 외관에 대한 배려에도 게을리 하지 않아, 몹시 고심한 끝의 출판이었음에 틀림없습니다. 머리 회전이 빨라 생각나면 곧바로 실천하는 타입이라는 평을 들었습니다만, 출판이 거듭될수록 새로운 취향을 담아냈습니다.

6. 취직에 즈음한 스승의 은혜

아무리 고고학을 좋아하더라도 우리 집안은 유복하지 않아서 수입도 없이 연구에 몰두할 수 있으리라고는 생각하지 못했기 때문에, 앞서 언급한 규정에 따라 중등학교 교사자격에 필요한 지리학과의 학점은 취득해 두었습니다. 졸업심사 후 한참 지나서 국사학의 니시다 나오지로 (西田 直二郎) 교수에게서 오사카(大阪)나 가나자와(金沢)의 여학교에 취직하지 않겠냐는 말씀이 있었습니다. 니시다(西田) 선생은 내 졸업논문의 심사를 분담하셨고, 댁에서 열린 연구회에도 참가한 적이 있어서 나를 알고 계셨기 때문이라고 생각합니다.

나는 하마다(濱田) 선생이 취직주선 같은 것은 하지 않는 주의라고 지레 짐작하고 있었습니다. 그러나 지도교수에게 상담도 하지 않고 정하는 것은 비상식적이라고 생각해 보고드렸습니다. 의외로 「그쪽은 거절하고 대학원에 입학하시게. 연구실의 후쿠슈(副手)로 채용할 예정이니까」라고 말씀하셨습니다. 문학부의 후쿠슈(副手)로 교실에서 근무하면서 연구 활동을 계속할 수 있다는 것은 꿈만 같은 이야기로 감사히 받아들였습니다.

문학부의 후쿠슈(副手)는 무급이었습니다만, 4월이 되자 하마다(濱田) 선생이 이사(理事)·지도원(指導員)으로 관여하고 계셨던 동방문화학원 교토연구소(東方文化學院 京都研究所)의 카드 작성 일을 나를 위해 만들어주셨습니다. 선생을 따라 소장인 가노 나오키(狩野 直喜) 박사 댁으로 인사드리러 갔던 것도 잊을 수가 없습니다. 고만고만한 성적이라 해서 대학원의 수업료를 면제받았습니다. 따라서 집에서 돈은 부쳐주지 않아도 하숙생활을 계속할 수 있는 전망이 생겼습니다.

그러나 5월의 어느 날, 선생에게서 「얼마 안 있어 조선에서 발족하는 조선고적연구회가 고분 발굴을 할 수 있는 젊은 사람을 찾고 있네. 자네가 희망한다면 추천하려고 하는데 어떤가?」라고 물어보셨습니다. 선생은 1918년부터 계속해서 조선총독부 고적조사위원회의 위원이셨기 때문에 거의 매년 출장을 가서 현지조사를 계속하셨고, 연구 성과를 연도별 보고서로 간행하셨습니다. 그 중에서도 1921년에 그 지방 사람이 우연히 발견해 사회를 놀라게 한 경주 금관총(金冠塚)에 관해 학술적으로 정리하고 연구해, 당시 촉탁이었던 우메하라 스에지(梅原 末治) 선생과 공저로 총독부의 고적조사특별보고(古蹟調査特別報告)인 『경주 금관총과 그 유보(慶州金冠塚と其の遺宝)』라는 거작을 간행하여 학사에 남을 공헌을 하셨습니다. 선생에게 있어서 조선은 연구의 중요한 필드이자 매력적인 장소라고 진작부터 듣고 있었습니다. 그런 선생의 말씀이셨기 때문에 내 마음이 움직였습니다.

앞서 적은 바와 같이 고고학연구실은 동아고고학회(東亞考古學會)의 보고서 작성으로 활기를 띠고 있었습니다. 선생의 조언으로 대학원의 연구제목을 「동아고고학의 연구(東亞考古学の研究)」로 정하고 있었던 나도 이대로 국내에 머물러 있어서는 진보할 수 없다고 생각해 대륙지향으로 기울어져 있었기 때문에, 「잘 부탁드리겠습니다」라고 대답했습니다.

얼마 지난 7월 중순 무렵에 실습실에서 유물을 정리하고 있었는데, 하마다(濱田) 선생이 「지금부터 교토역(京都驛)으로 가네. 구로이타 가츠미(黑板 勝美) 선생을 만나니 함께 가세」라고 갑자기 말씀하셨습니다. 평소에는 단정했는데 하필 이럴 때만 와이셔츠 한 장의 러프한 모습이어서 큰일났다고 생각했던 것을 잘 기억하고 있습니다.

플랫폼에서 열차가 도착하기를 기다렸습니다. 처음 뵙는 구로이타(黑板) 선생은 조선 옷의 바지를 입은 모습으로 대인의 풍격이 있었습니다. 하마다(濱田) 선생은 「이쪽이 말씀드렸던 아리미츠(有光)입니다」라고 소개해 주셨습니다. 구로이타(黑板) 선생은 조선고적연구회를 만든 장본인이었습니다. 구로이타(黑板) 선생은 조선에서 도쿄(東京)로 돌아오는 도중에, 침대열차가 교토역(京都驛)에 정차하는 틈을 이용해 나를 만난 것입니다. 「조선에는 후지타 료사쿠(藤田 亮策) 선생이 있으니 그의 지시에 따르도록」이라고 말씀하시고는, 그 후에 하마다(濱田) 선생과 둘이서 열차가 움직이기 시작할 때까지 서서 이야기하셨습니다. 이 때가 되어서야 나는 5월 경에 후지타 료사쿠(藤田亮策) 선생이 실습실에 오셔서, 토기의 복원이나 실측을 하고 있는 나를 물끄러미 보고 있었던 것을 떠올렸습니다. 그날, 후지타(藤田) 선생은 하마다(濱田) 선생에게 조선고적연구회의 일을 보고하면서 인사까지도 상담하셨을 것으로 상상됩니다.

내가 곧바로 조선고적연구회의 취직을 정한 것을 하마다(濱田) 선생이 기뻐하셨다고 나중에 우메하라(梅原) 선생에게서 들었습니다. 그러나 하마다(濱田) 선생은 나에게 「조선고적연구회는 민간인의 기부금으로 운영되므로 오래 계속되지 못할 가능성이 있네. 그때는 연구실로 돌아오시게. 대학원 쪽은 그대로 둘 테니」라고 말씀하셨습니다. 나는 선생의 따뜻하고 자상한 배려에 힘입어 8월에 부임했습니다. 후쿠슈(副手)가 된 지 겨우 4개월여 만에 연구실이라는 보금자리를 떠났습니다.

조선총독부의 고적조사사업은 1924년의 행정정리와 연이어 이어진 재무긴축으로 의해 매년 쇠퇴해, 다이쇼(大正) 말에서 쇼와(昭和) 초가 되면서는 파괴된 유적의 뒤처리조차도 할 수 없게 되었습니다. 이를 두고만 볼 수 없었던 고적조사위원인 구로이타 가츠미(黑板 勝美) 도쿄제대(東京帝大) 교수가 외곽단체를 만들어 경리 면에서 총독부를 원조하려는 계획으로, 1931년 8월에 이와사키 고야타(岩崎 小弥太) 남작에게서 받은 6천엔의 기부금으로 〈조선고적연구회〉가 「평양 및 경주를 중심으로

한 고적을 연구해 조선문화의 앙양을 도모한다(平壤及び慶州を中心とする 古墳を研究し朝鮮文化の発揚を図る)」(同会規則 第二條)는 목적으로 발족되었습니다.

평양과 경주에 연구소를 설치하고 연구원을 두어 고분의 발굴조사부터 시작하려는 계획이었습니다만, 실제로 연구소의 건물이 있었던 것은 아니고 평양부립박물관과 총독부박물관 경주분관에 셋방살이를 하고 전임 연구원의 상주도 없었습니다. 이러한 상황은 마지막까지도 바뀌지 않았습니다. 연구원은 필요에 따라 도쿄(東京)의 제실박물관(帝室博物館) 혹은 도쿄제대(東京帝大)·교토제대(京都帝大)·경성제대(京城帝大)에서 교수급의 학자들을 유사시에 초빙하고, 조수(助手)는 조선총독부박물관원을 출장시키는 방침이었습니다. 신규채용은 경주연구소의 조수(助手)로 배치된 나뿐이었습니다.

평양연구소의 최초의 발굴은 나중에 『채협총(彩篋塚)』으로 이름 붙여진 남정리 제116호분 외에 2기를 총독부박물관에서 출장 온 사와 슌이치(澤 俊一) 촉탁과 고이즈미 아키오(小泉 顯夫) 촉탁이 담당했습니다. 두 분이 제출한 발굴보고는 하마다 고사쿠(濱田 耕作) 교수 등에 의해 1934년에 출판된 『낙랑 채협총(樂浪彩篋塚)』(朝鮮古蹟研究會 古蹟調査報告第一)으로 정리되어 학계의 주목을 끌었습니다. 사와(澤)·고이즈미(小泉)씨 두 분 모두 오랜 기간에 걸쳐 조선의 고적을 학술적으로 발굴조사해 온 분들입니다.

이에 반해 경주연구소의 조수로 채용된 나는 본격적인 고분조사의 경험이 제로에 가깝고 조선에서의 생활도 처음이었습니다. 이에 후지타 료사쿠(藤田 亮策) 선생이 나와 더불어 경주까지 오셨고, 그대로 당분간 머무르면서 나를 실지지도를 해 주셨습니다. 경주연구소에서의 처음 일은 경주읍성의 남문 밖에 분포하는 고분군 중에서 황남리 제82호분과

83호분의 발굴조사였습니다.

이 고분군은 1921년부터 1926년까지 5년 동안, 금관총·금령총·식리총·서봉총 등 호화로운 유물이 나온 조사 예가 계속되어 지하의 쇼쇼인(正倉院)으로 떠들썩한 곳입니다. 당시 원분과 표형분이 150기 이상 있었습니다. 그때까지의 조사로 인해 모두 봉토분이지만 많은 경우가 봉토의 아래에 사람머리 크기의 강돌을 이용해 적석총처럼 쌓여 있었고, 그 적석을 제거하지 않으면 중심부에 도달할 수 없다는 것이 판명되어 있었습니다.

중심부는 지면을 아래로 판 수혈 속에 목재로 곽실을 만들고, 내부에 시신을 안치한 목관과 부장품을 넣은 구조였습니다. 조사했더니 목질은 모두 부식되어 흔적이 남아있지 않았고, 위에서 적석과 성토가 낙하해 묻혔으며, 장신구와 부장품도 짓눌려 납작한 상태로 드러났습니다. 따라서 석실분과 달리 학술적 발굴을 추구하기 위해서는 봉토와 적석의 태반을 제거할 수밖에 없습니다. 지금처럼 벨트 컨베이어 같은 편리한 도구가 없었기 때문에 엄청난 노력과 시간이 걸렸습니다.

우리들의 황남리 82호분과 83호분은 모두 저경이 20m 정도인 소형이었으나, 조사일수는 전자가 9월 27일부터 3주간이었고, 후자는 11월 말까지 약 5주간이 걸렸습니다. 교토제대(京都帝大)의 고고학 실습의 경우, 고분의 조사는 당일치기거나 길어도 일주일 정도인 일정이었으므로 스케일의 차이에 놀랐습니다.

발굴절차부터 시작하는 필드고고학의 규범을 보여주신 후지타 료사쿠(藤田 亮策) 선생은, 고분 외형의 실측이 끝나고 봉토를 파 내려가 적석부분이 드러나기 시작할 무렵에 경성으로 돌아가셨습니다. 선생은 당시 경성제대(京城帝大) 법문학부의 조교수로, 조선사와 고고학을 담당하고 계셨습니다. 또한 1922년 이래로 조선총독부 박물관의 주임(主任)이며 총독부고적조사·보존의 주사(主査)이기도 하셨습니다. 더욱이 신설된 〈조선고적연구회〉의 간사역(幹事役)이기도 했습니다. 따라서 언제까지나 내 옆에 붙어있을 수만은 없었습니다.

나는 혼자서 십 수 명의 작업원들을 써서 중심부의 발굴조사에 매달릴 수밖에 없었습니다. 정해진 대로 상황의 변화에 맞춰 실측도를 작성했고 사진을 찍었으며 출토품을 수습했습니다. 이런 것들을 협력자 없이 수행하는 것이 결코 쉽지 않았습니다만, 여하튼 그 성과를 『쇼와6년도 고적조사보고(昭和六年度古蹟調査報告)』第一册(朝鮮総督府 1935년 3월)에 공표할 수 있었습니다.

이상과 같은 나의 일하는 모습을 하마다(濱田) 선생이 시찰하러 오셨습니다.

『추도록(追悼録)』의 연보(年譜)에는 「1931년 10월 만선지방을 여행(昭和六年十月 滿鮮地方を旅行)」이라고 적혀 있습니다. 이 때에는 만주(滿洲)에서 돌아오는 도중에, 평양과 경주에서의 조선고적연구회의 발굴현장을 시찰하셨던 것으로 생각됩니다. 경주에서는 내가 발굴 중이던 황남리 제83호를 봐 주셨습니다. 곽 바닥의 부장품이 드러나 있었던 때로, 동행한 우메하라(梅原) 선생과 함께 금관총(金冠塚) 이래의 경험담을 섞어가면서 지도해 주셨습니다. 선생으로서는 이제 막 취직시킨 내가 어떤 일을 하고 있는지가 걱정되셨다고 생각됩니다. 취직 후까지도 마음을 써 주신 사은에 감격했습니다.

〈조선고적연구회〉는 1931년의 이와사키 고야타(岩崎 小弥太) 남작에 이어 1932년에는 호소가와 모리타츠(細川 護立) 후작에게서 기부금을 받았습니다. 그리고 1933년부터 1935년까지는 궁내성 및 이왕가에게서의 하사금 이외에도, 일본학술진흥회(日本學術振興會)에서 다액(多額)의 보조금이 나와 일본패전 때까지 총독부의 고적조사를 예산 부분에서 원조했습니다. 이러한 일본학술진흥회(日本學術振興會)의 보조금 교부에 관해서는『추도록(追悼録)』의 연보(年譜)에 다음과 같이 기재된 부분이 있습니다.

「그 해(1933년) 봄 일본학술진흥회(日本學術振興會)가 조직되어, 그 제1부 상치위원(常置委員)을 위촉한다. 제1부의 위원장인 다키(瀧) 박사와 하마다(濱田) 박사 등의 진력(盡力)으로 조선 낙랑 및 경주의 고적조사와 보고서 출판을 위해, 조선고적연구회에 다액(多額)의 조성금을 교부함에 이르렀고, 이 진흥회의 사업은 그 때문에 크게 번영하게 되었다.」

하마다(濱田) 선생은 이렇게 〈조선고적연구회〉의 발전에 기여하셨습니다.

7. 마지막 조선여행

하마다(濱田) 선생은 1933년에 발족한 조선총독부의 보물고적명승천연기념물보존회(宝物古蹟名勝天然記念物保存會)의 위원으로 위촉되어, 계속해서 매년처럼 조선으로 출장을 가셨습니다. 나는 이 위원회의 일을 분담하기 위해 경성의 총독부박물관으로 전임(轉任)해 있었기 때문에, 선생이 조선으로 오실 때마다 만나 뵐 수 있었습니다. 그 중에서 만년(晩年)의 선생에 관한 2가지 추억을 적어 끝마치도록 하겠습니다.

하나는 1935년의 일입니다.「9월 조선총독부의 보물고적명승천연기념물보존위원회(宝物古蹟名勝天然記念物保存委員會)에 출석하기 위해 조선으로 넘어와, 계속해서 이케우치(池內) 박사·우메하라(梅原) 조교수와 함께 일만문화협회(日滿文化協會)가 위촉한 지안현(集安縣) 고분의 조사」(『추도록(追悼録)』의 연보(年譜))를 하셨습니다. 고이즈미 아키오(小泉 顕夫) 씨의「평양의 추억(平壤の思出)」(『추도록(追悼録)』)에 의하면, 하마다(濱田) 선생은 지안(集安)에서의 벽화고분조사를 끝내고는 일행들보다도 빨리 평양으로 돌아가, 10월 3일 오후에 대성산록의 임원면에서 조선고적연구회의 오바 츠네키치(小場 恒吉) 연구원팀이 발굴조사 중이던 고구려 벽화고분군을 시찰하셨습니다.

오바(小場) 연구원의 조수(助手)로 참가하고 있던 나에게 전날에, 하마다(濱田) 선생을 위해 우차(牛車)를 준비해 장수원으로 마중나가라는 고이즈미(小泉) 씨로부터의 전보가 왔습니다. 요청받은 대로 준비가 되어 장수원에서부터의 험로를 선생은 우차(牛車)에 흔들려가면서도 만족해했다고 고이즈미(小泉) 씨는 기록하고 있습니다. 우리들은 도보가 더 편하다고 생각했습니다만, 그 해에 「가을 무렵부터 신장위축의 조짐이 보임」이라고 연보(年譜)에 적혀있는 것을 생각해보면, 선생으로서는 걷는 것이 힘들어져 우차(牛車)의 예약을 부탁했을지도 모르겠습니다.

다만 고이즈미(小泉) 씨에 의하면, 그날 오전 중에 평양 거주의 유지(有志)들이 선생을 대동강 뱃놀이에 초대한 상태였고, 오후에 발굴현장의 시찰을 끝내고 평양으로 돌아가서는 우리 발굴대원 일동을 저녁식사에 초대해 환담하며 시간을 보내기로 되어 있었습니다. 이는 관계자들의 노력을 치하하기 위해 피곤함을 억누르고 밝게 행동하셨던 것은 아닌지 지금이 되어서야 생각하게 됩니다.

또 하나는 내가 『추도호(追悼号)』에 기고한 졸고인 「고 하마다(濱田) 선생 최후의 조선여행을 기억하며(故濱田先生最後の朝鮮旅行を憶ふ)」에 적은 이야기입니다.

1937년의 6월 9일에 개최된 조선총독부 보물고적명승천연기념물보존회(宝物古蹟名勝天然記念物保存會)에 위원으로 출석한 하마다(濱田) 선생은, 이 보존회의 1부(보물·고적의 부(宝物·古蹟の部))의 좌장(座長)으로 추대되어 산더미 같은 의안들을 척척 처리하셨습니다.

폐회 후, 선생은 그 날에 「보물(宝物)」로 지정하기로 했던 충청남도 청양의 장곡사에 있는 불상과 대좌를 조사하고 싶다고 희망하셨습니다.

의안에 첨부된 사진때문에 생각한 것입니다. 역시 위원으로 와 계셨던 우메하라 스에지(梅原 末治) 선생과 도쿄제대(東京帝大)의 이케우치 히로시(池內 宏) 교수가 동행하게 되었습니다. 내가 안내역으로 동행한 것은 후지타 료사쿠(藤田 亮策) 선생의 조처였다고 생각됩니다.

다음날인 10일 오후, 경성을 떠나 그날은 대전시 교외의 유성온천에서 머물고, 11일 아침에 도청에서 제공해 준 자동차로 공주를 거쳐 청양으로 향했습니다. 차는 탄탄한 가도(街道)를 빨리 달렸는데, 6월의 아침바람은 상쾌하면서도 쌀쌀하게 느껴져 나는 하마다(濱田) 선생에게서 빌린 레인코트의 깃을 세웠습니다. 선생은 얇은 오버코트와 레인코트를 준비하고 계셨는데, 내가 그러한 준비가 없는 것을 보시고는 빌려주셨습니다. 아침저녁으로 극단적으로 기온이 떨어지는 조선에서, 더구나 이른 아침부터 늦은 밤까지 행동하면서 그런 것에 대비한 준비를 하지 않는다고 나무라시면서도, 떠나려던 차를 세우고 일부러 방에서 가져와 주신 레인코트였습니다. 나는 그 덕분에 아침저녁의 냉기를 이겨낼 수 있었습니다.

자동차는 청양을 목전에 둔 4km 정도 앞에서, 가도(街道)에서 산길로 약 1km 정도 들어가 멈췄습니다. 일행들은 여기서부터 다시금 올라가 장곡사에서 참배하고, 상대웅전(上大雄殿)의 철조약사여래좌상과 석조대좌를 배견하고는 그 훌륭함에 감동했습니다. 고려의 양식이 남아있는 건물의 구조를 촬영하거나, 바닥에 깔린 전(塼)의 문양을 탁본 등을 하고는 장곡사와 이별하고 자동차로 돌아온 것이 오후 2시 경이었습니다.

일행이 탄 자동차는 좁은 산길의 도중에 계곡 물이 흐르는 도로를 건널 때, 튀어나온 깨진 돌 위로 심하게 올라 타 버렸습니다. 차창에서 보았더니 곡류가 기름으로 검어져 있었습니다. 가장 중요한 오일 탱크가 찢어져버린 것입니다. 뛰어내린 운전수가 차 밑을 살펴보고는 한숨을 내쉬기만 했습니다. 우리도 차에서 내려 운전수에게서 기름이 흘러내려가 버리면 차를 움직일 수 없게 된다는 것을 듣고는 당혹했습니다. 사실은 그 후에도 부여를 둘러볼 예정이 있었던 것입니다.

하마다(濱田) 선생은 망연자실한 우리들에게 먼저 기름이 다 나오기 전에 자동차를 큰길까지 밀고 가자고 제안하시고는, 속수무책으로 팔짱만 끼고 있던 운전수를 격려하고 당신 자신도 상의를 벗고 바지를 걷어 올리고는, 우리들과 같이 혼신의 힘을 내어 차를 밀고나갔습니다. 이런 큰일을 당해도 선생은 정말 주위 사람들의 선두에 서서 척척 지도하는 것에는 감복했습니다.

자동차가 겨우 평탄한 가도(街道)로 나올 수 있었고, 지나가던 트럭에게 견인을 부탁해. 와이어 로프가 몇 번이나 절단되면서 청양에 겨우 도착했습니다. 여기서 다른 차를 고용해 해질녘이 다가오는 부여로 들어가 군수나 보존회 사람들의 마중을 받았습니다. 이 해 4월에 내가 조사한 규암면의 문양전 출토유적을 보고 싶다고 한 것이, 하마다(濱田) 선생의 또 다른 한 가지 희망이었습니다.

지역의 유지와 저녁을 같이 하고 있던 중에, 도청의 차가 응급수리를 마치고 달려와 주었습니다. 밤의 어둠에도 아랑곳하지 않고 나아가 공주를 경유해 유성온천으로 돌아온 것은 이미 10시가 지나서였습니다.

다음 날인 12일에, 이케우치(池內), 우메하라(梅原) 두 선생은 산성의 조사나 비문의 탁본을 뜨기 위해 떠났습니다. 하마다(濱田) 선생은 꼭 살펴봐야 할 논문을 가지고 있다고 하면서 숙소의 2층에서 움직이려고 하지 않으셨습니다. 그리고 그 날 저녁, 교토(京都)로 돌아가시는 하마다(濱田) 선생을 대전역까지 배웅한 나에게 선생은,「이 다음에는 교토(京都)에서 만나세」라고 말씀하셨습니다. 선생은 같은 6월 말에 교토제대(京都帝大) 총장으로 취임하셨는데, 나로서는 이것이 최후의 이별이 되어버렸습니다.

　전날까지 하마다(濱田) 선생과 계속 함께였던 이케우치(池內) 선생과
우메하라(梅原) 선생이 이때 차에 동승하고 계셨는지 어땠는지는 전혀
기억이 없습니다. 지금도 내 눈앞에 떠오르는 것은 열차의 창틀을 액자
로 삼은 하마다(濱田) 선생의 자애로움으로 가득 찬 얼굴 뿐 입니다.

후지타 료사쿠(藤田 亮策) 선생의 조선고고학

1. 조선 부임

후지타 료사쿠(藤田 亮策) 선생이 조선에 부임한 것은 선생이 30세 되던 때인 1922년 3월이었다. 이 전년도에 조선총독부의 학무국에 고적조사과가 신설되었다. 선생이 학무국의 고적조사과에 들어가, 다음 해인 1923년에는 감사관을 맡았고 학무국 근무(박물관 주임(主任))를 명 받았다. 조선총독부박물관은 애초부터 관장직을 두지 않고, 행정기구(학무국)의 말단으로 취급되었기 때문에 주임(主任)이 실제로 관장(館長)의 일을 맡았다.

선생은 도쿄제국대학(東京帝國大學) 문학부 사학과에서 국사학을 전공하고, 졸업 후 문부성(文部省)의 유신사료편찬국(維新史料編纂局)을 거쳐 궁내성(宮內省)의 제능료(諸陵寮)에서 2년간 근무했다. 그 사이에 능묘 관계의 일을 통해 고고학적 연구에 관심을 가지게 된 것은 당연했을 것이다. 담당한 직무로 인해 매달 긴키(近畿)지방으로 출장을 갔고, 그 인연으로 교토제국대학(京都帝國大學) 문학부 고고학연구실에 하마다 고사쿠(濱田 耕作) 교수나 우메하라 스에지(梅原 末治) 선생을 방문해 서로 알게 되었다. 이 연구실이 당시 일본에서는 유일한 고고학 강좌였던 것은 이미 잘 알려진 바와 같다.

도쿄제국대학(東京帝國大學)의 은사인 구로이타 가츠미(黑板 勝美) 교수, 공학부의 세키노 다다시(關野 貞) 교수, 그리고 교토(京都)의 하마다 고사쿠(濱田 耕作) 교수는 그 무렵에 이미 고적조사위원으로서 조선총독부의 고적조사사업에 깊이 관여하고 있었다. 후지타(藤田) 선생은 이들 여

러 교수들의 권장으로 조선 부임을 결심
하게 되었던 것이다.

이상과 같이 선생의 조선생활은 순조
로운 출발이었음에도 불구하고, 3년이 채
지나기도 전인 1924년 말의 행정재정정
리로 인해 학무국(學務局) 조사과(調査課)의
관제가 소멸되어 선생의 감사관(鑑査官)도
폐직(廢職)되었다. 더군다나 낙랑고분의
발굴 중에 이 통지를 받게 되었으니 한층 그 쇼크가 커서 나중까지도 일
본 관료정치의 문화정책에는 불신감을 계속 품게 되었다. 긴축재정의 여
파가 곧바로 고문화재의 조사보존에 오게 된 것을 계속해서 분개했다.

그래도 선생은 그 후 총독부의 수사관(修史官)을 거쳐 1926년에 신설
된 경성제국대학(京城帝國大學)의 조교수로 임명됐고, 1928년까지 고고학
연구를 위해 구미(歐美)에 유학했다. 1932년에는 교수로 승진해 조선사
학 제1강좌의 담임을 명 받았다. 그리고 고고학의 강의도 계속해서 담
당했다.

그러나 현실적으로는 고적조사의 일도 박물관의 운영도 미룰 수 없
었기에, 총독부는 후지타(藤田) 선생을 고적조사사무와 박물관운영의 주
임(主任)으로 촉탁해, 주요한 사항에 관해서는 선생의 결재를 거치도록
정했다. 따라서 선생은 경성제국대학(京城帝國大學)의 교관이라는 본직
에, 총독부 학무국(學務局)의 고적계(古蹟係)와 박물관계(博物館係)의 주임
(主任)이라는 책임이 더해져 다망하기 짝이 없게 되었다.

경성제국대학(京城帝國大學)의 법문학부와 총독부박물관의 사이는 직
선거리로 약 2km로, 탈것의 편리함이 적었던 당시에 양쪽 여기저기의
일들에 글자 그대로 동분서주했다. 1931년 여름, 내가 조선총독부박물

관내에 신설된《조선고적연구회》의 조수로 채용될 무렵의 후지타(藤田) 선생은 40세 전의 한창 때라고는 하지만, 양쪽의 일을 해내는 팔방미인의 대 활약상에 나는 그저 감탄만 할 뿐이었다.

2. 웅기 송평동 유적

조선총독부는 1916년에 고적 및 유물보존규칙(古蹟及遺物保存規則)을 시행해, 고적조사위원회에 의한 고적조사의 방침을 정하고는, 우선 5개년계획을 세워 유사(有史)이전의 유적과 유물의 조사를 위원인 도리이 류죠(鳥居 龍蔵) 박사에게 위촉했다. 도리이(鳥居) 박사는 그 5년 전부터 매년 계속해서 교과서 편찬용 자료수집의 명목으로 석기시대의 조사를 계속하고 있었기 때문에, 마침내 그 족적이 조선의 전역에 이르게 되었다.

그러나 도리이(鳥居) 박사의 조사는 총독부박물관에 가지고 돌아온 수집유물에 의하면, 가능한 한 넓고 많은 유적을 확인하려는 것이었다고 생각된다. 아무튼 당시에는 아직 조선에 석기시대가 존재했느냐가 문제였던 시기여서, 미지의 지역을 탐험 혹은 개척하는 듯 한 답사가 되기 쉬워, 매우 특정의 지역을 정밀하게 조사하거나 하나의 유적을 철저히 발굴할 처지가 아니었다.

후지타(藤田) 선생의「조선의 고적 및 유물(朝鮮古蹟及遺物)」(朝鮮史学会『朝鮮史講座』1924년)은 이상과 같은 도리이(鳥居) 박사 수집의 자료에 의거한 개괄적 소견이다. 나는 이것을 지침서 삼아 조선선사고고학에 몰두하게 되었다.

일본이 패퇴할 때까지 조선에서의 유적발굴조사는 대부분 총독부의 독점사업으로 행해졌기 때문에, 1945년 이전의 조선고고학은 다시 말해 조선총독부의 고적조사사업이나 다름없었다. 그 궤적을 회고해 보면 고분의 발굴조사가 극단적으로 중시되고 있었다고 밖에 말할 수 없다. 간행된 조사보고서들을 살펴보면 대부분이 고분관계이다. 그것도 평양부근의 낙랑군이나 고구려의 고분군, 경주부근의 신라 고분군 등, 호화롭고 진기한 부장품이나 벽화 등의 발견이 기대되는 것들에 편중되었다. 조선고고학사에 길이 남을 찬란한 자료의 다수가 이러한 고분의 발굴에 의해 초래된 것은 사실이고 학자들의 관심을 끈 것도 당연했다.

또한 총독부라고 하는 행정기구 속에서 행해진 고적조사사업이기 때문에 화려한 미술공예품의 발견은, 발굴비를 시작으로 발굴품의 정리, 보고서의 출판 등에 소요되는 비용을 획득하는데 좋은 여건이었다. 이것이 매년 반복되어 학자측의 강한 관심과 맞아떨어져 드디어 실적을 쌓아가는 결과가 되었다.

그 반면에 고분 이외 유적의 조사연구는, 해가 들지 않는 골짜기에 남게 되듯이, 도리이(鳥居) 박사가 모처럼 담당한 선사시대 유적유물의 조사는 특히 현저한 성과를 남기지 못한 채 끝났다.

후지타(藤田) 선생이 1929년부터 1931년까지 주도한 함경북도 웅기 송평동의 석기시대 유적 발굴조사는 총독부시대를 통해 가장 주목할 성과를 올렸다.

유적은 한반도의 동북단인 웅기의 서쪽에 있는 용수호반(龍水湖畔)의 사구상(砂丘上) 경사면에 펼쳐져 있었는데, 1km 이상 이어진 넓은 산포지 안 곳곳에 포함층과 패총이 있었다.

후지타(藤田) 선생은 남북으로 간선(幹線)의 트렌치를 넣고, 이와는 직각으로 구(溝)를 만들어 주요한 지점들을 발굴했다. 간선(幹線)의 구(溝)는 길이가 190m, 직각의 구(溝)는 40m를 한도로 해, 순차적으로 파는 방법으로 조사를 진행해 다음과 같은 점들을 밝혔다.

유적 표면의 부식토층 아래에 조개껍질을 포함한 흑갈색 토층이 있고, 그 아래의 흑색토층에 다량의 석기·골각기·토기·짐승 뼈가 포함되어 있었다. 돌로 된 홈이나 온돌은 이 포함층 아래 바닥의 생토층과 접한 부분에서 발견되었다.

수혈주거지는 원 혹은 타원의 평면형을 띄고, 안에는 난방설비로 추정되는 부석(敷石) 혹은 구상석렬(溝狀石列)의 유구가 있었는데, 중국 동북 지구와 조선의 쪽구들이나 온돌의 조상격으로 생각되었다. 공방의 흔적으로 추정되는 수혈도 발견되었다. 중앙에 평석(平石)이 있고, 곁에는 돌도끼나 숫돌 혹은 조개껍질이 있으며, 더욱이 조개 팔찌·골기 등의 세공한 과정을 나타내는 유물도 있었다.

매장인골은 14개체 분이 발견되었는데, 모두 동침신전장(東枕伸展葬)으로 굴장(屈葬)은 없었다. 부장품은 돌도끼·돌화살촉·조개 팔찌·뼈 비녀·옥제 고리·곡옥 형태의 것을 포함한 천하석제 장식옥·방추차·토기 등이었다. 한 인골의 사례에서는 다리사이에 길고 아름답게 갈아 만든 돌화살촉 십 수개가 묶음으로 있었고, 다른 한 사례에서는 두개골 곁에 채문토기(彩文土器)인 호(壺)가 껴묻혀 있었다.

이 유적에서 출토된 석기에는 대형의 철자형 타제석부(凸字形打製石斧)·마제석부(磨製石斧)·마제석침(磨製石針)·마제석촉(磨製石鏃) 이외에도 흑요석의 타제촉(打製鏃)과 창(槍) 끝이 눈에 띄었다. 길이가 15cm나 되는 긴 마제석촉(磨製石鏃)은 특히 우수한 것이었다. 골기는 골촉(骨鏃)·골침(骨針)·뼈 낚싯바늘 이외에 미완성품들도 다량으로 발견되었다. 한 묶음으로 된 조개팔찌가 드러났고, 조개껍질에 구멍을 뚫은 장신구도 출토되었다.

토기가 가장 풍부했는데, 그 중에서도 무문의 통형토기(筒形土器)가 극단적으로 많고, 깊은 흑색토층의 바닥에서는 2개 혹은 3개가 겹쳐져 드러누운 것도 있었다. 큰 화분형도 다수 발견되었다. 또한 표면을 마연하고 철단(鐵丹)을 칠한 토기 파편이 적지 않았지만, 채문토기(彩文土器)는 적었다. 빗살무늬토기(櫛目文土器)는 무문토기(無文土器)보다 열세였지만, 출토지점을 달리하고 있어서 두 군(群)의 층서관계를 확인할 수는 없었다. 이는 조선에서 빗살무늬토기(櫛目文土器) 문화와 무문토기 문화와의 관계를 나타내는 중요한 고고학적 사실이다.

후지타(藤田) 선생에 의한 웅기 송평동유적의 3회에 걸친 발굴은 그때까지는 계획된 적이 없었던 대규모 선사시대 유적의 학술조사로서, 많은 중요한 고고학적 자료를 학계에 제공했고 이후의 조선고고학의 전망을 넓혔다. 그러나 이러한 계획적인 발굴조사가 총독부시대에 다시는 행해지지는 못했다.

3. 빗살무늬토기(櫛目文土器)

후지타(藤田) 선생의 「빗살무늬토기의 분포에 관해(櫛目文樣土器の分布に就きて)」(『青丘学叢』第二号-1930년 11월)에서의 빗살무늬토기(櫛目文土器)란, 독일학자들이 부르던 Kamm Keramik의 직역이다. 후지타(藤田) 선생이 이 명칭을 채용하기 전까지는 단순히 유문(有文) 혹은 유문(有紋)토기로 불렀다. 후지타(藤田) 선생이 말하는 빗살무늬토기(櫛目文土器)란, 「토기의 덜 마른 면에 빗살모양의 것으로 긁어서…문양을 만들어 소성한 것」으로, 「빗살모양으로 병렬된 점 혹은 평행선문을 만들고, 반드시 2줄이상의 선 혹은 점선이 평행하게 만들어져 있는 것을 조건」(앞 논문)으로했다.

후지타(藤田) 선생은 한강의 대홍수로 인해 서울 동부의 암사리유적에서 대량의 빗살무늬토기(櫛目文土器)가 출토된 것을 계기로, 1925년 이래로 각지에서 석기시대 토기의 분포상태를 조사해 문화의 전파와 토기 문양과의 관계를 밝히려고 자료를 모으고 있었다. 이러한 종류의 토기가 출토되는 유적들은 한반도의 해안 혹은 큰 강의 하류유역에 한정되어 분포하지만, 단독으로 조선에서 발달한 것이 아니고, 중국동북지구나 포시에트(Посьет)만 해안에 연접하고 있고, 바이칼호 서쪽의 시베리아에서부터 유럽 북방의 토기문화와의 관계도 무시하기 어렵다고 하면서, 프랑스·독일·핀란드의 박물관에 수집된 확실한 자료들을, 조선의 빗살무늬토기(櫛目文土器)의 시문 및 기형과 비교해가면서 논했다.

이 「빗살무늬토기의 분포에 관해(櫛目文樣土器の分布に就きて)」가 탈고된 것은 후지타(藤田) 선생이 구미(歐美) 유학에서 조선으로 돌아온 다음해였다. 선생이 예전부터 품고 있었던 조선의 빗살무늬토기(櫛目文土器)에 관한 분포론이 구미(歐美) 유학중에 숙성되었다고 생각된다. 신대륙에 관해서도 「뉴욕, 워싱턴, 보스턴의 박물관을 훑어본 경험에 의하더라도, 알래스카, 그린란드, 캐나다북부·미 합중국의 메인주·뉴욕주 등에는 빗살무늬(櫛目文) 및 그와 유사한 토기가 매우 많고…마제석촉(磨製石鏃)의 분포를 같이 생각해 보면, 거기에 미묘한 관계를 인정할 수 있을 것으로 생각한다」(앞 논문)라고 유학 중의 소감을 적고 있다.

후지타(藤田) 선생이 이 논문에서 한반도의 빗살무늬토기(櫛目文土器)를 유라시아 대륙 및 아메리카 대륙에 걸친 글로벌한 시야에서 파악한 점이 높이 평가된다. 또한 조선에 있어서 석기시대 토기의 분류에 관해서는, 요코야마 쇼자부로(橫山 将三郞)교수에 의한 반론을 끌어내게 되어, 그때까지의 도리이(鳥居) 박사의 후수식(厚手式)·박수식(薄手式) 론에 대비되는 새로운 전개를 가져온 공적도 크다.

4. 지석묘(支石墓)

지석묘(支石墓)는 조선 초기 금속문화의 묘제로 알려져 있다. 한반도의 동북쪽 구석을 제외하고 조선 각 도에 걸쳐 분포하는데, 거대한 돌의 구조물이 수 기 혹은 수십 기의 무리를 이루므로, 옛날부터 주민들의 강한 관심을 끌어 각지에서 「지석(支石)」 혹은 「탱석(撑石)」이라는 지명을 남겼다.

후지타(藤田) 선생은 일찍부터 지석묘(支石墓)의 연구를 지향하고 있었는데, 「조선 및 만주에 있어서의 거대분묘의 연구(朝鮮及び満州における巨石墳墓の研究)」라는 테마로, 제국학사원(帝國學士院)에서 학술장려금을 받아 북으로 남으로 조사를 계속했다.

선생은 조선의 지석묘(支石墓)를 북방식과 남방식으로 대별하고 다음과 같이 정의했다. 북방식은 4장의 큰 판석을 조합해 석관형의 석실을 만들고 위에 거대한 판석을 놓은 것으로, 거대한 판석은 석실의 개석(탱석(撑石)이라고 부름)이다. 남방식은 3개 내지 6개의 땅딸막한 지석의 위에 거대하지만 입체감 있는 암석을 놓은 것으로, 탱석은 석실의 개석은 되지 못하고 석실은 지하에 별도로 만들어져 있다. 후지타(藤田) 선생의 설명은 이상과 같다.

북방식의 이름은 그 분포가 한반도의 북부에 집중되고, 중국 동북지구의 소위 석붕(石硼)과 연결되는 것에서 유래한다. 그리고 외관이 테이블 형으로 되어 있어서, 북방식 탁자형 지석묘로 불리게 되었다. 이에 반해 남방식은 한반도의 남반부에 분포가 편중되어 그 이름을 얻은 것이지만, 그 외관은 본격적인 바둑판과 비슷하다. 이에 남방식 바둑판형 지석묘로 불리게 되었다.

후지타(藤田) 선생은 대구 대봉동의 지석묘군(支石墓群)을 조사해, 종래에 전혀 알려지지 않았던 묘표식(墓標式)이라고도 칭할 수 있는 종류의 지석묘를 밝혀내, 지석묘 연구에 공헌했다.

후지타(藤田) 선생을 리더로 한 1936년도의 대구 대봉동의 지석묘군 조사는, 3기의 지석묘 모두가 탱석의 바로 아래에는 석실을 만들지 않고, 1개 내지 4개의 석실을 동서 혹은 남북으로 설치하고는 그 위를 적석으로 덮고 그 중심의 위쪽에 거대한 탱석을 설치한 구조가 분명했다. 이 경우 거대한 탱석(撑石)은 석실을 보호하기 위해 덮어씌우지는 못한다. 무덤의 표지와 같은 셈으로 지표면에 설치된 것이라는 해석이었다.

이는 지석묘로 말하자면 북방식 탁자형 지석묘를 연상시켜 탱석을 반드시 석실의 개석으로 보는 종래의 생각을 바로잡게 만들었다.

계속해서 1928년 11월의 대구 대봉동 지석묘군의 조사에서는 제1구(區)의 제2지석묘에서 부장품이 출토되었다. 부장품이 발견된 조사사례가 드물어 지석묘의 성격해명에 중요한 식견을 더하게 되었다. 이 지석묘는 탱석의 아래에 지석을 두지 않고, 사방 5m에 걸쳐 강돌을 쌓은 위에 탱석을 둔 것으로, 석실은 1기뿐이지만 그 아래의 지표면보다 1m 아래에 평평한 돌을 깔아 만들었다. 발견된 부장품들은 내 분류에 의한 무통이단병식(無樋二段柄式) 마제석검(磨製石劍)이 1점, 유병유엽형(有柄柳葉形)에 몸체의 단면이 마름모꼴인 마제석촉(磨製石鏃)이 3점, 철단(鐵丹)을 칠한 기벽이 얇은 환저호(丸底壺)가 1점이었다. 그 출토 상태에 의하면 피장자는 남북으로 긴 석실 내에 남침(南枕)의 신전장(伸展葬)이었던 것으로 보이고, 석촉이 붙어 있는 화살과 마제석검을 허리 부근에 갖추었으며, 머리 부분에 철단을 칠한 호(壺)가 놓여 있었던 것 같다. 이는 남조선의 석검·석촉·토기의 조합을 나타내는 중요한 자료이다.

5. 후지타(藤田) 고고학의 특징

a : 이식

내가 조선에 부임해 최초로 받은 선생의 논문 별쇄본은 「조선 및 일본발견의 이식에 관해서(朝鮮及び日本発見の耳飾に就いて)」(京城帝国大学法文学会第二部論纂·第三輯『日本文化叢考』·1931년)이었다. 교토제국대학(京都帝國

大學) 재학 중에 나는 하마다(濱田)·우메하라(梅原) 두 선생의 『경주 금관총과 그 유보(慶州金冠塚と其遺宝)』를 통해, 조선의 신라고분에서 호화로운 금제이식(金製耳飾)이 출토되는 것은 알고 있었다. 후지타(藤田) 선생이 이것들을 집대성한 노작(勞作)을 읽고, 조선은 고고학연구의 보고(寶庫)라고 생각하며 흥분한 기억이 있다.

선생은 이 논문의 도입부에서 세계적으로 고대인들의 이식(耳飾) 종류에 관해 소개했다. 본론에서는 우선 일본에서 발견된 이식(耳飾)들 중에서, 수식(垂飾)이 붙어있는 이식(耳飾) 10사례의 각각에 대해 상세하게 기록하고 특징들을 명확하게 했다. 다음으로 조선에서 발견된 이식들에 관해서는, 엄청나게 많은 수의 금은제수식(金銀製垂飾)이 붙어 있는 이식(耳飾)들 중에서도 확실한 발굴사례인 82쌍을 모아, 앞서와 같이 엄밀한 관찰기록을 작성해 열거했다.

대부분은 삼국시대의 신라영역 안에서의 출토품들이지만, 그 중에서도 왕도(王都)인 경주의 고분에서의 출토 예들은 금관총(金冠塚)·서봉총(瑞鳳冢)·금령총(金鈴塚)·보문리부부총(普門里夫婦塚)의 부인묘 등에서 알 수 있듯이, 정교하고 세밀함이 극에 달한 작품들이 많은 것을 명료하게 설명했다.

그리고, 마지막으로 조선과 일본의 금은제수식(金銀製垂飾)이 붙어 있는 이식(耳飾)을 함께 그 형상의 변화를 논하고 제작기술의 문제를 고찰했다.

즉 귀에 붙는 환(環)이 근본 형식이므로, 그 제1환(環)의 모양과 거기에 붙는 수식(垂飾)의 모양 등에 의해, 세환식(細環式)·태환식(太環式)·다지식(多枝式)(연지(連枝式))의 3종류로 대별된다. 또한 수하식(垂下飾)의 형태에 의해 원구형(円球形)·행엽형(杏葉形)·치자형(梔子形) 등으로 분류할 수 있다. 이것들이 착종되어 여러 종의 형상이 생겼다. 게다가 계보적으로는 태환형(太環形)이 세환식(細環式)에서 나왔다. 이러한 것을 표식도를 제시하면서 설명했다.

그리고 조선 출토의 금은제(金銀製) 이식(耳飾)에서 유행한 행엽형(杏葉形)의 수식(垂飾)이나 소영락(小瓔珞), 거기에 효고구사리(兵庫鎖 : 사슬 Taranto chain)는 메소포타미아의 고왕국이나, 이집트 중왕조에서 그리스 · 로마시대의 이식(耳飾)이나 경식(頸飾)을 상기시킨다고 하고는, 금공적(金工的)인 기술, 특히 누금세공(filigree)의 기교에서도 또한 서방과의 문화교섭을 고려해야 한다고 결론지었다.

나는 후술할 조선고적연구회의 경주연구소 조수(助手)로 근무한 1931-1933년 무렵에, 경주 읍남고분군의 수 기(基)를 발굴조사했다. 나는 소규모이고 부장품도 빈약한 고분을 담당했지만, 모든 유기물질이 소멸해 사라져버린 묘광(墓壙)의 바닥에서 반드시라고 말해도 좋을 만큼, 한 쌍의 금제수식(金製垂飾)이 붙어있는 이식(耳飾)이 귀의 위치를 나타내면서 출현하는 것에 감탄한 경험이 있다. 삼국시대 신라수도의 사람들 사이에서는 금제이식(金製耳飾)이 대유행하고 있었던 것이다. 나는 이러한 발굴품의 금제이식(金製耳飾)을 분류해 기술하는데 있어서, 이 후지타(藤田) 선생의 논저에 은혜를 입은 것을 잊을 수 없다.

b : 낙랑봉니

1933년에 나는 조선고적연구회의 경주연구소 근무에서 조선총독부박물관으로 옮겼다. 그때부터는 자연스럽게 후지타(藤田) 선생에게서 친히 직접지도를 받을 수 있는 기회가 늘었다. 그 무렵 선생은 총독부박물관에 오시면, 사무실의 책상 위에 박물관 소장의 낙랑봉니를 모아두고는 탁본을 치거나 크기를 재는데 열중하셨다. 무엇보다 안경으로도 쫓아가기 어려울 정도의 심한 근시였기 때문에, 기껏해야 사방이 2-3cm

인 봉니에 압날된 작은 도장의 글자를 읽는데 고심하고 계셨다. 마지막에는 안경을 벗고 마치 핥을 듯이 얼굴을 가까이 대고 하는 작업이었다.

2백점에 가까운 낙랑봉니를 모은 「낙랑봉니고(楽浪封泥攷)」(『小田先生頌寿記念 朝鮮論集』-1934년)과 「낙랑봉니속고(楽浪封泥続攷)」(『京城帝国大学創立十周年記念論文集·史学篇』-1936년)[다만 두 편 모두 선생의 『조선고고학연구(朝鮮考古学研究)』(1948년)에 수록]의 자료작성이었다.

조선에서 봉니가 발견되는 것은 평양 대동강 대안의 토성리(土城里)에 있는 토성(土城)에만 한정된다. 선생은 총독부박물관 소장의 확실한 76점들을 하나하나 분명하게 기록했다. 또한 낙랑고분 내의 피장자의 허리에 차고 있던 10점의 도장(印)에 관해서도 같은 방식으로 정밀한 자료를 만들었다.

그리고 봉니에 나타나있는 군현명(郡縣名)은 전한서(前漢書)의 지리지(地理志)에 기재된 낙랑군과 그 관할 아래의 25현(縣) 중 조선 이하 22현(縣)이 있고, 또한 관직명은 낙랑군의 태수(太守)와 대윤(大尹)·승(丞)·수승(守丞)·장사(長史)·연(掾)의 5종류와, 현(縣)의 영(令)·장(長)·승(丞)·위(尉)의 4종류가 있는 것이 명확해졌다. 한대(漢代) 변경의 군(郡)의 직제 전부와 크고 작은 현(縣)의 직제 대부분이 알려진 것이다.

후지타(藤田) 선생의 「낙랑봉니고(楽浪封泥攷)」와 「낙랑봉니속고(楽浪封泥続攷)」의 발표는 그때까지의 낙랑봉니위조설을 나무라는 효과가 있었다. 낙랑군과 같은 변경의 유적에서 한대(漢代)의 관직명을 명기한 유물 같은 것이 나올 리가 없다는 생각이, 그때까지의 조선사가들이나 고고학자들 사이에 있었다. 그러한 의심을 불식시키는데 도움이 되었다.

이 때 후지타(藤田) 선생이 고고학적으로 확실한 자료, 그 중에서도 쇼와10년(1935년)대의 조선고적연구회가 발굴한 낙랑토성의 자료를 활용해, 낙랑봉니의 진가를 정하고 낙랑문화연구의 전반적인 수준을 높였다는 점을 명기하고 싶다.

c : 명도전

다음으로 후지타(藤田) 선생이 열심히 임하고 계셨던 것은 「조선 발견의 명도전과 그 유적(朝鮮発見の明刀銭と其遺蹟)」(京城帝国大学文学会論纂·第七輯『史学論集』1938년)의 자료작성과 정리였다.

명도전은 도전(刀錢) 중에서 표면에 「명(明)」자 같은 글자가 주출(鑄出)된 것을 말한다. 거의 춘추전국시대의 연(燕)에서 사용되었는데, 현재의 하북성 북반부에서부터 동북지구의 남반부, 그리고 한반도 북부에 걸쳐 분포하고 있다.

후지타(藤田) 선생은 조선에서 발견되는 것들이 청천강·대동강·압록강의 상류지방, 다시 말해 평안남북도 깊숙한 곳의 산간부에 한정되는 점, 하나의 유적에서 수십 닢, 수백 닢도 매장된 사례가 있는 점, 동기(銅器)나 철기(鐵器) 혹은 토기(土器)가 공반되는 사례가 있는 점 등의 특징적인 고고학상의 사실들에 주목했다.

선생의 이 논문은 우선 조선에서 명도전이 출토되는 유적별로, 발견의 장소·발견의 전말·명도전·반출물에 관한 정확한 기록을 작성했다. 계속해서 요동반도·열하(熱河) 등 현재의 동북지구의 명도전 출토유적에 관해서도 같은 방식으로 기록 작성에 힘썼다. 그 위에 그러한 유적을 통해 명도전이 매장된 유적의 성격을 생각해, 반출된 동기(銅器)·철기(鐵器)·토기(土器)를 논했다. 마지막으로 명도전의 지리적 분포에 관해 유적들이 모두 한반도 서북부의 산간지대로, 하천의 유역이라고는 하지만 교통이 불편하고 산업에 적합하지 않은 지역인 것을 지적하고는, 이것이 명도전 유통의 전국말(戰國末) 시기에 어떠한 역사지리적인 의미를 가지는지를 언급했다.

후지타(藤田) 선생의 이 논문은 출토유적의 하나하나에 관해 정확한 정보를 처음으로 공표한 점에서 조선고고학계에 큰 공헌을 했다. 조선뿐 만이 아니고 일본의 초기 금속문화에 관해 연대론 혹은 계통론의 연구에도 중요한 자료를 제공하고 있다.

d : 후지타(藤田) 선생의 학풍

후지타(藤田) 고고학의 특징을 말하기 위해 선생의 수많은 저작들 중에서 이상과 같은 3건을 선택한 것은, 각각에 전술한 바와 같이 잊을 수 없는 추억이 나에게 있기 때문이다. 동시에 3건의 노작(勞作)들을 통해 선생의 고고학자로서의 연구태도를 잘 엿볼 수 있다고 생각했기 때문이기도 하다.

선생은 항상 고고학적으로 확실한 자료를 갖추는 것에서부터 출발했다. 출토지가 불확실한 것이나 출토상황이 불명인 것들은 반드시 버리고, 고고학자가 학술적으로 발굴한 것에 한정했다. 지방청(地方廳)을 경유해 도착한 것들에 관해서는 지역 경찰이 첨부한 발견의 전말에 관한 청취서를 검토했고, 필요한 경우에는 선생 스스로 현지로 넘어가 실지에서 조사확인한 다음 자료로 채용하는 신중함을 보였다.

자료 한건 한건에 세심하게 공들여 관찰하고, 정확한 실측도를 그리거나 탁본을 치는 등 분명한 기록작성에 열중했던 것이다. 이식(耳飾)·봉니(封泥)·명도전(明刀錢)의 그 어느 것 모두 자료의 수가 많았기 때문에 자료를 집성하기까지는 쉽지 않아, 선생의 각고의 노력에는 도저히 따라갈 수 없다고 나는 생각했다.

물론 유적에 관해서도 엄격했다. 예를 들어 통구(通溝)의 고구려 산성와 평성의 관계를 논하는데, 통구평야(通溝平野)의 지안현성(集安縣城)의 그 흔적을 고구려가 구축했던 것을 스스로 확인한 다음에 산성자(山城子)

의 산성이 통구(通溝)도성의 성새(城塞)였던 것도 주장해, 그때까지의 실지에 의하지도 않은 공론을 물리친 것이다. 또한 같은 통구평야(通溝平野)의 고구려 고분군에 관해서, 선생은 왕릉급의 석총과 토분에는 둘레 10-30m의 방형 구역에 강돌을 깔고 바깥 주위에 돌을 세운 범위가 있는 것을 확인했다. 「통구 부근의 고분과 고구려의 묘제(通溝附近の古墳と高句麗の墓制)」(『池内博士還曆記念 東洋史論叢』1940년)는 이러한 묘역을 가지는 특수한 묘제를 열거해, 이케우치(池内)·우메하라(梅原) 박사의 대 저서인 『통구(通溝)』(1938년)의 기술을 보정했다.

후지타(藤田) 고고학의 특징은 고고학적으로 확실한 유물·유적을 정밀하고 세세하게 관찰하고 종합한 다음에 학설을 전개하는 것이었다. 따라서 후지타(藤田) 선생의 주요 저작의 다수는 지금도 가장 신뢰할 수 있는 고고학적 기록으로 존중되고 있다.

6. 조선고적연구회(朝鮮古蹟研究會)

후지타(藤田) 선생의 조선고고학에 관한 큰 공헌 중 하나는 《조선고적연구회》의 설립에 관여했고, 설립 후에는 간사로서 연구회의 업무를 처리한 것이다. 총독부의 고적조사사업은 1924년 말의 행정재정정리 이후로, 매년 축소의 일로를 밟아 쇼와(昭和)가 되면서는 더 이상 적극적인 조사를 못하게 되었다. 더구나 지방경제의 발전과 각종 개발사업의 진척에 따른 고적의 파괴, 특히 낙랑고분군의 도굴은 간과할 수 없는 상황에 이르렀다. 이에 총독부의 외곽단체라고 부를 수 있는 《조선고적연구회》가 1931년의 여름에 설립되었다. 여기에는 도쿄제대(東京帝大)의 구로이타 가츠미(黑板 勝美) 교수·교토제대(京都帝大)의 하마다 고사쿠(濱田 耕作) 교수들의 진력(盡力)이 있었는데, 일본의 부호들에게서의 기부금, 일본학술진흥회(日本學術振興會)의 보조금, 궁내성(宮內省) 및 이왕가(李王

家)로부터의 하사금을 얻어 발굴조사비, 조사원의 여비, 성과의 출판비 등을 지불해 총독부를 도왔다.

　우선 평양과 경주에 연구소를 두고 낙랑문화와 신라문화에 관한 조사연구가 시작되었다.

　평양연구소의 업적 중 『낙랑채협총(樂浪彩篋塚)』(1934년)·『낙랑왕광묘(樂浪王光墓)』(1935년)의 당당한 2권의 보고서는, 완전한 목실(木室)·목관(木棺)과 풍부한 부장품에 관한 귀중한 기록을 학계에 제공했다. 그 이외에도 평양부근 낙랑군시대의 고분을 시작으로, 군치지(郡治址)의 발굴조사, 여기에 더해 대동군·평원군·강서군·용강군 등의 고구려고분·사지(寺址)·성지(城址) 등의 발굴조사에까지 이르렀다. 그러한 성과들은 1933-1938년의 각 연도별 《고적조사개보(古蹟調査槪報)》와 《고적조사보고(古蹟調査報告)》에 차례차례 발표되었다.

　경주연구소는 경주읍 내외의 신라고분군의 발굴조사부터 착수해, 각각의 결과를 총독부 발행의 1931·1932·1934년도의 《고적조사보고(古蹟調査報告)》로 각각 발표되었는데, 분명한 고적연구회의 사업이다. 그 사이에 행해진 사천왕사지(四天王寺址)·낭산유구(狼山遺構)·불국사와 석굴암·남산불적·경주읍 동전지(東殿址 : 역자 주-경주 전랑지) 등의 조사에 관해서는, 조선고적연구회의 1936·1937·1938년도의 《고적조사보고(古蹟調査報告)》 및 조선총독부의 《조선보물고적도록(朝鮮寶物古蹟圖錄)》第一·第二에 상세하다. 특히 후자인 《불국사와 석굴암(佛國寺と石窟庵)》(1938년)와 《경주 남산의 불적(慶州南山の仏蹟)》(1940년)은 《조선고적도보(朝鮮古蹟図譜)》 시리즈의 계승에 상응할만한 대 저작들이다.

　1935년부터는 부여에 연구소를 두고 백제시대의 고분과 사지(寺址)를 발굴조사했는데, 예를 들면 부여 능산리고분군(陵山里古墳群)·부여 군수리사지(軍守里寺址)·규암면의 문양전 출토유적과 같은 백제문화의 연구사에 남을 중요한 성과를 올렸다. 더욱이 백제의 특수한 묘제인 전라남도 나주군 반남면의 옹관봉토분의 발굴조사도 주목되었다. 이러한 것들에 관한 기록은 조선고적연구회의 1936·1937·1938년도의 《고적조사보고(朝鮮古蹟報告)》에 각각 차례차례 게재되었다.

이상과 같이 조선고적연구회는 쇼와(昭和) 초기 이래로 완전히 정지상태에 있었던 총독부의 고적조사사업을 훌륭하게 대행했던 것이다. 일본이 패퇴하기까지의 15년간 조선고고학의 동향은 조선고적연구회의 업적을 통해야만 알 수 있다. 후지타(藤田) 선생은 이 연구회의 간사로서, 각 연도마다의 활동방침의 입안부터 조사 성과의 출판까지 성가신 사무들을 정말 척척 처리해 내셨다.

나는 경성(京城)의 총독부박물관으로 옮긴 후에도, 고적연구회의 낙랑·고구려·백제·신라의 고분이나 사지(寺址)의 조사에 참가할 수 있어서, 후지타(藤田) 선생이 이 연구회의 육성에 얼마나 마음을 쓰고 계셨는지를 너무나도 잘 알고 있었다.

이에 관해 언급해 두고자 하는 것은 후지타(藤田) 선생이 일본에서 각각의 전문분야의 권위자들을 맞이해, 조선고적연구회의 조사사업에 참가협력을 구한 점이다. 예를 들어 낙랑의 고분과 군치지(郡治址)에는 도쿄제대(東京帝大)의 하라다 요시토(原田 淑人) 박사를, 낙랑과 백제의 고분에는 교토제대(京都帝大)의 우메하라 스에지(梅原 末治) 박사를, 백제의 불교유적에는 도쿄제실박물관(東京帝室博物館)의 이시다 모사쿠(石田 茂作) 박사를, 낙랑과 고구려의 고분 및 신라의 불교유적에는 도쿄미술학교(東京美術學校)의 오바 츠네키치(小場 恒吉) 강사를 초청했다. 이는 조선고고학계의 향상에 도움이 되었을 뿐만이 아니라, 참가한 학자 쪽에 있어서도 귀중한 체험이었음에 틀림없다. 또한 일본의 대학이나 박물관에서 젊은 연구자들을 초청해 발굴현장을 분담시킨 것은, 그들의 고고학적 경험을 풍부하게 해 조선 문화의 이해를 깊이 하고자 했던 후지타(藤田) 선생의 온정이었다. 그러한 경우에는 조선 각지로의 연수여행을 추천해 편의를 봐 주었고, 총독부박물관의 자료를 관대하게 개방해 주셨다.

생각하면 선생은 항상 남 모르게 뒤에서 고심하는 심경에 철저하셨던 것으로 보인다. 선생의 사심 없는 배려에는 관계자 누구도 감복하고 있었다.

후지타(藤田) 선생의 조선에 관한 저작집으로는 『조선고고학연구(朝鮮考古學研究)』(1948년 高桐書院)와 『조선학논고(朝鮮學論考)』(1963년 藤田先生記念事業会)가 있다.

1945년, 일본의 패퇴로 귀환한 후에는 일본고고학협회(日本考古學協會)의 초대 위원장으로 선출되었고, 또한 일본학술회의회원(日本學術會議會員)으로 뽑혔다. 1949년에 도쿄예술대학(東京藝術大學) 교수, 문고과장(文庫課長), 부속도서관장을 병임했다. 1959년 8월, 나라국립문화재연구소(奈良文化財硏究所)의 소장에 취임. 재직 중이던 1960년 12월에 병으로서거, 향년 68세였다.

글 중에 인용한 후지타(藤田) 선생의 저술은 이미『조선고고학연구(朝鮮考古學研究)』(1948년) 혹은『조선학논고(朝鮮學論考)』(1963년)에 수록되어 있다. 또한 웅기 송평동 유적에 관해서는『청구학총(靑丘學叢)』第二号(1930년)의 휘보란에 의한 것이다.

우메하라 스에지(梅原 末治) 선생과 조선고고학

　선생은 1893년에 오사카부(大阪府)에서 태어나, 1912년 19세 때 이래로 60년 동안 1년의 끊김도 없이 1,100건 이상의 저작을 발표했다. 그 중 편저의 단행본은 120권을 넘어서, 쌓아 올리면 키를 넘을 정도의 양이라고 한다. 이러한 우메하라(梅原) 선생의 업적을 한정된 지면으로 정리하기는 어렵다. 다행히도 선생의 자술전인『고고학 60년(考古学六十年)』(平凡社 1973년)이 간행되어 있으므로 상세한 것은 이 책으로 양보하고자 한다.

　선생은 1914년 교토제국대학(京都帝國大學) 문과대학의 고원(雇員)에서 조수(助手)로, 다음 해 이후로는 교무촉탁(敎務囑託)으로 되었다. 1916년에 고고학 강좌가 신설되면서 하마다 고사쿠(濱田 耕作) 선생의 지도 아래에서 이 강좌가 수행하는 국내외의 발굴조사와 그 보고서 작성에 협력했다.

　하마다(濱田)·우메하라(梅原) 콤비가 조선총독부의 고적조사에 정식으로 관여하는 것은 1918년부터로, 같은 해에 경상북도의 성주·고령과 경상남도 창녕의 고분군, 1920년의 김해패총(金海貝塚), 1921년의 경주 금관총(金冠塚)으로 이어진다. 항상 하마다(濱田) 위원을 도운 발굴조사와 발굴품의 정리였고, 그러한 보고서는 하마다(濱田) 위원과의 공저였다.

　《다이쇼11년도 고적조사보고(大正十一年度古蹟調査報告)》第一册과 第二册은 모두 후지타 료사쿠(藤田 亮策) 선생과 고이즈미 아키오(小泉 顯夫) 씨와의 공저이다. 第二册의『남조선의 한대 유적(南朝鮮における漢代の遺蹟)』은 한반도의 동검(銅劍)과 동모(銅鉾) 관계의 자료집성이라고 할 수 있

을 정도의 이색적인《고적조사보고(古蹟調
査報告)》이다. 그 근거가 되는 출토품의 실
측도 다수를 우메하라(梅原) 선생이 작성
했다.

《다이쇼13년도 고적조사보고(大正十三
年度古蹟調査報告)》第一册은 우메하라(梅原)
선생의『경주 금령총 식리총 발굴조사보
고(慶州金鈴塚飾履塚発掘調査報告)』이다. 본

문권과 도판권으로 되어 있고, 고신라의 왕릉급 고분의 구조와 매장상
태를 처음으로 해명한 것이 높이 평가된다.

우메하라(梅原) 선생은 1925년에 시작된 구미(歐美) 유학 중, 자주 조
선고고학의 조사연구로 인해 「그럭저럭 고고학자의 지위에 오를 수 있
었다」고 『고고학 60년(考古学六十年)』 속에서 기술하셨다.

1926년 1월 중순에 선생은 파리의 기메박물관(Musée Guimet)을 방문
했다. 당시 펠리오(Paul Pelliot 1878-1945)는 외몽고의 노인·울라(Noin Ula)
흉노고분군에서 출토된 한대(漢代)의 칠기를 육조시대(六朝時代)의 것으
로 주장하는 정도였으므로, 마스페로(Charles Maspero)를 비롯한 당시 프
랑스의 중국학회 리더들이 선생이 가지고 간 조선의 고분에 관한 사진
이나 설명에 놀라, 이것은 동양학 최신의 지식이라 평가하고 소르본에
서 강의하도록 요구받는 등 대단한 호응이었다.

3월 하순, 선생은 런던으로 옮겨 대영박물관(British Museum)을 방문
했다. 파리에서의 선생의 활약은 런던에도 전해져 있었다. 동양부의 홉
선(Hobson) 주임은 도기 전문가로, 선생이 지참한 낙랑한묘(樂浪漢墓)를
비롯한 한반도 각지에서 출토된 도기·토기의 사진이나 실측도에 관한
설명을 듣고는 그 지식을 가지고 때마침 독일 학자와의 사이에서 주고

받던 유약논쟁(釉藥論爭)을 제압할 수 있다고 감사해 하며, 우메하라(梅原) 선생에게 대영박물관 소장품에 관해 마음껏 조사 연구하는 것을 허락했다.

같은 해 여름, 우연히 영국을 방문하고 있던 올덴부르크(S.F. Ol'denburg) 교수로부터 조선의 자료를 가지고 러시아로 올 수 없느냐는 권유가 있었다. 올덴부르크 교수는 혁명 러시아의 아카데미 총 간사의 지위에 있었다.

이에 응해 선생은 같은 해(1926) 10월 초순에 레닌그라드로 입성해, 올덴부르크 교수의 주관으로 레닌그라드 물질문화학원을 방문하던 중, 노인·울라 출토품의 조사를 의뢰받았다.

몽고의 노인·울라산 계곡의 사면에 분포하는 2백기 이상의 흉노의 고총고분 중 8기를, 1924년에 코즐로프(Kozlov)가 발굴조사했다. 분구 아래의 목곽 안에 남아 있던 나무, 가죽, 포, 펠트와 같은 것들 중에는, 한(漢)에서 흉노를 회유하기 위해 보낸 것으로 생각되는 직물이나 칠기, 옥기 등이 있었다.

선생은 제6호분에서 나온 칠기의 쌍금문이배(双禽文耳杯)나 한자를 직조한 비단 직물에 주목해, 이러한 명문을 베껴내고는, 조선의 낙랑출토 이배(耳杯)와 시기를 같이 하는, 전한(前漢) 말인 B.C.2년의 제작품으로 판정하고 그 소견을 영어로 번역해 올덴부르크 박사에게 제출했다.

올덴부르크 박사는 선생의 설(說)을 높이 평가하고, 중국 관계의 것들에 대한 정리와 조사를 의뢰했다. 올덴부르크 교수 주관의 레닌그라드 물질문화학원이라고 하더라도, 출토품은 로마노프 왕조시대 궁전의 방 하나에 어수선하게 놓여있었다. 선생은 1달간 이곳을 다니며 조사연구해 기록을 작성했다.

러시아 측의 이에 관한 공식 보고서는 여러 가지 사정으로 인해 출판되지 못했다.

또한 1942년에 우메하라(梅原) 선생의 조사기록을 일본에서 발표하려 했으나 전화(戰禍)로 인해 이루지 못하다가, 겨우 남은 초고(草稿)를 바탕으로 1960년에 재단법인 동양문고(東洋文庫)에서 출판된 『몽고 노인·울라 발견의 유물(蒙古ノイン·ウラ発見の遺物)』이 귀중한 기록으로서 학계에 공헌하고 있다.

1928년 10월 27일 오후, 선생은 리버풀을 출항하는 여객선을 타고 미국으로 향했다. 항구까지 배웅해준 대영박물관의 홉선(Hobson) 씨는 선생이 유럽에서는 보통 볼 수 없는 많은 자료에 관해 독특한 기록을 작성한 것을 칭송함과 동시에, 이것들은 공적인 것이므로 학술논문으로 공표할 의무와 책임이 있다고 역설했다. 선생이 후술하는 바와 같은 동방문화학원 교토연구소(東方文化學院京都研究所)의 연구보고 시리즈로 계속 출판한 것은, 홉선(Hobson) 씨의 작별의 인사에 답한 셈이다.

1929년 4월, 선생은 3년 4개월 만에 구미(歐美) 유학에서 귀국. 곧바로 동방문화학원 교토연구소(東方文化學院京都研究所 : 후의 교토대학 인문과학연구소(京都大學人文科學研究所))의 연구원(研究員)으로 취임. 동시에 교토제국대학(京都帝國大學) 문학부 사학과 고고학 강좌의 강사가 되어 특수강의와 고고학 실습을 담당했다. 2학년으로 올라가 전공을 고고학으로 이제 막 정한 나(有光)는 그 최초의 수강생 중 한 명이었다.

강의는 중국고고학개설로, 구석기시대부터 시작해 채도문화(彩陶文化), 흑도문화(黑陶文化), 은주(殷周)의 청동기, 전국식동기(戰國式銅器)로 이어져 한대(漢代)에 이르는 4년 계획이었다. 선생은 구미(歐美) 유학중에 각국의 박물관이나 수집가가 소장한 중국출토 유물들을 조사연구해서 실측도·탁본·사진 등의 자료를 만들어 왔다. 이것들을 제시하며 하는 강의는 참신해서 우리 전공학생들 뿐만이 아니라 다른 학과의 학생들이나 졸업생들도 열심히 들었다.

스톡홀롬에서 엔드슨(Andersson) 박사가 가져온 감숙(甘肅)의 채도(彩陶)를 조사한 이야기, 레닌그라드의 물질문화연구소에서 외몽고 노인·울라 출토의 중국관계 유물을 정리하며 고생했던 이야기는 의기양양한 말투와 함께 내 기억에 선명하다.

그때의 구미(歐美) 유학은 선생의 학문형성에 크게 도움이 되었지만, 그 사이의 고심과 노력에는 남다른 것이 있었다. 목적은 박물관이나 수집가가 수장한 중국 출토의 고동기(古銅器) 혹은 거울의 조사였는데, 이 경우에 선생은 물건을 하나하나 손에 들고는 유념하면서 실측하고 탁본을 떠 기록을 작성하지 않으면 만족할 수 없었다. 유리너머로 관찰하거나 사진만으로는 납득할 수 없다고 주장해, 자신의 입장을 관철시키고 다량의 기록을 만들었다. 강한 의지와 정열에는 탄복할 수밖에 없었다.

그러나 동시에 자신의 노력으로 특별한 대접을 받아 조사한 자료라고 할지라도, 원래부터 공적인 성격의 것이므로, 빨리 학술논문으로 공표해야 한다고 생각하고 있어서 동방문화학원 교토연구소(東方文化學院京都研究所)에서는 구미(歐美)에서 만든 기록의 정리와 연구의 끝맺음을 과제의 하나로 삼았다. 당시를 돌이켜보면 선생은 무척이나 바빠서, 고고학교실의 자리에 편하게 앉아있는 것을 본 적이 없다.

그리고 『은허 출토 백색토기의 연구(殷墟出土の白色土器の研究)』(1932년), 『잡금의 고고학적 연구(拈禁の考古学的研究)』(1933년), 『한나라 이전 고경의 연구(漢以前の古鏡の研究)』(1936년), 『전국식동기의 연구(戦国式銅器の研究)』(1936년) 등의 거작들이 이 연구소의 연구보고시리즈로 연달아 출판되었다.

문학부의 고고학 실습에서는 항상 유물·유적을 자세히 살펴보라고

엄하게 말씀하셨다. 탁본 치는 법에 실측도 작성법까지 정성스럽게 지도해 주셨다. 때로는 학생들을 제쳐두고 스스로 탁본을 뜨는데 열중하셨는데, 도수 높은 안경을 쓴 얼굴을 마치 핥을 듯이 거울이나 동기(銅器)에 밀착시켜 작업하는 것을 그냥 넋을 잃고 볼 수밖에 없었다. 그 진지하고 한결같은 일솜씨는 만년(晚年)까지도 변함이 없었다. 선생은 탁본을 치거나 실측도를 그리고 있을 때가 가장 즐겁다고 말씀하셨다. 그리고 그날의 조사결과는 그날 중으로 맺고 정리할 수 있도록 하라고 말씀하셨다.

선생은 조선고적연구회의 연구원으로서 1933-1937년에 낙랑고분군의 발굴조사에서 업적을 올렸고, 1936년에는 지안(集安)의 고구려 벽화고분을 조사해 그 성과를 거작인 『통구(通溝)』(日滿文化協會 1940년)下卷으로 끝맺었다.

패전 후에는 『조선고문화총감(朝鮮古文化綜鑑)』(養德社 간행)四卷을 후지타 료사쿠(藤田 亮策) 선생과 같이 저술했는데, 낙랑 전기(前期)부터 고구려시대까지의 자료를 집성하고 해설을 가미했다. 1956년 정년퇴임 후에도 텐리대학(天理大学) 교수로 취임해, 중국과 조선의 고고학연구를 계속했다.

선생은 그 깊은 학식과 뛰어난 역작들로 인해 1962년도 아사히(朝日)상을 수상했고, 그 다음 해에 문화공로자로 표창되었다.

그 후 10년 가까이 입원치료를 했으나 1983년 2월 19일에 패렴으로 서거했다. 앞으로 반년 만 더 있었으면 만 90세가 되셨을 것이다.

고려미술관 소장 《다뉴세문경》의 수수께끼

고려미술관의 《다뉴세문경》은 창설자인 정조문(鄭詔文) 초대 이사장이 1950년대 초 무렵에 도쿄(東京)에서 고미술상에게 구입한 것이다. 그

때부터 나무상자에 들어있었다. 뚜껑
에는 다음과 같은 글이 적혀 있다.

　뚜껑의 표면에는 「진(秦)/쌍인세문
경(雙釼細紋鏡)」, 뒷면에는 「쇼와10년 5
월 쇼타로(昭和十年五月正太郎)/선만북지
여중어평양(鮮満北支旅中於平壤)/구지자
야(購之者也)/청태지(清太誌)」라고 해서
체로 묵서되어 있다. 이것만으로는 구
입자인 〈쇼타로(正太郎)〉도, 필자인 〈清太〉도 성씨를 알 수가 없다.

　이 거울에 관해서는 히구치 다카야스(樋口 隆康) 박사가 「고려미술관
소장의 고경(高麗美術館所蔵の古鏡)」(『高麗美術館館報』5号 1990년 1월)에서 연구
성과를 바탕으로 《다뉴조뇌광문경(多紐粗雷光文鏡)》이라는 명칭으로 고치
고 학술적 가치를 이야기했다.

　그 안에서 지적한 바와 같이 이 거울을 가장 일찍 학계에 보고한 것
은 우메하라(梅原) 선생으로, 1934년 11월에 간행된 『오다 선생 송수기념
조선논집(小田先生頌寿記念 朝鮮論集)』에 게재된 「다뉴세문경의 재고찰(多
紐細紋鏡の再考察)」이라는 제목의 논문 속에 있다. 이 논문은 1940년에 출
판된 『일본고고학 논고(日本考古学論攷)』(弘文堂書房)에 재록되었고, 더욱이
패전 후 곧바로 발행된 후지타 료사쿠(藤田 亮策) 선생·우메하라 스에지
(梅原 末治) 편저의 『조선고문화총감(朝鮮古文化綜鑑)』제1권(1947 養徳社)에도
이 거울이 게재되었는데, 우메하라(梅原) 선생 그 자신은 당시 이 거울의
실물을 보지 못했다. 거울의 사진을 도판에 올리고 치수나 재질, 거울
뒷면의 문양 등을 상세히 기술하는 것은 모두 고이즈미 아키오(小泉顕夫)
씨에게서 들은 것에 의한다고 명기하고는, 1932년 무렵에 평양부근에서
출토된 것으로 추정하고, 소유자에 관해서는 「평양의 모(某)씨」라고 한

상자 뚜껑 안쪽에 적힌 소장 경위   다뉴경 실측도 우메하라(梅原)
박사 원도에 의함

것에 그쳤다.

따라서 상자에 적힌 1935년 5월에 평양에서 이 거울을 구입한 〈쇼타로(正太郎)〉라는 이름의 인물이 누구인지, 고려미술관으로서는 관심을 가질 수밖에 없었다.

그런데 1994년 5월 11일, 〈쇼타로(正太郎)〉라는 인물에게 보낸 우메하라(梅原) 선생 자필의 편지를 김파망(金巴望) 주임연구원(당시)이 미술관 소장의 조선장롱 안에서 발견했다. 나는 이 봉투에 적힌 글자가 영락없이 독특한 우메하라(梅原) 선생의 펜글씨인 것을 보고는 무의식중에 놀라 소리를 질렀다. 나로서는 오랫동안 눈에 익은 은사의 글자를 못 알아볼 리가 없었다.

봉투 앞의 수신인은 「府下乙訓郡大山崎/宝寺東側/加賀正太郎様」으로 되어 있었고, 8엔 우표 위에 찍힌 사쿄(左京) 우체국의 소인은 「26·3·31」로 읽을 수 있었다. 봉투 뒷면에는 「〆」의 아래에 「京都市左京區/北白川下池田町九二/梅原末治」라고 적혀 있고, 봉투의 속은 같은 펜글씨의 편지지 한 장 뿐이었는데, 「拝啓」로 시작해 「敬具」로 끝나는 문어체의 후문(候文). 날짜·자필서명에서부터 수신인인 「加賀正太郎様/令夫

人様」까지 빽빽하게
채워 적혀 있었다.

편지의 서두에 적
은「어제는 찾아뵙고」
와 말미의 날짜인「3
월 30일 저녁」및 봉투
의 소인에서, 우메하
라(梅原) 선생은 1951
년 3월 29일에 가가
쇼타로(加賀 正太郎) 씨

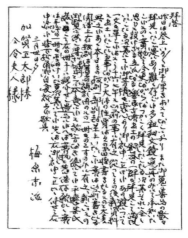

댁을 방문해 염원하던 거울을 실견한 것을 알 수 있다. 부처(夫妻)로부터
환대받고 수집품을 보여준 것에 대한 감사의 편지인데, 특히 다뉴세문
경에 관해서는「사진으로만 보고 알고 있었던 것을 실물로 새삼 반갑게
봄」라고 기쁨을 표명했다.「이 거울에 관해 글을 썼던 것이 이미 16·7년
이나 지난 일이 됩니다」라고 한 것은, 1934년 11월의「다뉴세문경의 재
고찰(多紐細紋鏡の再考察)」(小田先生頌寿記念『朝鮮論集』에 수록)에 해당한다. 그
별쇄본을 보내드리겠다고 한 다음에,「평양 모(某)씨 소장품으로 우기(右
記)의 책자에 소개한 유품으로 실물과 함께 보존」이라고 바라셨다. 그 별
쇄는 선생 손에 저자 보정용으로 한 권 남았던 것이었다.

이 편지는 우메하라(梅原) 선생 직필의 감정서에 상당한다. 고려미술
관의 정조문(鄭詔文) 초대 이사장이 구입할 때, 고미술상은 가격을 올리
기 위해 이 편지를 거울과 함께 팔았음에 틀림없다. 그러나 입수한 때로
부터 고려미술관이 개설되기까지 30여 년이 지나는 동안에 언제부터인
가 따로 떨어지게 되었다고 생각된다.

선생의 편지로 인해 상자에 적힌 미스터리 중의 〈쇼타로(正太郎)〉가

교토부 오토쿠니군 오오야마자키촌(京都府乙訓郡大山崎村)(당시)에 살던 가가 쇼타로(加賀 正太郎) 씨로 판명되었다. 나는 상자에 적힌 필자〈淸太〉에 관해서도 가능하면 알고 싶다고 생각했으나, 그 보다도 우메하라(梅原) 선생이「전혀 생각지도 못한 훌륭한」이라고「만족해 기뻐하게」한「낙랑고분 출토 동기(銅器)의 일군(一群)」이, 그 후 어떻게 되었는지가 궁금해 가가 쇼타로(加賀 正太郎) 씨의 옛 저택을 방문하기로 했다.

가가 쇼타로(加賀 正太郎)씨의 옛 저택은 교토부 오토쿠니군 오오야마자키정(京都府下乙訓郡大山崎町)에 있었다. 텐노산(天王山)의 남쪽 기슭, 다카라데라(宝寺)의 동쪽 인근에 해당하는데,《오오야마자키 산장(大山崎山莊)》라는 이름으로 알려져 있다. 산기슭의 가도(街道)에서 굽이굽이 비탈길을 올라 좁고 작은 터널을 벗어나면, 그 주변에서는 낯선 서양풍의 집이 울창한 나무숲에 둘러싸여 서 있은 것이 보여 마치 별천지에 들어온 것 같은 기분이 든다.

나는 앞서 적은 우메하라(梅原) 선생의 편지를 발견한 바로 다음 주에 여기를 방문했다. 때마침 현재 소유자인〈아사히 맥주 본사〉와 교토부(京都府) 및 오오야마자키정(大山崎町)의 3자에 의한 정비계획이 있어서, 부지 내의 매장문화재 조사가 행해지고 있었는데, 담당인 오오야마자키쵸 교육위원회(大山崎町敎育委員會)의 문화재 계장인 하야시 도오르(林 亨) 씨로부터 현장에서 산장에 관한 설명을 들을 수 있었다. 또한 가까이에 살던 가가 다카유키(加賀 高之) 씨(쇼타로(正太郎) 씨의 조카)도 소개받아 추억담을 들었다.

가가 쇼타로(加賀 正太郎)씨는 1888년에 오사카(大阪) 센바(船場)의 재력가의 장남으로 태어나, 도쿄고등상업학교(東京高等商業學校 : 지금의 히토츠바시 대학(一橋大学)) 재학 중에 유럽으로 여행을 가는 등, 풍족한 형편의 사람이었다. 졸업 후에 가업(증권업)을 이었지만 건강을 해쳐 휴식할 곳을 오오야마자키 산장(大山崎山荘)으로 정했다. 그리고 눈 아래로 기즈(木津)·우지(宇治)·가츠라(桂)의 3개 천(川)이 합류해 요도가와(淀川)를 이루는 형세를 내려다볼 수 있고, 반대편의 오토코야마(男山) 구릉을 끼고 멀리 야마토(大和)·야마시로(山城)의 산과 들을 조망할 수 있는 이곳을 선택해, 스스로《오오야마자키 산장(大山崎山荘)》이라고 이름 붙였다.

그는 사교가로 지체 높은 사람들이나 문화인들을 산장으로 초대해 환대하고 예술이나 취미에 관한 이야기를 즐겼다. 만년(晩年)의 나츠메 소세키(夏目 漱石) 부부도 가마를 타고 여기에 왔었다. 부지 안에는 차실(茶室)이나 전망대 등이 있어서 꽃놀이나 가든파티를 개최한 것을, 다이쇼(大正)부터 쇼와(昭和) 초에 걸친 무렵의 사진이나 그림으로 알 수 있었다.

그러나 가가 쇼타로(加賀 正太郎) 씨가 1954년에 인후암으로 66세에 죽자, 쇼와(昭和) 30년대 초에 오오야마자키 산장(大山崎山荘)은 유족의 손을 떠나게 되었고, 산장 안의 호화로운 가구·가재도구들도, 정성을 들인 양란(洋蘭)의 컬렉션도 모두 흩어졌으며, 문인묵객(文人墨客)들의 글씨 등도 거의 처분되었다고 들었다.

따라서 우메하라(梅原) 선생의 편지에 있는「낙랑고분 출토 동기(銅器)의 일군(一群)」도 주제(主題)의《다뉴세문경》과 같이 매각되었다고 생각할 수밖에 없다.

그런데 우메하라(梅原) 선생 살아생전의 연구활동 모습을 알고 있던 나로서는, 선생이 오오야마자키 산장(大山崎山荘)을 방문한 1951년 3월 29일에, 선생이 그냥 수집품을「잘 봤습니다」라고만 하고 끝냈다고 생각하기 어려웠다. 반드시 탁본을 치거나 실측도를 작성하거나 하는 등의 자료작성에 열의를 보였음에 틀림없다고 생각했다. 역시 적어도《다뉴세문경》에 관해서는 실측도를 작성해 두었던 것이다.

즉 1947년의 『조선고문화총감(朝鮮古文化綜鑑)』第一卷까지는 이 거울이 「평양의 모(某)씨 소장」이라고 적혀 있으나, 1966년에 동양문고(東洋文庫 : 도쿄(東京))에서 발행된 『우메하라 고고자료목록-조선지부(梅原考古資料目録-朝鮮之部)』에서는 같은 거울의 카드에 「교토부 가가 쇼타로 장(京都府加賀正太郎蔵)」라고 명기된 2285와 2286의 도면이 있다. 이 때 가가(加賀)씨 댁에서 작성된 것임에 틀림없다.

20세기에 활약한 조선고고학 관계자들

　20세기에 활약한 분들의 약력을 정리해 적고자 한다. 다만 하마다 고사쿠(濱田 耕作)·후지타 료사쿠(藤田 亮策) 선생·우메하라 스에지(梅原 末治)의 세 분에 관해서는, 본 책의 「은사의 추억」 항에서 상세히 적었으므로 여기서는 생략한다. 그리고 이 항에서는 고인이 된 분들에 한해 각각 1,000자 내외로 정리하고자 한다. 이상에 관해 협력해 주신 유족들 여러분에게 감사의 말씀을 올린다.

■ 세키노 다다시(關野 貞) 1868-1935

　니가타현(新潟県) 사람. 1895년 7월 도쿄제국대학(東京帝國大學) 공과대학의 조가학과(造家學科) 졸업. 나라현(奈良県) 기사를 거쳐서 1901년에 도쿄제국대학(東京帝國大學) 공과대학의 조교수가 되었다. 1902년에 건축물 조사를 위해 처음 한국(韓國)으로 건너가 경주·대구·개성·경성을 답사하고 그 보고서인 『한국건축조사보고(韓国建築調査報告)』(東京帝国大学工科大学学術報告第6号 1904년 7월)를 발표했다. 이것은 신라·고려·조선의 각 시대의 건조물 및 유적유물에 관한 최초의 체계적인 기록이라고 할 수 있다.

　한국에 있는 오래된 건축물이 무너지거나 철거 혹은 달리 전용(轉用)될 것 같은 점을 우려한 통감부의 탁지부(度支部)가 이러한 것들에 관한 조사를 1909년 8월에 세키노(關野)에게 위촉했다. 동시에 야츠이 세이이츠(谷井 済一)(역사학)와 구리야마 슌이치(栗山 俊一)(건축학)를 세키노(關野)의 보조로 채용, 이 3명에 의한 조사는 다음 해인 1910년 10월에 개설된

조선총독부로 계속 이어져 거의 매년 가을부터 겨울까지 반도 각지에서 고건축 뿐만 아니라 일반 유적유물에 대한 조사를 실시해 1914년까지 계속되었다. 그 사이에 작성된 사진이나 도면 등의 기록이 『조선고적도보(朝鮮古蹟圖譜)』의 기반이 되었다.

1916년 7월 조선총독부령의 고적및유물보존규칙(古蹟及遺物保存規則)의 시행에 따라 고적조사위원회 위원으로 촉탁된 세키노(關野)는 앞서 기술한 야츠이(谷井)·구리야마(栗山)에, 오바츠네키치(小場 恒吉)·오가와 게이키치(小川 敬吉)·노모리 켄(野守 健)을 더한 팀을 이끌고 「한치군 및 고구려(漢置郡及高句麗)」유적의 발굴조사를 담당했다. 『다이쇼5년도 고적조사보고(大正五年度古蹟調査報告)』와 『다이쇼6년도 고적조사보고(大正六年度古蹟調査報告)』에 그 기록을 실었던 것 이외에도, 고적조사특별보고(古蹟調査特別報告)인 『낙랑군시대의 유적(樂浪郡時代の遺蹟)』(1925년·1927년), 『고구려시대의 유적(高句麗時代之遺蹟)』(1929·1930년)을 출판했다.

『조선고적도보(朝鮮古蹟圖譜)』전 15책은 고고학·미술사·건축사의 각 분야에 걸쳐 가장 망라했으며 기초적인 자료집으로서 내외(內外)의 학계로부터 높은 평가를 받았다. 그 제1책(1915년)부터 제15책(1935)까지 전권의 편집을 세키노(關野)가 주도했다. 또한 낙랑군과 고구려유적의 조사보고서에서도, 세키노(關野)가 대표저자로서의 책임을 다했는데, 그 도판은 건축가의 정확한 실측도에 적절한 촬영사진과 극명한 벽화의 모사를 병행하고 있어서, 지금도 고고학계에서 모범적인 보고서로 칭해지고 있다.

세키노(關野)는 일본 및 중국의 건축사에 관한 많은 업적으로 저명한 학자이지만, 앞서 기술한 바와 같이 조선에서의 광범위한 고적조사의 개척자이자, 실측에 기초한 정밀한 고고학적 연구의 선구자였다.

1935년에 『조선고적도보 제15(朝鮮古蹟圖譜第十五)』의 출판이 있은 지 얼마 지나지 않아, 국보(國宝) 조사를 위해 간사이(関西)를 여행하던 중에 병을 얻어 귀경, 7월 사거. 향년 67세였다.

■ 구로이타 가츠미(黒板 勝美) 1874-1946

1874년 나가사키현(長崎県)에서 태어났다. 1896년 도쿄제국대학(東京帝國大學) 문과대학 졸업, 1902년 같은 대학 강사, 1905년 조교수 겸 사료편찬관(史料編纂官), 같은 해에 「일본 고문서 양식론(日本古文書樣式論)」이라는 논문으로 문학박사의 학위를 수여, 1908년부터 1910년까지 구미(歐美)로 출장, 1919년 사료편찬관(史料編纂官) 겸 도쿄제국대학(東京帝國大學) 교수, 1920년에 도쿄제국대학(東京帝國大學) 교수전임이 되었다.

구로이타(黒板)의 조선고적조사는 1915년으로 거슬러 올라간다. 이는 도쿄제국대학(東京帝國大學) 총장 앞으로 보낸 「조선 사적유물조사 복령서(朝鮮史蹟遺物調査復令書)」(『구로이타 가츠미 선생 유문(黒板勝美先生遺文)』1968년)로 알 수 있다. 1915년의 4월부터 8월까지 약 100일에 걸쳐 주로 경상남북도를 조사했고 전라남북·충청남북의 4개도 일부에 이르기까지, 게다가 평양 부근과 개성 부근을 시찰했다. 이에 대해 조선총독부는 편의를 도모해 학무국(學務局) 편집과(編集課)에서 통역과 사진 기사를 동행시켜 6곳의 고적발굴을 특별히 허가했다.

다음 해인 1916년에 조선총독부는 〈고적 및 유물보존규칙(古蹟及遺物保存規則)〉을 발포하고 〈고적조사위원회 규정(古蹟調査委員會規程)〉을 만들었다. 구로이타(黒板)는 이 고적조사위원으로 임명되었고, 같은 해의 조

사계획에 참가해 황해도·평안남도·평안북도로 출장을 갔다. 그 보고서는 『다이쇼5년도 고적조사보고(大正五年度古蹟調査報告)』에 수록되었다.

계속해서 1917년도에도 구로이타(黑板)는 경상북도와 경상남도의 고적조사를 실시했다. 이는 『다이쇼6년도 고적조사보고(大正六年度古蹟調査報告)』의 「고적조사사업개요(古蹟調査事業槪要)」를 통해 알 수 있지만 보고서는 출판되지 않았다.

1918년의 여름, 구로이타(黑板)는 역시 고적조사위원으로서 평안북도에서부터 함경남도에 걸친 조사여행을 실시했다. 그러나 그 보고서는 총독부의 『고적조사보고(古蹟調査報告)』 시리즈에 보이지 않는다. 구로이타(黑板)는 이 여행의 도중에 평안북도의 압록강 대안(對岸)에 있는 지안(集安)으로 건너가 고구려유적을 조사했는데, 그 중에서 시도한 호태왕비 비문의 검토와 대석(臺石)의 발굴조사는 학계의 주목을 끌었다.

그 후 구로이타(黑板)의 조선에서의 활동은 조선사편찬의 추진으로 기울었으나, 1931년에 발족한 조선고적연구회의 설립에 중심적인 역할을 다했다. 이 연구회가 재정에 허덕이던 총독부의 고적조사사업을 대행한 것은 이 책에서 이미 기술한 바와 같고, 구로이타(黑板)의 공적이 크다.

1938년, 도쿄제국대학(東京帝國大學) 교수를 정년퇴임한 후에도, 일본고고학회(日本考古學會) 회장 등의 요직에 추대되었으나, 1946년에 서거. 향년 73세였다.

■ 이마니시 류(今西龍) 1875-1932

1875년 기후현(岐阜県)에서 태어났다. 1903년에 도쿄제국대학(東京帝國大學) 문과대학 사학과 졸업. 이마니시(今西)는 조선사의 태두로 추앙받지만, 학생시절부터 도쿄인류학회(東京人類學會) 주최의 패총발굴에 적극적으로 참가하는 등, 인류학·고고학에도 많은 관심을 가졌다. 대학원으로 진학해 조선사를 전공, 1906년 가을에는 신라의 옛 수도인 경주를 답사, 계속해 1907년 여름에 한국으로 왔을 때에는 연구자로서는 처음으로 김해패총(金海貝塚)을 발굴, 또한 1909년에도 한반도 각지를 방문해 역사지리적인 연구를 실시하고 낙랑고분의 조사를 시도했다.

당시에 이마니시(今西)가 한 실지조사의 성과로는 「경주의 신라분묘 및 그 유물에 관해서(慶州に於ける新羅の墳墓及び其遺物に就て)」(1907년 6월 『인류학잡지(人類学雑誌)』第二十二卷 第二五五号)·「신라의 구도 경주의 지세 및 그 유적유물(新羅旧都慶州の地勢及び其遺蹟遺物)」(1911년 『동양학보(東洋学報)』第一卷 第一号)·「대동강 남쪽의 고분과 낙랑왕씨와의 관계(大同江南の古墳と楽浪王氏との関係)」(1912년 『동양학보(東洋学報)』第二卷 第一号) 등이 있다.

1913년에 교토제국대학(京都帝國大學) 문과대학의 강사로 취임, 조선사의 강의를 담당함과 동시에 고고학 자료실의 관리를 맡았다. 1916년에 조교수로 승진, 조선총독부로부터 조선사 편찬을 촉탁 받았고, 이어서 고적조사위원으로 임명되었다.

고적조사위원으로서의 실지답사는 눈부실 정도인데, 『다이쇼5년도 고적조사보고(大正五年度古蹟調査報告)』전 항목의 6할 이상과, 『다이쇼6년도 고적조사보고(大正六年度古蹟調査報告)』의 4분의 3이 이마니시(今西)의 보고서이다.

이마니시(今西)는 1922년 6월, 교토제국대학(京都帝國大學)에 제출한 논문 『조선 고사의 연구(朝鮮古史の研究)』로 문학박사 학위를 받았다. 그

주된 논문 5편중의 「열수구(洌水考)」 및 「가라강역고(加羅疆域考)」는 이마니시(今西)가 고적조사위원으로서 고분이나 산성지 등을 답사 고증한 성과와 관계가 깊다. 또한 참고논문으로 제출한 5편중의 하나에 『대정5년도 고적조사보고(大正五年度古蹟調査報告)』중의 자신이 저술한 부분이 포함되어 있다.

이마니시(今西)는 한일 양국 고문헌의 근본적인 연구와 중국 사적(史籍)의 연구로 대성한 조선사학자이지만, 유적유물을 실지에서 확인하고, 고문헌과의 대조를 시도한 점에서도 학계에 큰 공헌을 했다.

이마니시(今西)는 1926년 5월에 신설된 경성제국대학(京城帝國大學)의 교수로 임명되어, 조선사 강좌를 담당했고 교토제국대학(京都帝國大學) 교수도 겸임하고 있었다. 1932년 5월 20일, 강의를 위해 교토(京都)에서 체재하던 중 향년 57세로 병사(病死)했다.

■ 도리이 류죠(鳥居 龍蔵) 1870-1953

1870년에 도쿠시마(德島)에서 태어났다. 독학한 인물이지만 1893년부터 도쿄제국대학(東京帝國大學) 이과대학 인류학교실에 고용되어 츠보이 쇼고로(坪井 正五郎) 교수의 지도를 받았다. 1898년에 도쿄제국대학(東京帝國大學) 이과대학의 조수(助手)가 되었고, 1905년에 같은 대학의 강사로 취임했다. 그 사이에 요동반도·대만·쿠릴제도·오키나와·만주·몽고의 조사에 파견되었다.

도리이(鳥居)가 한반도를 필드로 한 조사를 시작한 것은, 1910년에 이제 막 개설된 조선총독부로부터 교과서 편찬의 자료수집의 일환으로,

체질인류학·민속학·고고학에 걸친 조사
를 촉탁받은 때로 거슬러 올라간다. 그 이
래로 1916년까지 매년 조선으로 출장 가
서 실지조사를 했다.

1916년에 조선총독부가 고적조사위
원회(古蹟調査委員會)로 고적조사를 시작했
는데, 계속해서 위원으로 촉탁되어 「유사
이전의 유적 및 유물의 조사(有史前の遺蹟
及遺物の調査)」를 담당했다. 1916년에는 평안남도와 황해도에 관한 보고
를 제출했다. 『다이쇼5년도 고적조사보고(大正五年度古蹟調査報告)』에 수록
된 「평안남도, 황해도 고적조사보고서(平安南道, 黃海道古蹟調査報告書)」가
그것이다.

도리이(鳥居)는 이 보고서 속에서 처음으로 한식토기(漢式土器)와 무문
토기(無文土器)의 층서관계를 명확히 했다. 또한 모든 한반도의 유문토기
(有紋土器) 분포가 무문토기(無文土器)의 분포상태에 비해 해안지대를 따
라 이루어져 있는 것을 처음으로 지적했다. 이와 같이 도리이(鳥居)는 한
반도의 유사이전(有史以前)의 유적유물의 조사를 개척한 학자였음에도
불구하고, 총독부의 고적조사보고시리즈에 발표된 도리이(鳥居)의 보고
는 이것뿐이다. 도리이(鳥居)는 총독부 측의 담당자에 대한 불만이 있었
다고 들었다.

그 후 1919년의 6월부터 12월까지 당시의 북만주와 동 시베리아를
답사했다. 그 보고가 『북만주 및 동부 시베리아 조사보고(北滿洲及び東部
西伯利亞調査報告)』(《古蹟調査特別報告》第二冊)이다. 그러나 이것은 조선총독
부의 고적조사보고로서는 테두리 밖의 내용이었다.

1921년에 도쿄제국대학(東京帝國大學) 문학부에 제출한 논문인 「만몽

의 유사이전(滿蒙の有史以前)」으로 문학박사의 학위를 얻은 도리이(鳥居)는, 다음 해인 1922년에 조교수로 승진, 이학부(理學部) 인류학교실의 주임이 되었으나 1924년에 사직했다. 그 후 고쿠가쿠인(国学院) 대학 교수·죠지(上智) 대학 교수·동방문화학원 도쿄연구소(東方文化學院東京研究所) 연구원을 역임하고, 일본국내 이외에도 동아시아 각지를 여행해 인류학·고고학의 조사를 계속했는데, 만년(晚年)에는 특히 요대(遼代)의 연구에 힘을 쏟았다. 1939년에 초청받아 중국에 건너가 1951년까지 베이징(北京) 연경(燕京) 대학의 객원교수로서 활약했다. 1953년에 자서전인『어느 노학도의 수기(ある老学徒の手記)』(아사히(朝日) 신문사)가 간행된 지 얼마 지나지 않은 1월 14일, 향년 83세로 사거했다.

■ 야츠이 세이이츠(谷井 済一) 1880-1959

1880년에 와카야마(和歌山)에서 태어났다. 1907년 7월, 도쿄제국대학(東京帝國大學) 문과대학 사학과(국사학 전수(專修)) 졸업. 같은 해 9월 교토제국대학(京都帝國大學) 대학원에 입학, 일본고대사를 전공했으나 다음 해인 1908년에 도쿄(東京)로 옮겨 도쿄제실박물관(東京帝室博物館)에 소장된 각 지역 출토품의 조사연구에 종사했다.

1909년 9월에 한국정부(韓國政府)의 탁지부(度支部)로부터 고건축물의 조사를 촉탁받았다. 이는 세키노 다다시(關野 貞)의 조수로서 요청된 것으로, 이외에도 공학사인 구리야마 슌이치(栗山 俊一)가 있었다. 매년 도쿄(東京)에서 한국으로 출장가서 각지를 답사하고 세키노(關野)를 보좌해 기초적인 조사와 기록의 작성에 공적이 있다. 이 사업은 1910년 10월에 조선총독부가 개설된 후에도 계속되었다.

야츠이(谷井)는 1909년에 한국정부(韓國政府)의 탁지부(度支部) 건축소(建築所)가 발행한『한홍엽(韓紅葉)』에「상세의 한일관계(上世に於ける日韓の

関係)」라는 제목으로 강연요지를 실었고,
다음 해인 1910년의 『조선 예술의 연구
(朝鮮藝術の研究)』에는 「경주의 능묘(慶州の
陵墓)」라는 제목의 논문을 발표했다. 또한
1911년 10월 하순에 실지조사한 대방군
의 고분과 토성지에 관한 보고인 「황해도
봉산군의 한 종족의 유적(黃海道鳳山郡に於
ける漢種族の遺蹟)」을 1914년에 총독부에서
간행한 『고적조사 약보고(古蹟調査略報告)』에 실었다.

야츠이(谷井)는 1916년에 조선총독부박물관 사무를 촉탁받아 거주를
경성으로 옮겼고, 같은 해에 평양부근에 있는 10기의 낙랑고분 발굴의
총감독을 맡았고, 또한 발굴현장의 사진 촬영을 담당, 다음 해인 1917년
에는 총독부의 고적조사위원으로 승격했다.

낙랑군시대의 유적과 고구려시대의 유적 등에 관한 『고적조사특별
보고(古蹟調査特別報告)』의 제1책·제4책·제5책에서는 공저자로서 이름을
이어갔다. 그 이외에도 야츠이(谷井)가 제출한 각지 유적의 조사보고서
가 1916년도와 1917년도의 고적조사보고(古蹟調査報告)에 수록되어 있다.

야츠이(谷井)의 우수한 촬영기술은 『조선고적도보(朝鮮古蹟圖譜)』전
15책의 작성에 공헌했다. 야츠이(谷井)는 1921년에 사임하고 조선을 떠
났으나, 조선시대의 건축물이나 왕릉을 다룬 제11책의 서언(緒言)에는
「1909년부터 1913년간에 걸쳐…사진은 주로 야츠이(谷井) 위원…의 촬
영에 의한 것」을 사용했다고 명기되어 있다.

야츠이(谷井)는 귀향 후 와카야마시(和歌山市)의 공안위원(公安委員),
시·현 문화재보호위원, 회사의 임원 등을 역임했으나, 1959년 1월에 서
거. 향년 80세였다.

■ 오바 츠네키치(小場 恒吉) 1878-1958

1878년 1월에 아키타현(秋田県)에서 태어났다. 1903년에 도쿄미술학교(東京美術學校 : 지금의 도쿄예술대학(東京藝術大學)) 도안과(圖案科)를 졸업. 1908년에 도안과(圖案科) 조수(助手), 1912년에 조교수로 승진, 같은 해부터 가끔씩 한국으로 건너가 고구려고분의 벽화모사를 계속했다. 1916년에 미술학교를 사임, 조선총독부박물관의 사무를 촉탁받아 거주를 경성으로 옮겼다.

1916년 가을에 있었던 낙랑고분 10기에 대한 발굴조사에서 정백리 제1호분·제2호분·제3호분의 주사(主査)로 근무한 오바(小場)는, 고적조사특별보고(古蹟調査特別報告)인 『낙랑군시대의 유적(樂浪郡時代の遺蹟)』과 『고구려시대의 유적(高句麗時代之遺蹟)』의 공저자로서 공헌했다. 또한 1924년의 낙랑고분군 발굴조사에서는 석암리 제194호분(丙墳)과 200호분(乙墳)을 담당해, 노후해 썩은 목곽구조 속에서 약해져 위태로운 부장품들을 정교하게 들어냈는데, 특히 명문을 새긴 칠기류를 다수 검출한 발굴기술이 높이 평가된다.

1924년의 행정정리로 인해 파면된 오바(小場)는, 다음 해에 도쿄미술학교(東京美術學校)의 강사가 되어 공예사(工藝史)를 담당했으나 낙랑고분에서 출토된 칠기류의 정리도 계속 실시했다.

1931년에 조선고적연구회가 설립되면서 그 연구원이 되어, 매 시즌마다 출장을 가서 낙랑 및 고구려고분의 발굴조사를 지도하고 보고서를 발표했다. 그 중에서도 『낙랑 왕광묘(樂浪王光墓)』는 특히 중요한 기록이다. 오바(小場)는 우수한 기술을 발휘해 칠기를 비롯한 직물·모제품·목죽제품 등, 다양한 종류의 유기질의 유물을 다수 채집했을 뿐만 아니라 고분축조의 방법을 확인하는데 성공했다.

또한 고구려 고분벽화의 실물크기 모사는 오바(小場)의 특기로, 많은 작품들이 지금도 한국의 국립중앙박물
관, 도쿄대학(東京大學), 도쿄예술대학(東京
藝術大學)에 소장되어 학계에 이바지하고
있다. 『경주 남산의 불적(慶州南山の佛蹟)』
(朝鮮宝物古蹟圖録·第二-1940년 朝鮮總督府)도
오바(小場)의 큰 업적 중 하나다. 1923년
이래로 경주 남산의 불교유적 조사에 임
해, 오랜 기간에 걸쳐 유구의 검출과 정확
한 실측을 거듭하고 기록에 힘써 겨우 이 거작을 마무리할 수 있었다.

오바(小場)는 항상 실측에 근간을 둔 정밀한 조사연구를 행하고 매우
엄격했다. 조선뿐 만이 아니라 일본 및 중국의 미술사에도 정통했는데,
1946년에 도쿄예술대학(東京藝術大學)의 교수로 승진, 1952년에 퇴임했
다. 그 사이 1950년에는 『일본 문양의 연구(日本紋様の研究)』로 예술원 은
사상(藝術院恩賜賞)을 수상했다. 1958년 5월에 사거. 향년 80세였다.

■ 오가와 게이키치(小川 敬吉) 1882-1950

오가와 게이키치(小川 敬吉)는 1882년에 후쿠오카현(福岡県)에서 태어
났다. 1916년에 조선총독부 고적조사촉탁이 되어 총독부박물관에서 근
무했는데, 당초의 직무는 같은 해에 설치된 〈조선총독부 고적조사위원
회(朝鮮總督府古蹟調査委員會)〉 위원의 발굴조사를 보조하는 것이었다.

1916년에는 세키노 다다시(關野 貞) 위원의 협력자 중 한명으로서 주
로 낙랑군시대 및 고구려시대 고분군의 발굴조사에 종사했다. 1917년에
야츠이 세이이츠(谷井 済一) 위원을 주사(主査)로 하는 조사반에 참가, 전
반은 황해도·평안남도·평안북도부터 압록강 대안의 지안현(集安縣)으로
출장을 갔고, 후반은 경기도·충청북도·충청남도·전라북도·전라남도를

돌며 각지의 중요 유적의 발굴조사를 실시했다. 그리고 1920년의 경상남도 양산 부부총의 발굴조사에서는 바바 제이치로(馬場 是一郎) 위원을 보좌하는 형식을 취했지만, 그 보고서인 『양산 부부총과 그 유물(梁山夫婦塚と其遺物)』(古蹟調査特別報告 第五冊)의 도입 장(章)과 편찬을 담당한 것은 오가와(小川)였다. 그 정교한 도면작성은 오랫동안 고적조사보고서의 모범이 되었다. 이와 같이 다이쇼(大正) 연간에 오가와(小川)는 고고학 분야에서의 활약이 두드러진다.

오가와(小川)는 또한 『조선고적도보(朝鮮古蹟圖譜)』 시리즈의 작성에 깊이 관여했다. 그 제8책(1928년)부터 제14책(1934년)까지의 각 책의 범례에 의하면, 도쿄(東京)의 세키노(關野) 위원에 협력해 도보(圖譜)에 수록해야 할 자료의 선택과 그 편찬을 담당한 것을 알 수 있다.

오가와(小川)는 쇼와(昭和)에 들어오면서 주로 고건축물을 취급하게 되었는데, 1933년에 〈조선보물고적명승천연기념물 보존령(朝鮮宝物古蹟名勝天然記念物保存令)〉이 공포되면서, 고 건축의 개수 혹은 보존 공사를 기획하고 감독하는 지위에 올랐다. 그러나 전시(戰時) 중에 총독부 철도국의 기사(技師)로 옮겨 철도 역사(驛舍) 등의 설계를 담당했다.

그리고 1943년에 조선총독부를 퇴관하고는 후쿠오카현(福岡県)의 치쿠죠군(築上郡) 시이다정(椎田町 : 역주 본문에는 椎田村으로 되어 있으나 필자인 아리미츠 선생님의 착오로 당시에는 椎田町였음)에 정착했고, 1947년에 추인되어 같은 정(町)의 정장(町長)으로 취임했다. 1950년 12월 정장(町長) 재임 중에 사거. 향년 65세였다.

■ **노모리 켄(野守 健) 1887-1970**

세키노 다다시(關野 貞)의 실제 동생. 처음에는 서양화가의 길을 선택했으나 노모리(野守) 가문의 양자가 되었고, 1916년에 조선총독부 고적조사촉탁이 되어 총독부박물관에 근무, 낙랑군 및 고구려의 유적조사에 협력했던 것은 고적조사특별보고(古蹟調査特別報告)인 『낙랑군시대의 유적(樂浪郡時代の遺蹟)』・『고구려시대의 유적(高句麗時代之遺蹟)』 등에 명기되어 있다.

지체없이 노모리(野守)는 각지에서 각 시대의 고분을 발굴 조사했다. 그것은 경상북도 달성군 달서면 고분(『다이쇼12년도 고적조사보고 제1책(大正十二年度古蹟調査報告 第一冊)』)을 시작으로, 공주 송산리의 백제고분(『쇼와2년도 고적조사보고 제2책(昭和二年度古蹟調査報告 第二冊)』), 평양 오야리의 낙랑고분(『쇼와5년도 고적조사보고 제1책(昭和五年度古蹟調査報告 第一冊)』), 강동군 만달산록의 고구려고분(조선고적연구회 『소화12년도 고적조사보고(昭和十二年度古蹟調査報告)』) 등이다. 모두 정밀한 실측도의 제작에 특기를 발휘했는데, 각각의 보고서들은 오랫동안 학계에 이바지하게 되었다.

노모리(野守)는 또한 조선 도자기의 연구에도 불굴의 업적을 남겼다. 그는 총독부박물관이나 이왕가미술관에 수집된 고려・조선의 도자기에 엄청난 관심을 가졌는데, 단순히 감상에 그치지 않고 고고학 조사연구에 열심이었다. 고적조사의 담당직무에서 도자기의 요지를 발굴 조사할 기회를 얻었다.

계룡산록의 도자기 가마터에 관한 조사보고(『쇼와2년도 고적조사보고 제2책(昭和二年度古蹟調査報告 第二冊)』)는 그 대표작의 하나이다. 이것은 총독부가 실시한 조선의 옛 도자기 가마터 발굴조사의 최초의 완비된 그리고 유일한 보고서가 되었다. 조선시대의 도자기를 모아서 수록한 『조선고적도보 제15책(朝鮮古蹟圖譜 第十五冊)』(1935년)의 작성에서 세키노 다다시(關野 貞)와 함께 자료의 선택과 편찬에 종사했다.

고려 도자기에 관해서도 노모리(野守)는 한반도 각지의 청자요지를 답사해 자료를 채집했고, 연구를 거듭해『고려도자의 연구(高麗陶磁の研究)』(京都 淸閑舍 1944년 10월)를 출판했다. 하필 일본 패퇴의 전년도라 제반의 사정이 핍박한 상황이었음에도 불구하고, 칼라를 포함한 도판과 삽도를 풍부하게 갖춘 단행본의 출판이 가능했던 것은 이례적인 것으로 간주되었다.

노모리(野守)는 1945년에 총독부를 퇴직하고 8월 9일에 경성을 떠나, 당시 만주(滿洲)의 창춘(長春)으로 가서 체재 중에 패전이 되어, 1946년 8월에 오이타(大分)로 귀환했다. 1957년에 의료법인 호아키 정신병원(帆秋精神病院)의 이사(理事)가 되었으나, 1970년 10월 말에 서거. 향년 83세였다.

■ 하라다 요시토(原田 淑人) 1885-1974

1885년 도쿄(東京)의 간다(神田)에서 태어났다. 1908년 7월에 도쿄제국대학(東京帝國大學) 문과대학 사학과를 졸업. 졸업논문은「명대의 몽고(明代の蒙古)」이다. 이어서 대학원으로 진학해 동양사학을 연구. 1914년 같은 대학 문학부 강사, 1921년에 조교수로 승진. 그 사이인 1918년 4월에 조선총독부의 고적조사위원으로 촉탁되어, 같은 해 여름 경상남북도로 출장을 가서 고분·사지(寺址)·전탑·석탑·석등·석비·석불 등을 조사해『다이쇼7년도 고적조사보고 제1책(大正七年度古蹟調査報告 第一冊)』에 그 성과를 발표했다. 그 중에서는「경주 보문리고분 발굴조사(慶州普門里古墳發掘調査)」가 중요하다.

하라다(原田)의 조선고고학계에 있어서의 최대 공헌은 1925년의 왕우묘(王旴墓)의 발굴조사일 것이다. 이것은 평양의 낙랑고분군 중에 있는 하나의 목곽분으로, 시기 차이를 두고 4개의 목관이 매장된 경과가 명료한 사례였다. 그 내곽의 중앙 관(棺)에
서 출토된 목인(木印)의 양면에 「오관연왕
우인(五官掾王盰印)」과 「왕우인신(王盰印信)」
이라고 음각되어 있어서 왕우묘(王盰墓)라
는 이름을 얻었다.

발굴을 주도한 하라다(原田)는 그 보고
서인 『낙랑(樂浪)』(東京帝國大學文學部 1930년)
의 각 유물에 대한 해설의 장(章)에서 칠
기·목기·은기·유리기·견직물 등을 복원하고는, 고문헌과 대비해 특
히 칠기의 명문에서 보이는 공인(工人)의 직(職)을 밝힌 이외에도, 거북이
등껍질로 만든 작은 상자(瑇瑁小笥)의 그림 문양이나, 영평12년 재명 칠
반(永平十二年在銘漆盤)의 신선도(神仙圖) 등을 고증하거나, 혹은 식점천지
반(式占天地盤)을 복원해 한대(漢代)에 음양점성의 풍습이 유행하고 있었
던 것을 설명하고, 또한 비단의 조직이나 짜는 법을 논해, 당시의 학계
에 새로운 바람을 불어넣었다. 결론에 있어서도 하라다(原田)는 출토품
이 나타내는 한(漢) 문화 속에서 흉노스키타이문화와의 관계를 인정하
고, 서역을 넘어 로마와의 문물교류를 주장하는 등 풍부한 학식을 드러
냈다.

1935년도부터 1937년도에 걸쳐 하라다(原田)는 조선고적연구회의 연
구원으로서 3회에 걸쳐 낙랑군 토성지의 발굴조사를 지휘했고, 이 연구
회의 쇼와(昭和)9년도·10년도·12년도의 개보(槪報)와 보고에 조사 성과
를 공저(共著)했다.

하라다(原田)는 1927년 이후, 동아고고학회(東亞考古學會)의 목양성(牧
羊城)·동경성(東京城)·상도(上都)·한단(邯鄲)의 발굴조사를 주도한 이외에
도, 도쿄제국대학(東京帝國大學) 주최의 랴오양(遼陽)의 한대벽화분(漢代壁

畫墳)·취푸(曲阜)의 노성유적(魯城遺蹟)의 발굴을 지도하는 등 중국대륙에서의 고고학적 업적이 현저하다.

1938년에 도쿄제국대학(東京帝國大學) 교수로 승진했고, 1946년에 퇴직 후에도 학사원(學士院) 회원, 일본고고학회(日本考古學會) 회장, 방중고고학시찰단(訪中考古學視察團) 단장, 문화재전문심의회(文化財專門審議會) 회장, 다카마츠즈카(高松塚) 벽화고분 총합학술조사 회장 등을 역임했다. 1974년 12월에 서거. 향년 89세였다.

■ 이케우치 히로시(池內 宏) 1878-1952

1878년에 도쿄(東京)의 고지마치(麴町)에서 태어났다. 1904년에 도쿄제국대학(東京帝國大學) 문과대학 사학과 졸업, 1908년에 남만주철도주식회사(南滿洲鐵道株式會社)에서 「만주역사조사」를 촉탁받아 1914년까지 계속했다. 1913년에 도쿄제국대학(東京帝國大學) 문과대학 강사, 1916년에 같은 대학의 조교수가 되어 조선사 강좌를 분담했고, 1918년에 도쿄제국대학(東京帝國大學)에서 학술조사를 위해 조선으로의 출장을 명받았다.

1919년, 이케우치(池內)는 조선총독부 고적조사위원회의 위원으로 임명되어 9월부터 11월에 걸쳐 함경남도 함흥군과 그 주변에 남아있던 10여 곳의 성지를 답사했고, 1922년 가을에 다시 함흥군과 정평군의 고성지(古城址)를 조사했다. 『함경남도 함흥군의 고려시대 고성지(咸鏡南道咸興郡に於ける高麗時代の古城址)』『다이쇼8년도 고적조사보고 제1책(大正八年度古蹟調査報告 第一冊)』과 『진흥왕의 무자순경비와 신라의 동북경(眞興王の戊子巡境碑と新羅の東北境)』(『古蹟調査特別報告』第六冊)은 그 보고서들이다. 또한 이케우치(池內)는 1919년 3월 「조선 평안북도 의주군의 고려시대 고성지(朝鮮平安北道義州郡に於ける高麗時代の古城址)」(도쿄제국대학 문학부기요 제3(東京帝國大學文學部紀要 第三))를 간행했다.

1922년에 이케우치(池內)는 「조선 초의 동북경과 여진과의 관계(鮮初の東北境と女眞との關係)」의 연구로 문학박사학위를 수여받았다. 1925년에 도쿄제국대학(東京帝國大學) 교수로 승진, 1926년에 동아고고학회(東亜考古學會)의 위원이 되었고, 1932년부터 1936년까지 사이에는 동경성(東京城)의 조사·열하이궁(熱河離宮)의 조사·지

안현(集安縣)의 조사를 위해 5회에 걸쳐 만주국(滿洲國)으로 출장을 갔다. 1936년의 지안현(集安縣) 고구려 유적의 조사 성과는 일만문화협회(日滿文化協會)가 발행한 『통구(通溝)』卷上과 卷下(우메하라 스에지(梅原末治)와 공저)로, 이것이 조선고고학과 불가분인 것은 말할 필요도 없다.

이케우치(池內)는 1937년에 제국학사원(帝國學士院)의 회원이 되었고, 1939년에 도쿄제국대학(東京帝國大學)을 정년퇴직한 후에도 동아고고학회(東亜考古學會)의 위원, 동방문화학원(東方文化學院)의 이사, 일만문화협회(日滿文化協會)의 이사장 등으로 추인되어 활약했다. 1952년에 향년 74세로 서거했다.

■ 가야모토 가메지로(榧本 龜次郎) 1901-1970

총독부와 고적연구회의 보고서에서는 가메지로(龜次郎)로, 일본으로 귀환한 후의 저작에서는 모리토(杜人)를 자처하는 경우가 많았다. 호적상의 본명은 가메지로(龜治郎)였다.

나라(奈良)에서 태어나 도쿄미술학교(東京美術學校 : 현 도쿄예술대학(東京藝術大學) 문고괘(文庫掛)를 거쳐, 1930년부터 조선총독부 고적조사의 사무촉탁으로 일본 패전까지 조선총독부 박물관에서 근무했다.

1930년에 평양 오야리의 낙랑고분군 조사에 참가해, 그 보고인 『쇼와5년도 고적조사보고 제1책(昭和五年度古蹟調査報告 第一冊)』(朝鮮總督府)을 노모리 켄(野守 健) 등과 공저(共著)했다. 1932년 5월에는 평양역 구내의 영화9년재명전(永和九年在銘塼) 출토 고분을 조사하고, 그 보고서인 『쇼와7년도 고적조사보고 제1책(昭和七年度古蹟調査報告 第一冊)』(朝鮮總督府)도 노모리 켄(野守 健)과 공저(共著)했다. 같은 해 8월부터 10월까지는 평양 정백리의 낙랑고분군을 발굴조사하고, 그 보고서인 『낙랑 왕광묘(樂浪王光墓)』(朝鮮古蹟研究會)는 오바 츠네키치(小場 恒吉)와 공저(共著)했다. 또한 1937년에는 강동군 만달산록의 고구려 고분군을 발굴 조사해, 조선고적연구회의 『쇼와12년도 고적조사보고(昭和十二年度古蹟調査報告)』에 오바 츠네키치(小場 恒吉)와 공저(共著)의 보고를 실었다.

이상은 조선총독부 및 조선고적연구회의 고적조사보고시리즈에 수록된 가야모토(榧本)의 업적인데, 이 이외에도 그는 많은 발굴조사에 관여했다.

1930년의 7, 8월과 다음 해의 7, 8월에는 후지타 료사쿠(藤田 亮策) 선생 주사(主査)의 함경북도 웅기 송평동 패총의 발굴조사에 참가했다. 이는 1929년부터 3년간 계속된 사업으로 총독부의 선사유적조사로서는 최대규모였다. 가야모토(榧本)는 그 후에도 방대한 출토품의 정리에 부지런히 최선을 다했다. 또한 1934년의 12월부터 다음 해인 1월에 걸쳐 경상남도 김해패총(金海貝塚)에서 지석묘(支石墓)·석관묘(石棺墓)·옹관묘(甕棺墓)를, 1936년과 1939년에는 대구 대봉동 지석묘군(支石墓群)을 발굴조사해, 각각 초기 금속문화에 관한 중요한 사실을 밝혔다. 그 이외에도 함경북도 회령의 선사유적, 혹은 평양의 석암리·정백리의 낙랑전기 고분 등, 주목해야 할 발굴조사를 실시해 다대한 공헌을 했다.

1945년 11월에 귀환한 후, 국립박물관나라분관(國立博物館奈良分館)에서 근무, 1952년에 도쿄국립박물관(東京國立博物館)의 고고과 유사실장(考古課有史室長), 1960년에 나라국립문화재연구소(奈良國立文化財研究所)로 옮겨 헤이죠교(平城京)유적 발굴조사를 주도, 1964년부터 1966년의 퇴임까지 같은 연구소 조사부의 부장이었다. 퇴직 후에도 헤이죠교(平城京)의 라죠몬(羅城門) 발굴조사나 호류지(法隆寺)의 와카쿠사가람(若草伽藍) 유적 발굴조사의 주임(主任)이 되어 활약했으나, 1970년 12월 14일에 서거. 향년 69세였다.

나라국립문화재연구소(奈良國立文化財研究所)의 유지가 앞서 기술한 조사보고를 제외한 저작들 중에서 33편을 골라 『조선의 고고학(朝鮮の考古學)』(1980년 同朋舍出版)을 간행했다.

■ 고마이 가즈치카(駒井 和愛) 1905-1971

1905년에 도쿄(東京)의 우시고메(牛込)에서 태어났다. 1927년에 와세다 대학(早稻田大學) 문학부 동양사학과를 졸업, 같은 해에 도쿄제국대학(東京帝國大學)의 문학부 부수(副手)가 되어 하라다 요시토(原田 淑人)의 지도를 받았다. 다음 해인 1928년에 동아고고학회(東亜考古學會)의 제1회 유학생이 되어 베이징 대학(北京大學)으로 유학, 마헝(馬衡) 교수 아래에서 금석학을 수학했다. 동아고고학회(東亜考古學會)의 목양성(牧羊城)·동경성(東京城)·상도(上都)·한단(邯鄲)의 발굴조사 이외에도, 도쿄제국대학(東京帝國大學)의 랴오양(遼陽) 한대벽화분(漢代壁畵墳)·취푸(曲阜) 노성유적(魯城遺蹟)의 발굴조사에 참가해, 하라다 요시토(原田 淑人)를 도와 보고서를 공

저(共著) 혹은 자저(自著)하는 등, 동아시아 고고학상의 업적이 많다.

조선과의 관계는 조선고적연구회의 낙랑토성지 조사를 하라다 요시토(原田 淑人)의 지도하에, 1934년부터 1937년까지 계속한 것이 현저하다. 조선고적연구회의 『쇼와10년도 고적조사 개보(昭和十年度古蹟調査槪報)』와 『쇼와12년도 고적조사보고(昭和十二年度古蹟調査報告)』에 수록된 「낙랑토성지의 조사(樂浪土城址の調査)」는 고마이(駒井)가 집필한 것을 하라다(原田)와 공저(共著)의 형식으로 발표했다고 한다(駒井和愛『樂浪郡治址』序).

고마이(駒井)는 1965년에 『낙랑군치지(樂浪郡治址)』(도쿄대학 문학부 고고학연구 제3책(東京大學文學部考古學硏究 第三冊))를 간행, 낙랑군치지에 관한 학설을 정리하고, 출토품과 문헌에 의한 토성리 토성의 고찰을 발표했는데, 부록으로 조선고적연구회의 조사보고를 재 수록했다.

고마이(駒井)는 「거울을 주재료로 고찰한 육조이전의 문화(鏡鑑を主材として考察したる六朝以前の文化)」라는 제목의 논문으로 1946년에 도쿄대학(東京大學)에서 문학박사의 학위를 받았다. 1938년에 도쿄제국대학(東京帝國大學) 문학부의 강사, 1945년에 조교수, 1951년에 교수로 승진, (일본) 국내 각지 특히 홋카이도(北海道)의 고고학적 조사에 힘을 쏟았다. 1965년 정년 퇴직. 1971년에 서거. 향년 66세였다.

■ 이시다 모사쿠(石田 茂作) 1894-1977

1894년 11월에 아이치현(愛知県)에서 태어났다. 1923년에 도쿄고등사범학교(東京高等師範學校) 윤리교육전공과를 졸업. 1925년에 도쿄제실박물관(東京帝室博物館)의 감사관보(鑑査官補), 1935년에 감사관(鑑査官)으로 승진. 불교고고학에 관한 조사연구의 업적으로 알려져 있다.

조선과의 관계는 조선고적연구회의 연구원으로 1935년 가을과 1936년 가을에 행해진 부여 군수리 폐사지의 발굴조사가 중요하다. 전술한 조선고적연구회의 『소화11년도 고적조사보고(昭和十一年度古蹟調査報告)』에서 이시다(石田)는 그 가람배치가 일본 오사카(大阪)의 시텐노지(四天王寺)의 규모와 같은 규모이고, 출토된 불상이나 옛 기와가 아스카시대(飛鳥時代)의 유품들과 유사한 것을 밝혔다.

다음으로 1939년 봄, 부여의 동남리 폐사지를 발굴조사했으나, 앞선 군수리 폐사지와는 전혀 다른 가람배치였다. 이에 따라 부여의 백제사지 연구에는 한층 발굴조사의 사례를 증가시키는 것이 필요해졌고, 일본의 아스카시대(飛鳥時代) 사원지에 관해서도 이와 같다는 것을 조선고적연구회의 『소화13년도 고적조사보고(昭和十三年度古蹟調査報告)』에서 주장했다.

이시다(石田)는 1947년에 도쿄국립박물관(東京國立博物館)의 진열과장에 취임. 그 후 같은 박물관의 학예부장, 나라국립박물관장(奈良國立博物館長), 문화재보호심의회(文化財保護審議會)의 위원을 역임했다. 또한 「일본 불교고고학에 공헌」으로 1964년도 아사히상(朝日賞)을 수상했고, 1974년에는 문화공로자(文化功勞者)로 선택되었다. 1977년 서거. 향년 83세였다.

■ 요네다 미요지(米田 美代治) ?-1942

조선고적연구회의 『소화13년도 고적조사보고(昭和十三年度古蹟調査報告)』에 「경주 천군리사지 및 삼층석탑조사보고(慶州千軍里寺址三層石塔調査報告)」를 발표한 요네다 미요지(米田 美代治)는 후쿠오카현(福岡県) 출신. 1932년 3월, 니혼대학(日本) 전문부(專門部) 공과건축과(工科建築科)를 졸업. 다음 해인 1933년에 조선총독부 학무국(學務局)의 촉탁이 되어 총독부박물관에 근무했다. 처음에는 황해도 황주의 성불사 극락전 및 응진전의 개수보존공사에 종사했다. 〈조선보물고적도록(朝鮮宝物古蹟圖錄)〉第一册인 『불국사와 석굴암(佛國寺と石窟庵)』(朝鮮總督府 1938년)의 출판이 기획되면서, 불국사와 석굴암의 경내나 가람배치의 실측도 제작을 담당했고, 이를 계기로 고대 불교사원 건축의 실측과 연구에 몰두하게 되었다.

불국사에 관해서 요네다(米田)는 같은 경주의 사천왕사지나 망덕사지의 실측과 연구를 계속했고, 또한 천군리 폐사지에서는 동서 양 석탑의 개수공사를 감독하면서 사지(寺址) 전역의 발굴조사를 수행했다.

그는 단지 신라의 사지(寺址)뿐 만이 아니라 고구려의 사지(寺址)에 관해서도 크게 공헌했다. 즉 조선고적연구회의 『소화13년도 고적조사보고(昭和十三年度古蹟調査報告)』에 의하면, 「평양 청암리폐사지 조사」의 실질적인 주사(主査)는 요네다(米田)였다고 한다(동(同) 보고 p.6). 이 사지(寺址)는 일본의 아스카시대(飛鳥時代) 사원건축과의 관련으로 주목받았으나, 그 가람배치를 밝힐 수 있었던 것은 그의 정밀한 실측에 힘입어서다.

요네다(米田)는 또한 백제의 사지(寺址)에 관해서도 조사연구를 했는데, 「부여·백제 오층석탑의 의장계획(扶餘·百濟五層石塔の意匠計畫)」이나 「익산·왕궁탑의 의장계획(益山·王宮塔の意匠計畫)」 등의 노작(勞作)들을 발표했다. 이것들이 정밀한 실측과 주도면밀한 비교에 의한 연구라는 것

은 말할 필요조차 없다. 그리고 「조선 상대의 건축과 가람배치에 미친 천문사상의 영향(朝鮮上代の建築と伽藍配置に及ぼせる天文思想の影響)」과 같은 독특한 의론(議論)으로 발전했다.

요네다(米田)는 일의 성격상 정확한 실측에 철저했는데, 그것들을 스스로의 연구대상으로 삼고 결코 소홀하지 않았으며, 10년이 채 되지도 않는 재직 중에 상기의 총독부와 고적연구회의 간행물 이외에도 『건축잡지(建築雜誌)』나 『조선과 건축(朝鮮と建築)』 등에도 그러한 성과들을 발표했다. 그러나 1942년 10월, 경성(京城)에서 병으로 사망했기 때문에 교토제국대학(京都帝國大學) 공학부 건축학교실의 무라타 지로(村田 次郎) 교수는, 요절한 그의 업적이 망각되는 것을 우려해 이것들을 편집해 『조선상대건축의 연구(朝鮮上代建築の研究)』를 출판(1944년 8월 15일 大阪秋田屋), 폭넓게 학계에 제공되었다.

■ 오다 쇼고(小田 省吾) 1871-1953

1871년에 미에현(三重県)에서 태어났다. 1899년 7월에 도쿄제국대학(東京帝國大學) 문과대학 사학과를 졸업. 1902년에 도쿠시마현립 사범학교장(德島県立師範學校長), 1907년에 나라현립 우네비중학교장(奈良県立畝傍中學校長)을 거쳐 1908년에 제1고등학교 교수로 취임했으나, 1910년 11월에 조선총독부 학무국(學務局) 편집과장이 되어 경성(京城)에 부임했다. 1916년 8월에 조선총독부 고적조사위원회 위원으로 임명되어, 조선총독부의 고적조사에 관여하게 되었다.

1915년 12월에 개설된 총독부박물관은 처음에는 총무과(總務課)에 속해, 박물관에 관한 사무와 병행해 고적의 조사 및 보존을 담당했었다. 그런데 1920년과 1921년에 양산 부부총(夫婦塚) 및 경주 금관총(金冠塚)의 발굴이라는 큰 사건들이 일어난 것을 계기로, 학무국(學務局)에 고적조사

과가 설치되어, 오다(小田) 편집과장이 고
적조사과장을 겸직했다. 그 아래에 감사
관(鑑査官)·속(属)·기수(技手)·촉탁(嘱託)이
배치되어, 고적의 조사보존사무와 총독
부박물관의 운영이 종합적으로 행해지게
되었다. 그러나 이 관제도 1924년 말의
행정정리로 인해 폐지되는 쓰라림을 당
해, 후지타 료사쿠(藤田 亮策) 감사관과 오
바 츠네키치(小場 恒吉) 촉탁이 파면되었다.

오다(小田)는 1924년에 설치된 경성제국대학(京城帝國大學)의 예과부
장으로 임명되었고, 1926년 4월에는 같은 대학의 법문학부 교수가 되어
조선사 강좌를 담당했으나 1932년에 정년퇴직했다. 1933년에 조선보물
고적명승천연기념물보존회(朝鮮宝物古蹟名勝天然記念物保存會)의 위원으로
임명되어, 1916년 이래의 고적조사위원에 이어 조선의 고적조사에 관여
했다.

1939년에는 숙명여자전문학교장으로 취임했으나 일본의 패전과 함
께 1945년 가을, 고향인 미에현(三重県) 도바시(鳥羽市)로 귀환했다. 1953
년에 향년 82세로 서거했다.

■ 고이즈미 아키오(小泉 顕夫) 1897-1993

1897년에 나라현(奈良県)에서 태어났다. 유소년기부터 유적답사나 유
물채집에 흥미를 가져, 나라여자고등사범학교((奈良女子高等師範學校 : 지금
의 나라여자대학(奈良女子大學)의 전신)의 조수(助手)가 되었다.

1921년에 경주 금관총(金冠塚)의 발견을 계기로 조선총독부 학무국
(學務局)에 고적조사과가 신설되자, 고이즈미(小泉)는 궁내성(宮內省) 제능

료(諸陵寮)에서 전출된 후지타 료사쿠(藤田
亮策) 선생과 함께 1922년 3월에 경성으로
부임. 조선총독부 학무국(學務局) 고적조
사과 촉탁의 사령(辭令)을 받았다. 경주 금
관총(金冠塚) 출토품의 정리 이외에도 『경
상남북도 충청남도 고적조사보고』(다이쇼
11년 조선총독부보고 제1책(大正十一年朝鮮總督
府報告 第一冊)) 및 『남조선의 한대유적(南朝

鮮に於ける漢代の遺蹟)』(다이쇼11년 조선총독부보고 제2책(大正十一年朝鮮總督府報
告 第二冊))을 후지타 료사쿠(藤田 亮策) 고적조사위원·우메하라(梅原) 촉탁
과 공저(共著)했다.

고이즈미(小泉) 촉탁의 공적 중 하나는 낙랑한묘(樂浪漢墓)의 발굴조사
이다. 1924년 10월에 시작된 평안남도 대동군 대동강면 석암리 제194호
분·제200호분·제20호분·제52호분의 발굴조사는, 11월의 지방재정의
정리긴축에 의해 조선총독부 고적조사과가 폐지되어, 발굴조사의 지휘
를 하고 있던 후지타 료사쿠(藤田 亮策) 위원을 비롯해 거의 전원이 파면
되어, 고이즈미 아키오(小泉 顯夫) 촉탁 혼자서 4기의 모든 발굴기록을 정
리하게 되었다. 그 기록이 『낙랑한묘 제1책-다이쇼13년도 발굴조사보
고-(樂浪漢墓 第一冊-大正十三年度發掘調査報告-)』로서 1974년 4월 1일 낙랑한
묘간행회(樂浪漢墓刊行會)(奈良文化財研究所)에서 오바 츠네키치(小場 恒吉)·
고이즈미 아키오(小泉 顯夫) 저, 가야모토 모리토(榧本 杜人) 편(編)으로 50
년 만에 간행되었다.

고이즈미(小泉) 촉탁은 1925년에 도쿄제국대학(東京帝國大學)의 하라
다 요시토(原田 淑人)가 주재(主宰)한 왕우묘(王旴墓)의 발굴조사에도 참가
했다. 그리고 1931년 8월에 시작된 조선고적연구회 평양연구소의 남정

리 제116호분(채협총 : 彩篋塚)·석암리제201호분·석암리260호분의 발굴조사를 사진을 담당한 사와 순이치(澤 俊一) 촉탁과 함께 실시했다. 1934년에 간행된 『낙랑 채협총(樂浪彩篋塚)』이 그 성과이다.

도굴된 〈경주 금관총(金冠塚)〉의 유물정리에 종사하고 있던 고이즈미(小泉) 촉탁은 1924년의 경주 금령총(金鈴塚) 식리총(飾履塚)의 발굴조사에 조수(助手)로 참가했다. 계속해 1926년에는 경주 서봉총(瑞鳳冢)의 발굴조사를 주도했다. 금제보관(金製宝冠)을 비롯해 금은주옥의 장신구를 동북아시아를 여행중이던 스웨덴 황태자 전하와 함께 수습했다. 그 감격은 자서전인 『조선 고대유적의 편력(朝鮮古代遺跡の遍歷)』(1985년 六興出版)에 자세히 기술되어 있다.

1936년 8월에 충청남도 공주읍 송산리의 제6호분, 즉 사신을 그린 벽화전축고분을 정밀하게 실측하고 작도(作圖)한 고이즈미(小泉) 촉탁의 공적은 크다. 공주(公州)는 백제가 고구려의 압박을 받아 남쪽으로 물러난 475년부터 538년까지의 왕도였다.

더욱이 고이즈미(小泉) 촉탁이 올린 학사에 남을 업적 중 하나로 〈위원(渭原) 유적〉의 발굴조사가 있다. 1927년에 당시의 평안북도 위원군 숭정면 위원동에서는 적석총 형태의 저부에서 명도전의 완형품이 51점 이상 이외에도, 철모(鐵矛)가 2점, 철촉(鐵鏃)이 1점, 철제농구가 4점, 철제공구가 2점, 철제 첨두기(尖頭器)가 1점, 동대구(銅帶鉤)가 1점 남아있던 것을 정밀 조사해, 한반도에 철기시대 문화가 전래한 시기와 경로를 나타냈다.

1946년에 가족과 함께 38도선을 돌파해 귀국했다. 1957년에 나라국립박물관(奈良國立博物館)의 학예과장에 취임했다. 1962년부터 1972년까지 도쿄(東京)의 텐리 갤러리(天理ギャラリ-) 관장으로 근무했고, 그 후 나라현 텐리시 야나기모토쵸 가미나가오카(奈良県天理市柳本町上長岡)에 거

주, 『낙랑한묘 제1책(樂浪漢墓 第一冊)』의 간행에 전력을 다한 것은 전술한 바와 같다.

1993년 2월. 향년 96세로 서거했다.

후기

　이번에 본 책을 마무리함에 있어서 20세기에 활약한 조선고고학 관계자들의 항목을 마련했다. 그러나 사와 슌이치(澤 俊一) 촉탁에 관해서는 다루지 않았으므로 여기에 적어두고자 한다. 사와 슌이치(澤 俊一)는 사진담당의 촉탁으로, 1918년에 하라다 요시토(原田 淑人) 고적조사위원의 경주군 내동면 보문리고분의 발굴조사에 참가했고, 1920년의 『양산 부부총과 그 유물(梁山夫婦塚と其遺物)』의 별책 도판과 본문의 사진촬영 일부를 담당했다. 1924년의 『경주 금령총 식리총 발굴조사보고(慶州金鈴塚 飾履塚發掘調査報告)』 도판의 태반에 이르는 사진을 담당했는데, 저자인 우메하라 스에지(梅原 末治)는 사와 슌이치(澤 俊一)의 토공(土工) 상의 적절한 처치를 절찬하고 있다.

　1931년 가을에 조선고적연구회 평양연구소가 발굴 조사한 남정리 제116호분의 보고서인 『낙랑 채협총(樂浪彩篋塚)』은 평양부립박물관장인 고이즈미 아키오(小泉 顯夫)와 사와 슌이치(澤 俊一)의 공저(共著)이다.

　1945년 이전의 조선총독부 박물관에서는 유리제 사진건판을 사용했다. 사와(澤) 촉탁은 이러한 촬영자의 이름, 촬영 년월일, 촬영장소 등의 필요사항을 카드에 기록해 정리했었다. 한국의 국립중앙박물관은 사와(澤) 촉탁의 정리를 기반으로 『유리원판목록집』1-5(원문은 한국어)를 출판했다.

　사와 슌이치(澤 俊一) 씨가 1945년 9월에 일본으로 귀국한 후, 어디에서 살았는지에 관해서는 전혀 알 수조차도 없다.

　또한 1942년에 병사(病死)한 요네다 미요지(米田 美代治) 씨의 정확한 생년월일에 관해서도 현재 불명이다(역주 : 요네다(米田)의 생애에 관해서는 본 책이 간행될 때까지 불명확했으나, 이후 후지이 가즈오(藤井和夫)의 2019년 논문(「덴리 대학부속덴리도서관(天理大學附屬圖書館) 소장의 오바쓰네키치(小場 恒吉) 자료에 대하여」, 『일본 소재 고구려유물 Ⅴ』 p.139)에서 상세하게 밝혔다).

두 분에 관한 소식을 알고 계신 분은 저자나 쇼와도(昭和堂)로 알려주시면 감사하겠다.

이 책이 간행된 것은 쇼와도(昭和堂)의 오오이시 이즈미(大石 泉) 씨의 배려에 힘입어서이다. 감사의 말씀을 글로서 대신하고자 한다.

＊ 역자 주: 사와 슌이치의 활동과 생애는 이 회고록이 발간된 다음 해인 2008년에 일본 교토대학(京都大學)의 요시이 히데오(吉井 秀夫)교수가 글을 발표했다(吉井秀夫, 2008, 「澤俊一とその業績について」, 『高麗美術館研究紀要』 6, 高麗美術館).

저작목록 著作目錄
약연보 略年譜

저작목록(著作目錄)

● 저서(著書)

朝鮮磨製石劍の研究 京都大学文学部考古学叢書 二 1959年 1月 京都大学文学部

朝鮮櫛目文土器の研究 京都大学文学部考古学叢書 三 1962年 京都大学文学部

金と石と土の芸術 新潮古代美術館十一 1980年 11月 新潮社

有光敎一著作集 第一卷 1990年 4月 同朋舍出版

有光敎一著作集 第二卷 1992年 12月 同朋舍出版

有光敎一著作集 第三卷 1999年 7月 角川書店

● 공저(共著)

新羅燒の変遷『世界陶磁全集 十三』1955年 10月 河出書房

朝鮮の石器時代文化『日本考古学講座 三』1956年 5月 河出書房

弥生式文化『日本の民族·文化』1959年 6月 講談社

三國時代の文化-高句麗, 百濟, 新羅の遺跡と文化『世界考古學大系 七』1959年 8月 平凡社

權力の発生と民族の移動『世界考古學大系 十二』1961年 3月 平凡社

土器の機能と形式『世界考古學大系十六』1962年 12月 平凡社

先史の世界の年代決定法『世界歴史』1 1965年 8月 人文書院

弥生文化に対応する朝鮮半島の文化『日本の考古学 三』1966年 1月 河出書房

考古學からみた朝鮮『朝鮮史入門』1966年 11月 太平出版社

朝鮮石器時代の美術『世界美術全集 十八』1967年 1月 角川書店

朝鮮-三国時代の農具と工具『日本の考古学 四』1967年 7月 河出書房

朝鮮半島における鉄製農具の変遷について『末永先生古希記念考古学論叢』
1967年 10月

『シンポジュウム日本農耕文化の起源』1968年 4月 角川書店

半島に埋もれた文化交流の謎を掘る『沈黙の世界史 十』1970年 新潮社

高句麗壁面古墳の四神図『壁画古墳高松塚』橿原考古学研究所編著 1972年

天馬塚と慶州邑南古墳群『天馬塚』1975年 4月 学生社

東北アジアの流動と日本文化『日本の渡来文化』1975年 6月 中央公論社

百済武寧王陵と慶州邑南古墳群『先史時代の日本と大陸』1976年 5月 朝日新
聞社

朝鮮『世界考古学事典』1979年 2月 平凡社

扶余陵山里伝百済王陵・益山双陵『橿原考古学研究所論集 四』1979年 9月 吉
川弘文館

慶州の古墳・奈良の古墳『古代の新羅と日本』1990年 5月 学生社

私の朝鮮考古字『朝鮮学事始め』1997年 4月 青丘文化社

高句麗古墳の調査に参加して『高句麗壁画古墳』2005年 9月 共同通信社

● 논문(論文)

大阪市東成区森小路発見の弥生式遺跡について(島田貞彦と共著) 考古学雑誌
21-10 1931年 10月

慶州積石塚出土農具に就いて 朝鮮215 1933年

新羅金製耳飾最近の出土例に就いて 考古学7-6 1936年

十二支生肖の石彫を繞らかした新羅の墳墓 青丘学叢25 1936年 8月

朝鮮扶餘新出の文様塼 考古学雑誌27-11 1937年 11月

勾玉雑攷 読書2-3 1938年 5月

朝鮮江原道の先史時代の遺物 考古学雑誌28-11 1938年 11月

朝鮮における磨製石剣の形式と分布 人類学雑誌54-5 1939年 5月

平安北道江界郡漁雷面発見の箱式石棺と其副葬品 考古学雑誌31-3 1941年 3月

黄海道鳳山郡楚臥面における磨製石剣及石鏃副葬の箱式石棺 考古学雑誌31-9
1941年 8月

硬玉製勾玉の原石 緑旗 1942年 10月

新たに見出された新羅の十二支彫像 考古学雑誌32-11 1942年 11月

石器時代の大邱 大邱府史 第3巻 1943年 3月

朝鮮迎日湾外海底発見の打製石器 考古学雑誌33-9 1943年 4月

南鮮に於ける多槨式高塚古墳に就いて 史林28-1 1943年

放射性炭素による年代測定に就いて 古代学2-1 1953年 1月

朝鮮石器時代の「すりうす」 史林35-4 1953年 3月

金海貝塚土器の上限と下限 考古学雑誌40-1 1954年 7月

朝鮮の初期鉄器時代文化について 東方学第10輯 1955年 4月 東方学会

慶州邑南古墳群について 朝鮮学報第8輯 1955年 10月

南朝鮮土着文化の考古学的考察 史林38-6 1955年 11月

朝鮮出土の磨製石剣 50周年記念論集 1956年 11月 京都大学

日鮮石剣の比較 朝鮮学報12 1958年 3月

慶州月城・大邱達城の城壁下の遺跡について 朝鮮学報14 1959年 10月

日本文化のあけぼの 第一工業製薬杜報第277号 1960年 1月 第一工業製薬株
式会社

Stone Daggers found in Korea The Proceeding of the Ninth Pacific
Congress Vol.3 1963

朝鮮初期金屬文化に関する新資料の紹介と考察 史林48-2 1965年 3月

釜山岩南洞貝塚土器 朝鮮学報36 1965年 10月

An Objective View of Japanese Archaeological Works in Korea

Transactions of the Korean Reanch Royal Asiatic Vol. ⅩLⅡ 1966.9

理学的方法による絶対年代決定と考古学の立揚について 考古学と自然科学1号 1968年 2月 日本文化財科学会

朝鮮磨製石剣の年代論について 史林51-4 1968年 7月 京都大学

『韓国支石墓研究』を読んで 朝鮮学報48 1968年 7月

朝鮮支石墓の系譜に関する一考察 古代学16-2 1969年 12月

朝鮮支石墓の系譜に関する一考察 古代学16-3 1969年 12月

朝鮮支石墓の系譜に関する一考察 古代学16-4 1969年 12月

高句麗時代の壁画墳 朝鮮文化14 1972年 6月

韓半島の支石墓 第2回東洋学学術講演集13-20 1972年 10月 檀国大学校付設東洋学研究所

新羅の太環式金製垂飾について 朝鮮学報88 1978年 7月

羅州潘南面新村里第九号墳発掘調査記録 朝鮮学報第94輯 1980年 1月

館蔵《多紐細文鏡》の謎(前) 高麗美術館館報第26号 1995年 4月 高麗美術館

館蔵《多紐細文鏡》の謎(後) 高麗美術館館報第27号 1995年 7月 高麗美術館

● 보고(報告)

慶州忠孝里石室古墳調査報告 昭和七年度古蹟調査報告 二 朝鮮總督府

皇吾里第五十四墳 昭和八年度古蹟調査概報 1934年 3月 朝鮮總督府

慶州皇南里第八十二号墳第八十三号墳調査報告 昭和六年度古蹟調査報告第一冊 1935年 3月 朝鮮總督府

朝鮮金山瀛仙町の一貝塚に就いて 人類学雑誌51-2 1936年 2月

扶余窺岩面に於ける文様博出土の遺蹟と其の遺物 昭和十一年度古蹟調査報告 1937年 6月 朝鮮古蹟研究会

土浦里一号墳・土浦里二号墳・內里第一号墳 昭和十一年度古蹟調査報告 1937

年 6月 朝鮮古蹟研究会

朝鮮扶餘新発見の石剣・銅剣・銅鉾 考古学雑誌28-1 1938年 11月

羅州播南面古墳の発掘調査 昭和十三年度古蹟調査報告 1940年 朝鮮古蹟研究会

慶州皇吾里第十六号墳・慶州路西里二一五番地古墳発掘調査報告 1932・1933
朝鮮古蹟研究会遺稿Ⅰ 2000年 3月 東洋文庫

公州宋山里第二九号墳・高霊主山第三九号墳発掘調査報告 朝鮮古蹟研究会遺
稿Ⅱ 2002年 3月 東洋文庫

平壌石巖里第二一八号墳・平壌貞柏里第二四号墳発掘調査報告 朝鮮古蹟研究
会遺稿Ⅲ 2003年 3月 東洋文庫

● 기타

監修 武寧王陵 日本語版あとがき『武寧王陵』学生社

大和各地考古学研究旅行記 史林54-3 1930年

筑前須玖史前遺蹟の研究 京都帝国大学文学部考古学研究報告 島田貞彦・梅原
末治 著 史林15-4 1930年

慶州點描 ドルメン 7月号 1932年 7月 岡書院

慶州の博物館 ドルメン 1-13 1933年 4月 岡書院

慶州だより ドルメン 10月号 1933年 10月 岡書院

書評 濱田耕作・梅原末治『新羅古瓦の研究』青丘学叢18 1934年 11月

青丘老婦抄二景(有光廣穡) ドルメン3-3 1934年 3月 岡書院

書評 駒井和愛・江上波夫・後藤守一『東洋考古学』青丘学叢17 1934年 8月

昭和九年度朝鮮古蹟研究会事業の概況 青丘学叢18 1934年 11月

昭和九年度の楽浪調査事業 昭和九年度古蹟調査概報 1935年 2月 朝鮮古蹟研究会

朝鮮總督府『昭和六年度古蹟調査報告』第一冊 青丘学叢20 1935年 11月

朝鮮古蹟研究会『樂浪彩篋塚』青丘学叢20 1935年 11月

朝鮮総督府『昭和二年度古蹟調査報告』第二冊 青丘学叢20 1935年 11月

朝鮮総督府『昭和五年度古蹟調査報告』第一冊 青丘学叢20 1935年 11月

書評 朝鮮古蹟研究会『樂浪王光墓』青丘学叢23 1936年 2月

昭和十年度朝鮮總督府宝物古蹟名勝天然記念物保存会総会と指定予定物件
青丘学叢24 1936年 5月

書評 朝鮮總督府『朝鮮古蹟図譜』青丘学叢24 1936年 5月

高句麗古墳調査概要 青丘学叢26 1936年 11月

第三回朝鮮宝物古蹟名勝天然記念物保存会総会 青丘学叢29 1937年 7月

書評 朝鮮古蹟研究会『昭和十一年度古蹟調査報告』青丘学叢29 1937年 7月

故濱田先生最後の朝鮮旅行を憶ふ 考古学論叢8 1938年 8月

朝鮮高霊にて故濱田先生を憶ふ 濱田先生追悼録 1939年 5月 京都大学文学部
考古学教室

北九州古文化図鑑 第一輯 九州考古学会編 史林33-6 1950年

Radiocarbon Dating Johnson. F. 史林36-3 1953年

History of the Primates Clerk. W. E. 史林36-3 1953年

三森君についての思出 古代文化29-6 1958年 6月

図解考古学辞典 1959年 6月 東京創元社

アズテック文化ほか六十七項目

アズテック文化 アナサジ文化 油坂遺跡 アメリカ考古学史 アメリカ初期文化
渭原遺跡 インカ文明 王盱墓 王光墓 岩寺里遺跡 九政里遺跡 金海貝塚 金冠塚
古墳 金鈴塚古墳 金製耳飾 櫛文土器 百済の古墳 百済の山城 軍守里廢寺 慶州
の遺跡 広開土王碑 高句麗古墳 高句麗の山城 壺杅塚 高麗青磁 高麗の遺跡 護
石 黒橋面遺跡 彩篋塚 三室塚 三墓里古墳 四神塚 支石墓 通溝将軍塚 上里遺
跡 飾履塚 新羅燒 眞興王碑 瑞鳳塚 石巖里九号墳 石窟庵 双楹塚 帯方郡遺跡
達西面古墳群 朝鮮式山城 朝鮮初期金属文化 朝鮮新石器時代文化 東三洞貝塚

東萊貝塚 入室里遺跡 年代決定法 秥蟬縣碑 バスケット・メイカー文化 潘南面

古墳群 ビルトダウン人 ペエブロ・インディアン フォルサム文化 扶余東南廢

寺 武烈王陵 文化伝播説 磨製石鏃 磨製石劍 マヤ文明 任那の古墳 雄基貝塚

樂浪漢墓 樂浪郡県治址

中山平次郎先生を想う 古代文化3-10 1959年 10月

京都大学文学部博物館『考古学資料目録』序 1960年 3月

Japan-Before Buddhism Kidder. J. E 史林43-6 1960年

日本考古学辞典 日本考古学協会 1962年 12月 東京堂出版

角抵塚他二十二項目

角抵塚 韓国国立博物館 京都大学文学部考古学教室 抉入石斧 四神塚 島田貞

彦 十二支像 護石 石劍 朝鮮古蹟図譜 朝鮮総督府古蹟調査報告 朝鮮總督府博

物館列品図鑑 通論考古学 鉄劍形石劍 蛤形石斧 潘南面古墳 副葬品 太型蛤刃

石斧 舞踊塚 扁平片刃石斧 有孔石斧 有樋式石劍 有柄式石劍

書評 近畿古文化論攷 史林46-3 1963年

世界大百科事典 1964年 7月-1967年 9月 平凡社

アズテク族他九項目

アズテク族 アメリカ先史時代 アメリカの新石器時代文化 インカ クスコ コチ

-ズ文化 フォルサム文化 マヤ メサヴァード遺跡

慶州にのこる新羅文化 民主教協誌『IDE』1964年 10月

新羅文化の史跡慶州 私の旅情 1965年 4月 毎日新聞社

鳳山鶹鶹山城址 朝鮮古文化綜鑑 1966年 5月 養德社

国立博物館を九州に 西日本文化第三十七号 1968年 1月 西日本文化協会

私と朝鮮考古学 波四の五 1970年 9月

高句麗古墳壁画の展示物を見て 1972年 10月 朝日新聞

アリゾナの博物館 以文15 1972年 10月 京都大学以文会

御笠団印探訪記『青陵』1972年 11月 福岡高等学校同窓会

監修 朱栄憲・永島暉臣慎 訳『高句麗の壁画古墳』はしがき 高句麗の壁画古墳 1972年 12月 学生社

嘉穂地方史編纂委員会『嘉穂地方史先史編』序言 1973年 7月

学史上における濱田耕作の業績 日本考古学選集13 1974年 11月 築地書館

原田淑人先生を追憶して 考古学雑誌60-4 1975年 3月

鳥居龍蔵博士と朝鮮考古学 鳥居龍蔵全集付録 1976年 5月 朝日新聞社

考古学からみた朝鮮 現代のエスプリ107 1976年 6月 至文堂

敗戦直後の文化財行政事情 文化庁月報103 1977年 4月 文化庁

石田茂作先生を偲ぶ 考古学雑誌63-2 1977年 9月

新羅の宝相華文方塼 天地2-11 1979年 11月

京大考古学教室創立の頃の人人 考古学ジャーナル174 1980年 4月 ニューサイエンス社

所長就任にあたって 青陵47 1981年 1月 橿原考古学研究所

業績と年齢 濱田先生を偲んで 青陵48 1981年 9月 橿原考古学研究所

朝鮮古蹟図譜の成立 1981年 12月 出版科学総合研究所

朝鮮古蹟図譜(一〜五) 解題 1981年 12月 出版科学総合研究所

朝鮮総督府朝鮮宝物古蹟図録について 1981年 12月 出版科学総合研究所

回想録一 朝鮮総督府博物館の最期 青陵49 1981年 12月 橿原考古学研究所

朝鮮考古資料集成・解説(一) 1981年 12月 出版科学総合研究所

先学を語る-藤田亮策先生 東方学64 1982年 3月

橿原考古学研究所編『見田・大沢古墳群』序文 記念物調査報告44 1982年 7月 東京東方学会

戦前における藤田亮策先生の朝鮮考古学 貝塚30 1982年 11月

回想録二 慶州壺杅塚の発掘まで 青陵50 1983年 橿原考古学研究所

朝鮮古蹟図譜(六〜九)の復刻に寄せて 1983年 2月 出版科学総合研究所

回想録三 朝鮮からの退去 青陵第51号 1983年 7月 橿原考古学研究所

朝鮮総督府古蹟調査特別報告 解説 1983年 12月 出版科学総合研究所

回想録四 占領軍のなかの職場 青陵第53号 1984年 2月 橿原考古学研究所

私の朝鮮考古学 季刊三千里38号, 41号, 42号, 43号, 44号, 50号 1984年 5月 ~1987年 5月 三千里社

朝鮮総督府古蹟調査報告 解説 1985年 7月 出版科学総合研究所

朝鮮総督府古蹟調査報告 解説 1987年 3月 出版科学総合研究所

朝鮮総督府古蹟調査報告 解説 1987年 3月 出版科学総合研究所

朝鮮総督府古蹟調査報告 解説 1987年 3月 出版科学総合研究所

高麗美術館研究所付設によせて 高麗美術館館報 第2号 1989年 4月 高麗美術館

高麗美術館の磨製石剣 高麗美術館館報第6号 1990年 7月 高麗美術館

ソウル・慶州訪問記(その一) 高麗美術館館報 第9号 1991年 1月 高麗美術館

ソウル・慶州訪問記(その二) 高麗美術館館報 第10号 1991年 4月 高麗美術館

文化財と時世 文化財報 第78号 1992年 8月 財団法人京都府文化財保護基金

小林さんを偲ぶ 小林行雄先生追悼録 1994年 2月 京都大学文学部考古学研究室

司馬遼太郎さんと鄭詔文さん 高麗美術館館報 第30号 1996年 4月 高麗美術館

高麗美術館研究紀要 第一号 序文 1996年 11月 高麗美術館

高麗美術館研究紀要 第二号 序文 1998年 12月 高麗美術館

濱田先生の思い出 濱田青陵賞十周年記念誌「想」1997年 9月 岸和田市・岸和田市教育委員会

林屋館長を偶偲ぶ 高麗美術館館報 第38号 1998年 4月 高麗美術館

私の朝鮮考古学調査記録 高麗美術館館報46号 2000年 4月 高麗美術館

慶州壺杆塚矢筒復原に寄せて 高麗美術館館報48号 2000年 10月 高麗美術館

思い出の蔵書(その一) 高麗美術館館報50号 2001年 4月 高麗美術館

思い出の蔵書(その二) 高麗美術館館報51号 2001年 7月 高麗美術館

私が影響を受けた考古学者「藤田亮策」文化遺産の世界19 2005年 11月 国際航空株式会社文化事業部

韓国国立中央博物館の開館式に関する思い出 高麗美術館館報71号 2006年 7月 高麗美術館

● 강연(講演)・발표(發表)

発表 終戦後発掘せる慶州の古墳 朝鮮学会定例研究会 1952年 11月

発表 アメリカに於ける朝鮮研究の近況 朝鮮学会東京支部例会 1952年 11月

講演 アメリカ南西地区に於ける考古学 日本考古学会公開講演 1953年 9月

南鮮の叩き文土器 朝鮮学会第5回大会 1954年 10月

石剣の種類と分布 朝鮮学会第6回大会 1955年 5月

ビルトダウン人問題について 史学研究会例会 1955年 6月

初期鉄器時代の朝鮮文化 朝鮮学会第8回大会 1957年 10月

馬面について 朝鮮学会第9回大会 1958年 10月

白樺樹皮製冠帽について 朝鮮学会第11回大会 1960年 11月

先史時代の朝鮮と日本 朝鮮学会第15回大会 1964年 6月

韓半島 支石墓 第2回東洋学学術講演集13-20 1972年 10月 檀国大学校付設東洋学研究所

朝鮮の古墳 1973年 5月 日本考古学会公開講演

日本と朝鮮の壁画古墳 文化庁文化財指導者講習 1974年 10月

先史及び三国時代の遺跡と遺物 京都国立博物館土曜講座 1976年 5月

日本と朝鮮の古墳文化 朝鮮文化社 文化講座 1977年 8月

古墳出土の金製垂飾について 朝鮮学会第28回大会 1977年 10月

考古学と文化史 同志社大学 1977年 12月

약연보(略年譜)

본적 京都市 北区 出雲路 俵町30番地

구(舊) 본적 福岡県 嘉穂郡 庄内町 赤坂428番地

1907년 11월 10일 山口県 豊浦郡 長府村335에서 출생

　　　　　　　　(부 有光一·모 쿠메에(クメエ)의 장남)

1920년 4월　　千葉県 大多喜中学校 입학

1925년 3월　　大分県 中津中学校 졸업

같은 해 4월　　福岡高等学校 文科甲類 입학

1928년 3월　　동 학교 졸업

같은 해 4월　　京都帝国大学 文学部 史学科 입학

1931년 3월　　동 학교(고고학전공) 졸업

같은 해 4월　　京都帝国大学 大学院 입학

　　　　　　　(1936년 4월 퇴학)

같은 해 8월　　조선고적연구회 조수(1933년 3월까지 조선고적연구회의 조수로 근무)

같은 해 9월　　조선총독부 고적조사사무촉탁[조선총독부]

1937년 10월　조선총독부 기수(학무국)[조선총독부]

1941년 6월　　겸임 조선총독부속(학무국 사회교육과 고적계 주임·조선총독부박물

　　　　　　　관 주임)[조선총독부]

같은 해 10월 경성제국대학(京城帝國大學) 법문학부 강사 촉탁

1945년 8월　　일본 패전

같은 해 9월　　조선총독부 일본인 직원 해임

같은 해 9월   조선주둔미군정청 문교부 고문(국립박물관 개관·고적조사 협력)

1946년 6월   귀환귀국(博多港 상륙)

같은 해 10월   G·H·Q 九州地区 軍政司令部 고문(民間教育課 문화재 담당)(1949
　　　　　　　 년 10월 직제폐지와 함께 퇴직)

1949년 11월   福岡県教育委員会事務局 촉탁(社會教育課)

1950년 3월   文部技官, 京都大学 강사(文学部)[文部省]

같은 해 9월   미 합중국으로 출장(神戸港 출범)[京都大学]

같은 해 9월   캘리포니아대학 로스엔젤레스교 동양제학부(東洋諸學部) 강사

1952년 8월   귀국(横浜港 상륙)

같은 해 12월   京都大学 조교수(文学部)로 승임[文部省]

1956년 8월   문학박사의 학위를 수여[京都大学]

1957년 3월   京都大学 교수(文学部)로 승임[文部省]

1958년 7월   文化財保護委員会調査員으로 병임[文化財保護委員会]

1960년 4월   京都府文化財専門委員[京都府教育委員会]

1963년 9월   한국으로 출장(9월 23일-11월 5일)

1965년 8월   아프가니스탄국 및 파키스탄국으로 출장(8월 5일-11월 22일)[京都
　　　　　　　 大学]

1967년 3월   文化財専門審議会専門委員[文化財保護委員会]

같은 해 10월   한국으로 출장(10월 4일-12월 3일)

1968년 7월   文化財専門審議会専門委員[文化財庁長](1986년 7월 퇴임)

1970년 6월   한국으로 출장(5월 4일-5월 31일)[京都大学]

1971년 3월   정년을 맞아 京都大学 교수를 퇴직[文部大臣]

1972년 4월   高松塚古墳保存対策調査会委員[文化庁長官]

같은 해 8월   高松塚古墳総合学術調査会委員[文化庁長官]

1973년 6월   奈良県立橿原考古学研究所副所長[奈良県教育委員会]

1974년 3월   平城宮保存整備調査研究会委員[文化庁長官]

같은 해 6월   京都大学 명예교수의 칭호 수여[京都大学]

1976년 1월   奈良県文化財保護審議会委員[奈良県教育委員会](1993년 6월 퇴임)

같은 해 1월   京都府文化財保護審議会委員[京都府教育委員会](1992년 6월 퇴임)

1977년 5월   宮内庁陵墓管理委員(1991년까지)

1978년 11월   勳三等旭日中綬章 수여[内閣総理大臣]

1980년 11월   奈良県立橿原考古学研究所長[奈良県教育委員会](1984년 사직)

1983년 3월   歴史的風土審議会専門委員[内閣総理大臣]](1992년 1월 퇴임)

1989년 11월   財団法人 高麗美術館研究所長

2000년 11월   京都新聞大賞文化学術賞 수상[京都新聞社]

초출일람(初出一覧)

私の朝鮮考古学

「私の朝鮮考古学」『季刊三千里』38, 41, 42, 43, 44, 50 三千里社 1984-1987年

濱田先生の思い出

「濱田先生の思い出」濱田青陵賞十周年記念誌『想-十年を振り返って-』岸和田市・岸和田市教育委員会 1997年

藤田亮策先生の朝鮮考古学

「戦前における藤田亮策先生の朝鮮考古学」『貝塚 30』物質文化研究会 1982年

高麗美術館館蔵≪多紐細文鏡≫の謎

「館蔵＜多紐細文鏡＞の謎(前)」『高麗美術館館報』26 高麗美術館 1995年

「館蔵＜多紐細文鏡＞の謎(後)」『高麗美術館館報』27 高麗美術館 1995年

二十世紀に活躍された朝鮮考古学関係者

『朝鮮考古資料集成各冊著者略歴』出版科学総合研究所 1987年